全国高职高专院校财经类专业规划教材
全国财政职业教育教学指导委员会审定

# 经济学基础

主编 缪学梅

中国财经出版传媒集团
中国财政经济出版社

图书在版编目（CIP）数据

经济学基础／缪学梅主编． --北京：中国财政经济出版社，2019.11

全国高职高专院校财经类专业规划教材

ISBN 978-7-5095-9404-9

Ⅰ.①经… Ⅱ.①缪… Ⅲ.①经济学-高等职业教育-教材 Ⅳ.①F0

中国版本图书馆 CIP 数据核字（2019）第 246078 号

责任编辑：葛　新　　　　　责任校对：徐艳丽
封面设计：孙俪铭

中国财政经济出版社 出版

URL：http://www.cfeph.cn

E-mail：cfeph@cfeph.cn

（版权所有　翻印必究）

社址：北京市海淀区阜成路甲28号　邮政编码：100142
营销中心电话：010-88191537　编辑部门电话：010-88190653
三河市宏图印务有限公司印刷　各地新华书店经销
787×1092 毫米　16 开　15.75 印张　343 000 字
2020 年 8 月第 1 版　2020 年 8 月河北第 1 次印刷
定价：39.00 元
ISBN 978-7-5095-9404-9
（图书出现印装问题，本社负责调换）
本社质量投诉电话：010-88190744
打击盗版举报热线：010-88191661　QQ：2242791300

# 前言 Preface

高职院校按照《国务院关于印发国家职业教育改革实施方案的通知》（国发〔2019〕4号）、教育部等四部门印发《关于在院校实施"学历证书+若干职业技能等级证书"制度试点方案》（教职成〔2019〕6号）等文件，继续更好地服务于职业教育教学。以培养高素质技能技术型人才为目标，以大力推进精品教材建设、精品课程建设为主导思想，针对同类教材编写内容比较复杂、偏重于图形公式及过于注重理论知识的现状，结合经济发展过程中的热点问题，按照《关于印发国家产教融合建议试点实施方案的通知（发改社〔2019〕1558号）》文件，我们从学生学情出发，推进产教融合、校企合作，加强职业技能、通用职业素质和求职能力等综合性培训，将职业道德、职业规范、工匠精神、质量意识、法律意识和相关法律法规、安全环保和健康卫生、就业指导等内容贯穿职业技能培训全过程，实现学校培养与企业用人的有效衔接。在此基础上，我们依据《国务院办公厅关于印发职业技能提升行动方案（2019—2021年）的通知》（国办发〔2019〕24号）的要求编写了这本具有简要性、可读性、开放性和实践性的《经济学基础》教材。

经济学理论是人们从事经济活动的基本行为准则，也是国家调控经济的基本理论依据。在现代市场经济中，经济学对于我们每一个人，如同空气、阳光和水一样不可缺少。通过学习经济学知识，有助于学生正确认识身边的经济现象，能够读懂经济信息与经济政策，同时也能为经济管理类课程的学习打下良好的基础。

本书从经济学基本知识入手，以就业服务为宗旨、以职业标准为依据、以社会需求为导向、以提高学生综合素质为目标、以突出高等职业教育特色为编写纲要。具有以下特点：

1. 内容新。本书增加了"一带一路"倡议及"全球互联一体"方面的知识，单列"国际经济"项目，使学生对全球经济一体化有基本认识。

2. 形式新。根据高职教育规律与特点，为培养学生观察现实经济现象的能力，体例上采用"项目+模块"形式，并按照"任务驱动、项目导向、问题导向"等方法，结合经济学课程特点，每一项目内容按照前有"知识点"、"思维导图"、"经济现象引入"，后有"本项目小结"、"项目思考题"、"观察与分析"等设计内容；每一模块后面都有"随堂练习"，将经济学基础知识与当今社会经济现象有机联系，培养和训练学生的经济观察与分析思考能力。

3. 思路新。本书将"新时代"社会经济发展新目标、新内容、新要求、新举措、新理念、新现象等贯穿始终，以学生为主体、以职业活动为导向、以职业素质和能力为中心，实现教、学、做一体化，适用复合型技术技能人才培养模式教学。

4. 资源丰富。本书配有电子教案及习题答案。

本书由缪学梅担任主编，负责全书设计、编写大纲和总纂定稿；曾赛红担任主审；吴莹担任副主编，负责初审书稿。许少鹏、李维、张嘉惠、汤茜、王丽霞、吴恩和、郁德俊和汤国明等参加编写与讨论。具体分工：方茂扬编写项目一；罗丹玲编写项目二、项目六和项目十；李珊编写项目三、项目五；吴莹编写项目四、项目八和项目九；缪学梅编写项目七、项目十一。

本书在编写过程中参阅了大量的国内外文献，在此对所有文献的作者表示衷心的感谢。限于编者水平，书中难免有疏漏和不足之处，恳请读者批评指正。

索取教学课件及习题答案邮箱13381107988@189.cn。

编　者<br>2019 年 10 月

# 目 录 Contents

**项目一　认识经济学** ……………………………………………… （ 1 ）

　　模块一　经济学的科学内涵 ………………………………… （ 2 ）
　　模块二　经济学与社会生活的关系 ………………………… （ 7 ）
　　模块三　经济学的研究对象与研究方法 …………………… （ 13 ）

**项目二　均衡价格理论** …………………………………………… （ 21 ）

　　模块一　需求定理 …………………………………………… （ 22 ）
　　模块二　供给定理 …………………………………………… （ 26 ）
　　模块三　均衡价格 …………………………………………… （ 30 ）
　　模块四　弹性理论 …………………………………………… （ 35 ）

**项目三　消费者行为** ……………………………………………… （ 43 ）

　　模块一　基数效用论 ………………………………………… （ 44 ）
　　模块二　序数效用论 ………………………………………… （ 49 ）
　　模块三　消费者行为理论 …………………………………… （ 56 ）

**项目四　生产者行为** ……………………………………………… （ 62 ）

　　模块一　生产及生产函数 …………………………………… （ 63 ）
　　模块二　短期生产函数 ……………………………………… （ 67 ）
　　模块三　长期生产函数 ……………………………………… （ 72 ）
　　模块四　生产规模收益 ……………………………………… （ 77 ）

## 项目五　成本与收益 …………………………………………………………（84）

　　模块一　成本 ………………………………………………………………（85）
　　模块二　短期成本 …………………………………………………………（90）
　　模块三　长期成本 …………………………………………………………（97）

## 项目六　市场结构 ……………………………………………………………（103）

　　模块一　完全竞争市场的厂商均衡 ………………………………………（105）
　　模块二　完全垄断市场的厂商均衡 ………………………………………（110）
　　模块三　垄断竞争市场的厂商均衡 ………………………………………（116）
　　模块四　寡头垄断市场的厂商均衡 ………………………………………（121）

## 项目七　市场失灵与政府干预 ………………………………………………（127）

　　模块一　公共物品 …………………………………………………………（128）
　　模块二　垄断 ………………………………………………………………（133）
　　模块三　外部性 ……………………………………………………………（137）
　　模块四　信息不对称 ………………………………………………………（143）

## 项目八　国民收入核算与国民收入决定 ……………………………………（150）

　　模块一　国民收入核算的概念 ……………………………………………（152）
　　模块二　国民收入的核算方法 ……………………………………………（159）
　　模块三　简单的国民收入决定模型 ………………………………………（162）

## 项目九　失业与通货膨胀 ……………………………………………………（184）

　　模块一　失业概述 …………………………………………………………（186）
　　模块二　通货膨胀 …………………………………………………………（192）
　　模块三　菲利普斯曲线 ……………………………………………………（197）

**项目十　宏观经济政策** ·············································· (205)

　　模块一　宏观经济政策概述 ·········································· (206)
　　模块二　财政政策 ·················································· (210)
　　模块三　货币政策 ·················································· (215)

**项目十一　国际经济** ·················································· (220)

　　模块一　汇率与国际收支 ············································ (221)
　　模块二　国际贸易与经济增长 ········································ (228)
　　模块三　全球经济一体化 ············································ (237)

**参考文献** ··························································· (243)

# 项目一 Project 1 认识经济学

### 知识点

**知识目标：**
◇ 了解经济学的概念和资源稀缺性的含义；
◇ 理解微观经济学与宏观经济学的研究对象；
◇ 掌握经济学的研究对象和研究方法。

**能力目标：**
◇ 对欲望、选择、机会成本的理解与应用；
◇ 能够区别微观经济学与宏观经济学范畴；
◇ 能够区别规范分析与实证分析两种方法。

**重点难点：**
◇ 稀缺性；
◇ 机会成本；
◇ 资源配置；
◇ 资源利用。

### 思维导图

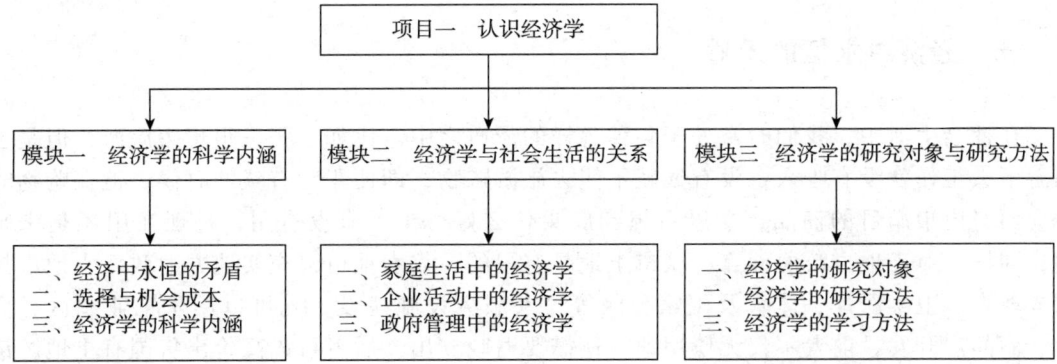

萨缪尔森在《经济学》中曾说："世界许多最迫切的问题都是经济方面的"。经济学就在我们的生活中发生，就在我们身边。当你在不同的超市看到相同品牌、相同规格但价格不同的商品的时候；当你在菜市场和小商贩讨价还价的时候；当你拿着暂时不用的10万元钱，在犹豫是存银行定期还是买理财产品的时候，都在不知不觉地运用着经济学的知识。那么，什么是经济学？本项目将和大家一起来认识经济学。

### 经济现象引入

#### 布利丹毛驴的选择

在社会生活中，选择无处不在，面对选择，你会有苦恼吗？你该如何选择，才是最理性的呢？经济学是选择的科学，让我们从《拉封丹寓言》中的那头布利丹毛驴进入经济学的圣殿。先看——布利丹毛驴的选择。

《拉封丹寓言》中有一头著名的布利丹毛驴，它面对两捆干草，不知该吃哪一捆好，最后竟然饿死了。布利丹毛驴面临的问题是经济学家所说的选择问题。经济学家所说的选择，说明人的欲望是无限的，但用于满足欲望的资源是有限的。所以，要决定用什么资源去满足哪些欲望，这就是资源配置问题。经济学的目标正是要实现资源配置的最优化。其实，每个人都和布利丹毛驴一样，面临在两捆干草之间做出选择的问题。

布利丹毛驴做不出选择而饿死，说明做出选择并不是一件容易的事，懂得选择才会幸福。其根源在于，在资源有限的情况下，有所得必有所失。为了得而失去的东西，被称为机会成本。就布利丹毛驴而言，它选择一捆干草，必须放弃另一捆干草。放弃的干草就是得到干草的机会成本。经济学家常说，世界上没有免费的午餐，就是指任何选择行为都有机会成本。

资料来源：梁小民．梁小民经济学：小民经济学（新版）[M]．北京联合出版公司，2019．

## 模块一
## 经济学的科学内涵

### 一、经济中永恒的矛盾

在社会生活中，我们时常处于各种各样的矛盾之中。比如，张三很想去旅游，但是去旅游不去工作就没有收入，没有钱就不能去旅游购物；即便张三有钱的时候，他在购物时也会面对琳琅满目的商品，左思右想到底买什么好，买了有没有用，是现在用还是未来用；同样，对于地方政府而言，城市土地是有限的，靠卖地可以充实地方财政，土地可规划成教育、卫生医疗、体育及国家公园等公共服务设施建设，也可以用于工业园区、商业、商品房开发，前者不仅无偿用地，还需要财政支出，后者可以高价出售国有土地。诸如此类的社会经济活动都是矛盾的。在这么多的矛盾中,有一种矛盾是其他经济矛盾的根源,也是人类经济中的永恒矛盾:人类对物质与精神需要的无限欲望与资源相对稀缺的矛盾。

### (一) 欲望的无限性

人们生活在世界上就需要物质资源,并且都希望物质越多越丰富越好,这就是我们所说的欲望。欲望就是人们为了满足生理或心理上的需要而产生的某种渴望。人们想要自己的欲望得到全部或部分满足,就需要消费一定数量的有形物品或无形的服务。在现实生活中,食物、汽车、衣服、房屋、玩具、手机、平板电脑等被称为有形物品;服务更多的时候是无形的、不可存储的,比如,我们到银行办理业务所接受的服务、在餐厅用餐所得到的服务等。一般而言,人类欲望的满足是相对的,当原有的欲望满足后,会产生新的、较高层次的欲望。美国著名心理学家马斯洛把人的需求分为五个层次:生理需要、安全需要、社交需要、尊重需要和自我实现需要。当较低层次的欲望或需求得到满足后,会转向更高一层次的需求,而人类总是处于由低级向高级发展的永无止境的欲望中。

### (二) 资源的稀缺性

在现实生活中,人们欲望的满足主要依赖经济物品。相对于人类无限的欲望,经济物品及生产经济物品的资源是有限的,这种有限性被称为资源的稀缺性。用来满足人类欲望的物品主要分为两类:即自由物品和经济物品。自由物品是指人类不需要花费任何代价或者不需要做出任何努力就可以随意得到的物品。比如,大自然中的空气、阳光、水等都是自由物品。经济物品则是需要付出一定代价或者付出一定努力才能获得的物品。比如,手机、瓶装水、电脑等都是经济物品。

对资源稀缺性的理解应注意四个方面:①资源稀缺性的客观性。即有些经济物品始终存在,并且自然储藏的绝对数量是有限的。人类历史的各个时期都客观存在着这种稀缺性,例如,原始社会和封建社会都存在粮食不够、土地不够等情况,现代社会水、电、气等资源不足。②资源稀缺性的相对性。相对于人类社会的无穷欲望而言,经济物品及生产经济物品的资源是不足的。例如,水资源看似丰富,但不是"取之不尽,用之不竭"的。③资源稀缺性的存在使经济学学科产生。正是资源的稀缺性,使人类必须思考如何在有限的经济资源下合理地使用资源、管理资源、利用资源,以最大限度地满足人类的需求,经济学产生于资源的稀缺性。④由于资源稀缺性的存在,人们需要对资源进行选择。

## 拓展阅读——小故事

### 堵车经济

我国大城市堵车问题引起了广泛的关注和议论。堵车是车与路矛盾的尖锐化。经济学家认为,人类社会永远是在矛盾和解决矛盾中向前发展的。

例如,深圳是20世纪80年代开始建设的一座全新的大城市,原来的城市规划是很好的,但是近年来堵车越来越严重,开始尝到"拥挤不经济"的滋味。对城市来说,交通是一个永恒的课题,因此要与时俱进,在发展中解决矛盾,不断完善城市交通。

无论是过去的"有车族",还是新加入有车一族的人士,无论是乘坐"公交"的市民,还是驾私家车出行的人士,都面临着交通成本明显增大的问题。成本增加而受益(消费感受)不增加甚至降低,意味着交通消费"性价比"以及生活质量的降低。同时,机动车的无节制增长预示着未来的交通成本将会更大幅度地增加。城市道路建设投资大,建设周期比较长,道路建设相对于家庭汽车消费增长而言,现有城市道路供给(城市道路资源)是相对稀缺的。

## 二、选择与机会成本

### (一)选择

上述堵车经济问题,汽车消费者就要考虑究竟是买车好,还是乘坐公交、地铁更好?经济学就是要在资源相对稀缺的情况下,如何做出最优(理性)选择。就是说,经济学就是研究人们选择行为问题,或者资源配置问题的社会科学。经济中选择可归结为:生产什么,生产多少;如何生产;为谁生产;谁做出经济决策,依据什么程序四个基本问题。

例如,你带了200元准备去购书中心买一些学习参考书,又想买点零食,你该怎么花完200元才能让自己最开心呢?这里,我们明白200元是你固定的稀缺资源,你选择买160元书和40元零食;或是选择买100元书和100元零食;或是选择买40元书和160元零食……通常情况下,每个人不仅有自己的目标,而且还会主动地选择正确的方式来实现这些目标。

### (二)理性人

经济学有个重要假设,你必须是理性的,是经济人,不是社会人。这里强调的是选择的标准问题,理性人的假设就是要求你的选择是最有效率的。理性人(经济人)的假设:每一个从事经济活动的人都是利己的。也可以说,每一个从事经济活动的人所采取的经济行为都是力图以自己最小的经济代价去获得自己既定目标收益,或是用一定经济成本去获得最大的经济利益。在亚当·斯密(经济学鼻祖)看来,个人在经济生活中只考虑自己利益,受"看不见的手"驱使,即通过分工和市场的作用,可以达到国家富裕的目的。"看不见的手"的含义:社会中的每个人都在力图追求个人满足,一般来说,他并不企图增进公共福利,也不知道他所增进的公共福利为多少,但在这样做时,有一只看不见的手引导他去促进社会利益,并且其效果要比他真正想促进社会利益时所得的效果更大。

### (三)机会成本

选择,通常归结为二选一的情况。正如你有200元的购买选择问题,假设你原计划最满意的选择是160元书和40元零食的消费组合,就要放弃100元书和100元零食及其他选择,这就是选择一种东西意味着需要放弃其他一些东西。同样,还有理财选择问题,老太太是把钱放在家里好,还是放在银行好呢?假设老太太不懂太多的选择,只懂得二选一的情况。如果老太太用钱多,去银行取钱排队人多,她就会选择把钱放在家里,那她将钱放在家里的代价是什么呢?当然,就是把钱存入银行的利息收入,而她选择把钱放在家的代价就是没有利息收入,这就是机会成本。机会成本是在资源稀缺下,经济主体选择一种东西意味着需要放弃其他一些东西,放弃的东西所能带来的收入就是选择的机会成本。

*拓展阅读——小故事*

上大学值吗？

　　天津市教育投资支出全国第一，北京市私家车消费全国第一，上海市投资保险全国第一，广州市旅游支出全国第一。我们用经济学的观点分析一下，为什么天津市的家庭最舍得在子女教育上进行投资呢？我们来测算一下上学的机会成本。

　　假设上大学每年需要交的学费和教材费共计6000元，4年合计24000元，生活开支每月2000元，1年按8个月计算，生活费每年共计16000元，4年合计64000元；其他费用按每年5000元计算，4年合计20000元，由此可以算出，4年大学学习成本（显成本）就是10.8万元。

　　上大学成本如此之高，为什么家长还选择让孩子上大学呢？这种选择符合经济学理论的理性人原则吗？下面算一下上大学与不上大学的成本与收益。

　　不上大学18岁工作，工作到60岁，共42年，假设每月3000元收入，每年平均收入是3.6万元，共151.2万元。上大学22岁工作，工作到60岁，共38年，假设每年的平均收入是6万元，共228万元。经济学机会成本除了学习成本（显成本）外，还要参照18岁选择参加工作获得收入作为上大学的隐成本，即：每年工资收入3.6万元，4年合计14.4万元，因此，上大学后扣除机会成本后的收益是228万元减去上大学的学习显成本10.8万元和选择工作4年的隐成本14.4万元，剩下202.8万元。与不上大学收入151.2万元比较，上大学多得到的收入是51.6万元。

　　如果再考虑学历所带来的名誉、地位等其他因素。为什么家长舍得在子女教育上投入，就在情理之中了。

## 三、经济学的科学内涵

　　个人的欲望是无穷的，但经济资源又是相对有限的，在资源相对稀缺的假设下，个人做出科学的理性选择才能让自己获得最大化的利益。理解经济学的科学内涵要把握以下内容：

　　两个基本假设：一是资源是稀缺的（与人们欲望的无限性相比较而言的），稀缺性决定有效利用资源的重要性。二是人们是理性的经济主体，包括家庭部门的消费者、厂商部门的生产者、政府和国外部门。

　　经济活动中，家庭、厂商、政府和国外部门都以资源有效配置或利用为目标进行选择。例如，家庭选择的目的是获得效用最大化；厂商选择的目的是获得利润最大化；政府和国外部门选择的目的是实现社会福利最大化。

*知识链接——概念理解*

理性生态人假设

　　理性生态人是生态伦理学家提出的一种新的人类行为模式，它基于对传统"理性人"

概念的批判，要求人们在社会生活中，除了成为某一行业的专家外，还应具备与其职业活动及生活方式相关的自觉环境保护意识。

亚当·斯密赋予了理性人两个特质：自利和理性。理性人是对在经济社会中从事经济活动的所有人的基本特征的一个一般性的抽象。

"理性生态人"假设具有双重素质。一方面，作为"生态人"，其既具有充分的生态伦理学素养；作为"理性人"，其又具备与其职业活动及生活方式相应的生态环境知识。其能对一切与环境有关的事物做出符合生态学的评价。另一方面，其会用道德、智慧和知识制定符合生态学的策略。企业的"理性生态人"角色具体包含三个层次的内容。

第一层次指向企业的环境保护意识，这是从认识论层次对企业的生态理性做出的具体要求。它要求企业在追求经济利益最大化的同时，充分注重生态效益，形成良好的生态保护氛围，为另两个层次的生态理性做好认识上的准备。

第二层次指向环境科学意识，这是从企业的生态环保能力上对企业做出的理论要求。要求企业必须广泛学习相关生态环保知识，使企业的生态环保工作有科学的理论支持与指导，最大程度地避免因人类的无知对自然造成更大的伤害。

第三层次指向环境道德意识，这是从最高的伦理道德层次对企业进行的道德规范。它是人们对环境道德规范的认知和践履的能力，是人在环境科学意识基础上形成的关爱自然的内心体验和道德自律。

由此可见，"理性生态人"角色使企业将经济理性与生态理性实现了有机的融合，从而在生态保护和经济发展之间找到了相对平衡的理论支点，为企业承担及履行生态责任提供了原始动力。总之，未来的社会将是一个生态化的社会。未来的管理理论与实践将会以"理性生态人"理论假设作为其理论基础。"理性生态人"将是未来社会管理中设计、规划和实施的重要的人力要素。

资料来源：范琳. 从理性经济人到理性生态人——生态伦理学视角下的企业生态责任 [J]. 课程教育研究，2019（22）：17.

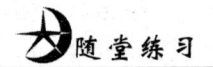

## 随堂练习

### 一、单项选择题

1. 经济学研究对象是（　　）问题。
   A. 经济主体              B. 经济资源
   C. 经济主体的选择        D. 市场经济

2. 下列不属于市场经济选择行为问题的是（　　）。
   A. 生产什么，生产多少    B. 如何生产
   C. 为谁生产              D. 定量生产

3. 理性人的假设是（　　）。
   A. 利他的                B. 利己的
   C. 聪明人                D. 社会人

4. 我们进行选择会面临的经济问题是（　　）。
A. 自然资源丰富　　　　　　　　　B. 自然资源有限
C. 经济资源稀缺　　　　　　　　　D. 经济资源再开发

二、多项选择题

1. 经济学科学内涵的两个基本假设为（　　）。
A. 资源相对稀缺　　　　　　　　　B. 资源可再生利用
C. 经济人　　　　　　　　　　　　D. 社会人
2. 选择包括的情况有（　　）。
A. 生产什么，生产多少　　　　　　B. 如何生产
C. 为谁生产　　　　　　　　　　　D. 谁做出经济决策，依据什么程序
3. 下列属于理性的选择的有（　　）。
A. 家庭获得效用最大化　　　　　　B. 厂商获得利润最大化
C. 政府实现社会福利最大化　　　　D. 政府实现财政收入最大化

三、判断题

1. 资源的稀缺性是指自然资源是不可再生的，是可以耗尽的。　　　　　（　　）
2. 要节约使用资源，留些资源以后使用。　　　　　　　　　　　　　　（　　）
3. 选择包括生产什么、生产多少，如何生产，为谁生产等问题。　　　　（　　）

## 模块二
## 经济学与社会生活的关系

社会生活是错综复杂的，不同的人用不同视角就有不同看法。经济学诺贝尔奖获得者斯蒂格利茨提出，我们学经济学，要像经济学者那样思考。现实中，经济学家和其他学科的人对同样的社会问题和社会事件有不同的思考方式和思维，得到的结论往往与其他人也有所不同，甚至相悖。像经济学家一样思考，意味着具有更多理性，更多智慧，也更具有逻辑性。

经济学发展至今，已经有两百多年的历史，学科逐渐走向成熟，应用也十分广泛，无时无刻不伴随着人们的工作和生活。我们在学习经济学时，要关注现实生活和工作中的经济社会问题，每个人至少可以从三个渠道感受到与经济相关的各种信息：第一个渠道来自日常生活中的体会；第二个渠道来自媒体或宣传；第三个渠道来自对经济状况的经常性判断。

### 一、家庭生活中的经济学

一个家庭有男女老少成员，有钱财房地资源，还有柴米油盐等日常开支。这些都在考验着当家人的理性与智慧选择。经济学最初就是做好家庭节俭和钱财安排，家庭生活处处

都离不开经济学的思考。

（一）家庭收入的经济学问题

家庭是社会经济资源（人、财、物）的重要供给部门，家庭提供社会劳动力，提供资金、土地和闲余房屋的使用权，带来工资收入、利息收入和其他财产性收入。家族收入参与社会总收入的分配与再分配，都涉及家庭部门的理性选择问题。有些家庭夫妻都上班，能提供更多劳动，获得更多工资性收入，但要牺牲照顾孩子的闲暇时间；有些家庭安排男主外女主内的分工，丈夫在外挣钱，妻子在家照料家庭生活与小孩。对于一个家庭来说，劳动力资源安排是一个核心计划，如同小孩上大学的选择一样，是高中就择业工作，还是大学毕业后择业工作，大学人力资本投资合理吗？同样，如果家庭有一套房产，是选择自己住，还是选择出租获得租金收入。这些都需要我们进行思考与理性选择。

**拓展阅读——小故事**

### 店面是出租还是自己经营

假设你有一个店面，你用它开了一家杂货店。一年下来，你算账的结果是挣了 5 万元。参照周边店面出租的市场价格，该店面一年租金是 4 万元。假定你原来有工作，年收入 3 万元。那么，这 7 万元就是你自己经营的隐性成本。从经济学分析看，这应该是成本，是你提供了自有生产要素房子和劳务所应得到的正常报酬。而在会计账目上没有作为成本项目记入。如果再加上自己经营需要 1 万元的进货资金，这 1 万元的银行存款利息也是隐含成本。这样一算……

你的理性选择是出租还是自己经营呢？

（二）家庭支出的经济学问题

在家庭收入选择确定下，家庭收入通常假定为资源相对稀缺的约束条件。在家庭收入既定下，如何进行家庭支出理性选择呢？首先，你会思考某一商品价格是不是合理，这个价格你会不会购买？经济学告诉你，只有当你觉得用了购买的这一商品效用（效用的概念将在第三个项目中详细讲解）或者说心理满足感高于或等于你付出货币的效用时，你才会买。通常对每一个家庭消费者来说，商品市场价格不是他（她）所能左右的，是由市场供求所决定的，因此，对某一消费者而言，通常假定该商品价格是既定的。经济学告诉你，你的选择（消费组合）一定要达到效用最大化，既要将收入全部用完，又要达到每一单位货币购买每一种商品的边际效用都等于货币的边际效用（收入既定下，货币的边际效用是既定参数）。这种情况下，你的家庭消费才是最有效率的，也是最为满意的。

（三）家庭贫富分化的经济学问题

现实生活中，家庭（或是国家）收入支出有很大的差异，贫富分化是现实的问题。经济学常用恩格尔系数进行判断。恩格尔系数是食品支出总额占个人消费支出总额的比重。一个家庭收入越少，家庭收入中（或总支出中）用来购买食物的支出所占的比例就越大，随着家庭收入的增加，家庭收入中（或总支出中）用来购买食物的支出比例则会下降。当然，还可以用家庭消费者购买食物的支出相对变化量占消费者收入相对变化量的反映程度来判断家庭贫富状况。经济学是用数学方法来研究社会经济现象的。

*拓展阅读——小故事*

### 中国家庭收入分化呈现缓和趋势

按照国家统计局公布的数据，2003~2014年，我国基尼系数为0.47~0.49，已经高于收入不平等的警戒线水平。在收入分配失衡的背景下，中国家庭收入是否存在极化现象？文章采用中国家庭追踪调查（CFPS）项目2010年、2012年和2014年的数据，基于相对分布非参数核密度统计方法，发现中国家庭收入极化呈现缓和趋势，不同年份之间家庭相对收入分布的变化特征存在差异，但总体上，经济增长是家庭收入分布变化的主要影响因素，其影响效应大于收入分配因素；同时，存在中等收入组家庭向低收入组和高收入组流动的现象。

2010年、2012年和2014年，家庭人均收入的均值和中位数都呈现增大的趋势，收入分布右移，说明随着时间的推移，家庭收入水平整体不断提高。收入分布的标准差也不断增大，说明3个年份家庭收入分布更加离散。收入分布的峰度和偏度均为正且逐年增大，说明收入分布在中心附近比正态分布更为集中。收入分布在右侧有较长的尾部，且尾部有不断加厚的趋势，说明高收入组家庭比例呈现增加的特征。

从不同分位数家庭收入份额占比情况看，低收入组家庭收入份额总体上呈现波动下降趋势，高收入组家庭收入份额处于下降趋势。其中，最低20%家庭收入份额由2010年的3.03%下降到2012年的2.16%，再上升到2014年的2.39%；最高20%家庭收入份额由2010年的56.30%下降到2012年的53.50%，再下降到2014年的51.61%。

资料来源：江克忠，陈友华. 中国家庭收入流动性测度和影响因素分解——基于CFPS数据的实证研究 [J]. 数量经济研究，2018（9）：125-140.

## 二、企业活动中的经济学

### （一）企业投资选择问题

企业投资主要指企业的改建、扩建、技术改造投资和职工住宅、文化娱乐等非生产性设施的投资。经济学投资是购买资本性货物，是一种实物投资，不是证券投资。企业项目投资形成投入现金流和产出现金流，我们知道，只有投资产出现金流大于投入现金流，投资才有利可途，而且产出现金流减去投入现金流后的收益现金流越好，企业投资项目成效越好。通常按照经济学理性人选择，产品收益（利润）最大化是企业投资某一商品的理性选择。

### （二）企业生产问题

企业投资项目后，进入生产经营环节。企业要充分进行资源配置（生产要素组合），将企业家才能、劳动、资本等要素优化配置，才能实现生产产量最优化或利润最大化。通常经济学告诉我们，在既定投入成本和产品价格既定的情况下，企业投入每一单位货币所带来任意一种要素的边际产量都相等时，那么，企业生产经营可以实现成本既定情况下产量最大化,这是企业最有效的生产效率和理性选择。

（三）企业销售收入分析问题

企业产品销售收入是产量乘以产品价格的结果。市场供求变化、产品价格变化将影响产品供求变化。对于一种商品而言,企业销售究竟采用升价策略还是降价策略,将关系到企业销售收入的增减变化。经济学告诉我们,运用需求价格弹性原理,如果一种商品的需求价格弹性大于1时,我们应该采用降价销售策略才能增加产品销售收入;如果一种商品需求价格弹性小于1时,我们应该采用升价销售策略才能增加产品销售收入。

**拓展阅读——小故事**

苹果价格上涨那么明显,为什么果农却并没有获得最大收益?

1. 苹果突然涨价的导火索

不知从何时起,超市里的水果价格普遍开始涨价,尤其是苹果的价格涨幅最为明显。根据相关数据显示,2019年3月,我国大中城市苹果的价格约为每斤4元~5元。但是仅仅2个多月的时间,苹果的价格就已经涨到了8元/斤。而一些品级较高的苹果,价格更是涨到了11元/斤。

正常情况下,苹果不会突然间大幅涨价,肯定是供求关系最先出现了问题。事实也的确如此,2018年我国苹果的主要产区普遍出现了极端低温天气,致使苹果生长需要的温度不足,导致苹果较大幅度减产,减产幅度约为15%。这一情形直接引发了苹果价格的上涨。

2. 苹果价格上涨那么明显,为什么果农却并没有获得最大收益?

尽管苹果价格上涨明显,但是众多果农却普遍反映,今年苹果的收益与往年差不多。为什么会这样呢?要知道苹果的价格涨幅可是很高的,按照常理而言,这些果农的收益也应该上涨较高才对,那么究竟是什么原因导致这种结果呢?

陕西果农表示,尽管苹果的产量下降较大,但是实际上他们地头开秤的价格每斤仅比去年上涨了0.8元左右。也就是说,果农的卖出价并不高,他们甚至都没想到苹果的价格会上涨那么厉害。再则,苹果的产量下降幅度也较大。也就是说,虽然苹果的地头开秤价上涨了,但是苹果的产量却下降了。所以就导致了果农的总体收益基本变化不大。

资料来源:舒莫财经（https://baijiahao.baidu.com/s?id=16359349135355930 83&wfr=spider&for=pc）,2019年6月。

## 三、政府管理中的经济学

（一）政府反垄断的问题

垄断泛指把持和独占,是指在特定时期和地区内,一种产品只有一个卖者或生产企业。垄断企业可以通过控制产量来控制产品价格,谋求更多垄断利润,这将导致资源配置低效率,有闲置生产能力,社会产品产量减少带来社会福利下降,也会使家庭和个人消费者的福利下降。政府通过制定反垄断法或者价格管制干预垄断。例如,将产品价格定于边际成本水平，或定于平均成本水平。这要求政府在制定政策时要准确知道垄断企业的需求曲线和各种成本线。

（二）政府的价格管制问题

价格管制是西方国家的政府为了防止生活费用不断上涨而对商品和劳务价格实行的管理。一种情况：在通货膨胀、资源紧缺、物资供给不足时，为了保护公众的利益，为了特定的管理目标（如调控通货膨胀、降低利率等），控制价格水平低于产品均衡价格水平，通常可以采用政府发放票证进行限制购买，限制需求。另一种情况：由于价格过低，伤害了生产者的利益，导致资源利用浪费，这时应控制价格水平高于产品均衡价格水平，虽然这种做法将导致产品供给过剩，政府需要配套实施储备制度，例如，农产品价格过低，农户的收入会下降，但是为了保护农户的利益和生产积极性，政府将采用较高收储价格，提高农户的收入；稀土资源由于开发过度，导致价格过低，为此，国家采用稀土资源储备制度，提高稀土市场价格，保护国家优势资源。

（三）政府的宏观调控问题

宏观调控是国家运用计划、法规、政策等手段，对经济运行状态和经济关系进行干预和调整，及时纠正经济运行中偏离宏观目标的倾向，以保证国民经济的健康发展。为了达到经济政策目标，政府会采用逆经济周期进行宏观调控，主要采取货币政策、财政政策、经济手段、法律手段、计划指导和行政手段等。例如，在通货膨胀比较快的时期，政府需要采取紧缩货币政策，回收社会中货币流动性，或者增加税目，提高税率等手段；在经济萧条复苏时期，政府就要通过减税刺激企业投资和个人消费，拉动内需促进经济恢复增长，增加就业。

### 知识链接——时事动向

## 2018年经济社会发展总体要求和政策取向

总体要求：2018年是全面贯彻党的十九大精神的开局之年，是改革开放40周年，是决胜全面建成小康社会、实施"十三五"规划承上启下的关键一年。做好政府工作，全面深入贯彻党的十九大和十九届二中、三中全会精神，贯彻党的基本理论、基本路线、基本方略，坚持和加强党的全面领导，坚持稳中求进工作总基调，坚持新发展理念，紧扣我国社会主要矛盾变化，按照高质量发展的要求，统筹推进"五位一体"总体布局和协调推进"四个全面"战略布局，坚持以供给侧结构性改革为主线，统筹推进稳增长、促改革、调结构、惠民生、防风险各项工作，大力推进改革开放，创新和完善宏观调控，推动质量变革、效率变革、动力变革，特别在打好防范化解重大风险、精准脱贫、污染防治的攻坚战方面取得扎实进展，引导和稳定预期，加强和改善民生，促进经济社会持续健康发展。

综合分析国内外形势，我国发展面临的机遇和挑战并存。世界经济有望继续复苏，但不稳定不确定因素很多，主要经济体政策调整及其外溢效应带来变数，保护主义加剧，地缘政治风险上升。我国经济正处在转变发展方式、优化经济结构、转换增长动力的攻关期，还有很多坡要爬、坎要过，需要应对可以预料和难以预料的风险挑战。实践表明，中国的发展成就从来都是在攻坚克难中取得的。当前我国物质技术基础更加雄厚、产业体系完备、市场规模巨大、人力资源丰富、创业创新活跃，综合优势明显，有能力有条件实现更高质量、更有效率、更加公平、更可持续的发展。

主要预期目标：国内生产总值增长6.5%左右，居民消费价格涨幅3%左右，城镇新增就业1100万人以上，城镇调查失业率5.5%以内，城镇登记失业率4.5%以内，居民收入增长和经济增长基本同步，进出口稳中向好，国际收支基本平衡，单位国内生产总值能耗下降3%以上。

政策取向：2018年要继续创新和完善宏观调控，把握好宏观调控的度，保持宏观政策连续性稳定性，加强财政、货币、产业、区域等政策协调配合。积极的财政政策取向不变，要聚力增效；2018年赤字率拟按2.6%安排，比去年预算低0.4个百分点；财政赤字2.38万亿元，其中中央财政赤字1.55万亿元，地方财政赤字8300亿元；2018年全国财政支出21万亿元，支出规模进一步加大；中央对地方一般性转移支付增长10.9%，增强地方特别是中西部地区财力；提高财政支出的公共性、普惠性，加大对三大攻坚战的支持，更多向创新驱动、"三农"、民生等领域倾斜；稳健的货币政策保持中性，要松紧适度。

工作总基调：做好今年工作，要认真贯彻习近平新时代中国特色社会主义经济思想，坚持稳中求进工作总基调，把稳和进作为一个整体来把握，注重以下几点：

（1）大力推动高质量发展。发展是解决我国一切问题的基础和关键。要着力解决发展不平衡不充分问题，围绕建设现代化经济体系，坚持质量第一、效益优先，促进经济结构优化升级。要尊重经济规律，远近结合，确保经济运行在合理区间，实现经济平稳增长和质量效益提高互促共进。

（2）加大改革开放力度。改革开放是决定当代中国命运的关键一招，也是实现"两个一百年"奋斗目标的关键一招。在新的历史起点上，思想要再解放，改革要再深化，开放要再扩大。充分发挥人民首创精神，鼓励各地从实际出发，敢闯敢试，敢于碰硬，把改革开放不断向前推进。

（3）抓好决胜全面建成小康社会三大攻坚战。要分别提出工作思路和具体举措，排出时间表、路线图、优先序，确保风险隐患得到有效控制，确保脱贫攻坚任务全面完成，确保生态环境质量总体改善。

资料来源：新华网（节选）（http：//www.xinhuanet.com/photo/2018-03/05/c_1122491459.htm），2018年3月。

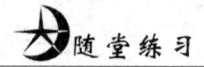随堂练习

一、单项选择题

1. 家庭提供劳动带来（　　）。
A. 工资收入　　　　　　　　B. 利息收入
C. 租金收入　　　　　　　　D. 财产性收入

2. 家庭消费以（　　）进行理性选择。

A. 消费数量最大化     B. 消费档次最优化
C. 消费效用最大化     D. 消费支出最小化

3. 企业通常以（　　）组织生产经营。
A. 成本既定，产量最大化     B. 成本既定，利润最大化
C. 成本最小，产量最大化     D. 成本最小，利润最大化

4. 政府为了保护农产品生产积极性，应该采取的价格管制是（　　）。
A. 提高收购价格     B. 降低收购价格
C. 增加农产品供给     D. 减少农产品收储

### 二、多项选择题

1. 下列属于经济学范畴的投资有（　　）。
A. 厂商投资     B. 库存产品投资
C. 股票投资     D. 债券投资

2. 政府反垄断的方法有（　　）。
A. 制定反垄断法     B. 限制垄断价格
C. 鼓励兼并     D. 鼓励企业扩大规模

3. 在资源供给紧张时，政府价格管制可以采取的措施有（　　）。
A. 限制价格高于均衡价格     B. 限制价格低于均衡价格
C. 采用票证限制购买     D. 采用购买补贴

### 三、判断题

1. 经济学中企业投资包括企业购买股票的投资。（　　）
2. 恩格尔系数越高，说明家庭相对越富裕。（　　）
3. 在发生通货膨胀时，政府将会提高税收或进行价格管制。（　　）

## 模块三 经济学的研究对象与研究方法

### 一、经济学的研究对象

经济学是研究国民经济各方面问题的学科，包括理论经济学、部门经济学、应用经济学等。经济学研究对象是经济主体的行为问题。其中，微观经济学研究个体经济的资源配置问题，即微观经济学是以单个经济单位为研究对象，研究单个经济单位的经济行为和相应的经济变量的单项数值如何决定，以此来说明价格机制如何解决社会资源配置的理论。宏观经济学研究整体经济的资源利用。

### (一) 微观经济学的研究对象

微观经济学是以单个经济单位、个别商品作为研究对象的经济学。微观经济是指单个的经济单位和单个的经济活动。个人、家庭、企业、市场等的经济行为是微观经济考察的主要问题。微观经济学的研究对象是个体经济单位，即单个消费者、单个生产者和单个市场等。其研究包括三个层次：首先，分析单个消费者和单个生产者的经济行为，例如，单个生产者如何将有限的资源分配在各种商品的生产上以取得最大的利润，单个消费者如何将有限的收入分配在各种商品的消费上以获得最大的满足；其次，分析单个产品市场的均衡价格，即单个产品的供给和需求是如何形成均衡价格的；最后，分析所有单个市场形成的一般均衡价格。

### (二) 宏观经济学研究对象

宏观经济学是以整个国民经济活动作为考察和研究对象的经济学。宏观经济是指一国范围内以经济总量指标进行衡量的经济活动。国民经济运行中的生产、分配、交换、消费等各个环节是宏观经济考察的主要问题。整个社会要实现资源的充分利用，必须解决以下三个方面的基本问题：如何达到充分就业？如何保持物价稳定？如何实现经济增长？充分就业是指整个社会所有有限资源都没有闲置，而且全部达到了充分利用的状态。资源利用还要做到既无通货紧缩，也无通货膨胀，即保持物价相对稳定。资源充分利用的目的是实现经济增长。

### (三) 微观经济学和宏观经济学的区别

微观经济学是宏观经济学的基础，微观经济学研究个体经济通过共同作用和相互影响形成整体经济的运行结果，整体经济运行也是个体经济选择决策的重要影响因素，因而，微观经济学和宏观经济学是相互作用和互为前提的。但两者的研究有不同问题导向和不同思维模式，主要表现在：

(1) 基本假设不同。微观经济学的基本假设是市场出清、完全理性、充分信息，认为"看不见的手"能自由调节实现资源配置的最优化。宏观经济学则假定市场机制是不完善的，政府有能力调节经济，通过"看得见的手"纠正市场机制的缺陷。

(2) 研究解决的问题不同。微观经济学要解决的是资源配置问题，即生产什么、如何生产和为谁生产的问题，以实现个体效益的最大化。宏观经济学则把资源配置作为既定的前提，研究社会范围内的资源利用问题，以实现社会福利的最大化。

(3) 研究方法不同。微观经济学的研究方法是个量分析，即研究经济变量的单项数值如何决定。而宏观经济学的研究方法则是总量分析，即对能够反映整个经济运行情况的经济变量的决定、变动及其相互关系进行分析。这些总量包括两类：一类是个量的总和，另一类是平均量。因此，宏观经济学又称为"总量经济学"。

(4) 中心理论和基本内容不同。微观经济学的中心理论是价格理论，还包括消费者行为理论、生产理论、分配理论、一般均衡理论、市场理论、产权理论、福利经济学、管理理论等。宏观经济学的中心理论则是国民收入决定理论，还包括失业与通货膨胀理论、经济周期与经济增长理论、开放经济理论等。

微观经济学和宏观经济学的主要区别如表 1-1 所示。

表 1-1　　　　　　　　　微观经济学与宏观经济学的比较

| 区别 | 微观经济学 | 宏观经济学 |
| --- | --- | --- |
| 研究对象 | 单个经济单位（居民户、厂商）的经济行为 | 整个经济（政府的行为） |
| 解决问题 | 资源配置 | 资源利用 |
| 中心理论 | 价格理论 | 国民收入决定理论 |
| 研究方法 | 个量分析 | 总量分析 |
| 基本假设 | 理性人、市场出清、完全信息（市场有效，市场万能） | 市场失灵，市场不完善，政府有能力 |

## 二、经济学的研究方法

### （一）实证分析与规范分析

实证分析是不涉及价值判断，只对经济现象、经济行为或经济活动及其发展趋势进行客观分析。旨在描述、解释、预测经济行为的经济理论部分，说明某一事物过去怎样，现在怎样，将来会怎样。它以事实为根据，其正确与否可以通过对事实的检验来判断，回答"是什么"的问题。例如，通过数量关系分析工资提升引发的失业问题。

规范分析是以价值判断为基础，提出一些分析和处理问题的标准，作为决策的前提和制定政策的依据。规范分析涉及已有的事物现象，对事物运行状态做出是非曲直的主观价值判断，对事物的好与坏做出价值的判断，解决"应该是什么"的问题。例如，"效率比平等更重要"。有的人认为效率重要，而平均主义者认为平等更重要。这就是带有主观评价的规范分析。

实证分析与规范分析的区别体现在以下几个方面：

第一，对价值判断的态度不同。实证分析为使经济行为具有客观性而强烈排斥价值判断；规范分析评价或规范经济行为则以一定的价值判断为基础。

第二，要解决的问题不同。实证分析要解决"是什么"的问题，即确认事实本身，研究经济现象的客观规律和内在逻辑。规范分析要解决"应该是什么"的问题，即经济现象的社会意义。

第三，实证分析得出的结论是客观的，可以用事实进行检验；规范分析得出的结论是主观的，无法进行检验。比如说天下雨了，这是事实，属实证分析。但不同的人对下雨有不同的价值判断，农民从对农作物有利角度认为下雨是好事，而行人因淋雨怕感冒则认为下雨是坏事，这些就属于规范分析。

在微观经济学中实证分析回答的主要是"是什么"的问题，这其中不涉及价值判断。实证分析的逻辑结构是：定义行为变量、列出假说、数理建模、做出预测、检验预测、得出结论。

### （二）均衡分析法

在经济学中，均衡分析处于重要的地位。均衡原本是物理学中的名词，表示当一个物体同时受到来自几个方向的不同外力作用时，若合力为零，则该物体将处于静止或匀速直线运动状态，这种状态就是均衡。英国经济学家马歇尔把这一概念引入经济学中，均衡是指在一个经济体系中,由于各种经济因素的相互作用而产生的一种相对静止状态。

均衡分析是指对均衡形成的原因及其变动条件进行的分析,分为局部均衡分析和总体均衡分析。局部均衡分析是指在其他条件不变的假设下,分析单个经济行为者(生产者或消费者)的经济行为所达到的均衡以及单个商品(或要素)市场的均衡。总体均衡分析是研究整个经济体系的价格和产量结构如何实现均衡的经济分析方法。总体均衡分析把整个经济体系视为一个整体,在充分考虑所有经济变量之间关系的情况下,考察整个经济体系完全达到均衡状态时的状况和达到均衡的条件。

按照是否考虑时间因素,均衡分析又分为静态均衡分析、比较静态均衡分析和动态均衡分析。

静态均衡分析是分析经济现象的均衡状态以及有关的经济变量达到均衡状态时所具备的条件。它完全抽掉了时间因素和具体变动过程,是一个静止地、孤立地考察某些经济现象的方法。例如,考察既定条件下市场上商品的供求状况,以及实际的市场价格趋向点或均衡价格。这种分析只考察任一时点上的均衡状态,注重的是经济变量对经济体系产生影响的最后结果。

比较静态均衡分析是分析在已知条件发生变化以后,经济现象的均衡状态的相应变化,以及有关经济变量在达到均衡状态时的相应变化,即对经济现象有关变量一次变动(而不是连续变动)的前后进行比较。例如,已知某种商品的供求状况,可以考察其供求达到均衡时的价格和产量。现在如果由于消费者的收入增加而导致对该商品的需求增加,从而产生新的均衡,则价格和产量都较前有所提高。这里把新的均衡所达到的价格和产量与原来的均衡所达到的价格和产量进行比较,这便是比较静态均衡分析。

动态均衡分析是对经济变动的实际过程所做的分析,其中包括分析有关总量在一定时间过程中的变动,这些经济总量在变动过程中的相互影响和彼此制约的关系,以及它们在每一时点上变动的速率,等等。其特点是考虑时间因素。

经济学中,通常都是先采用静态均衡分析,形成经济规律后,再采用比较静态均衡分析方法考察均衡点变化和进行比较。不论是产品供求均衡分析,还是考察个别厂商的价格、产量均衡分析,均采用静态均衡分析和比较静态均衡分析方法。

(三)边际分析与弹性分析

边际分析法是研究一种可变因素的数量变动会对其他可变因素的变动产生多大影响的方法。边际即"额外的"、"追加"的意思,指处在边缘上的"已经追加上的最后一个单位",或"可能追加的下一个单位",数学上属于导数和微分的概念,是指在函数关系中,自变量发生微量变动时,在边际上因变量的变化,边际值表现为两个微增量的比。

我们在学习中会涉及边际效用、边际产量、边际成本、边际收益、边际消费倾向、边际储蓄倾向,等等。经济学经常运用边际分析作为方法工具进行经济决策,例如,对厂商成本和收益变动的比较分析。厂商增加最后一个单位产品生产时所带来成本增加量是边际成本,厂商增加最后一个单位产品销售所带来收入称为边际收益,只要厂商生产的最后一个单位产品边际收益大于边际成本,那么这个单位产品就可以带来利润的增加,厂商将生产这一单位产品;反之,如果边际成本高于边际收益,生产这一单位产品是亏损的,则厂商不会产生这一单位产品;只有边际收益等于边际成本,厂商才能实现利润最大化。

弹性系数也称弹性，它是一个相对量，用来衡量某一变量的改变所引起的另一个变量的相对变化。弹性的经济含义可理解为，某一个经济变量变化百分之一，另一个经济变量变化了百分之几。例如，需求价格弹性系数所考察的两个变量是某一特定商品的价格和需求量，需求价格弹性是5，则说明这种产品在价格提高1%时，该产品需求量将下降了5%。一般来说，两个变量之间的关系越密切，相应的弹性值就越大；两个变量越不相关，相应的弹性值就越小。用弹性分析方法处理经济问题的优点是简单易行，计算方便，计算成本低，需要数据少，应用灵活广泛。

### 拓展阅读——小故事

#### "旧帽换新帽一律八折"

前几天路经一家安全帽专卖店，看到它打出这样的广告——"旧帽换新帽一律八折"。店家的意思是，如果你买安全帽时交一顶旧安全帽的话，当场退二成的价格；如果直接买新帽，对不起只能按原定价格买。这种促销方式让人觉得好奇，是不是店家加入了什么基金会或是店家和供帽厂家有什么协定，回收旧安全帽可以让店家回收一些成本，因此，拿旧帽来才有二折的优惠呢？如果大家是这么想，那可就猜错了，大凡这种以旧换新的促销活动主要是针对不同消费者的需求弹性而采取的区别定价方法，即：给定一定的价格变动比例，购买者需求数量变动较大称为需求弹性较大，变动较小称为弹性较小。对需求弹性较小的购买者制定较高价格，对需求弹性较大的顾客制定较低价格。而这家安全帽专卖店的促销做法正是这个理论的实际应用，实际上，店家拿到旧的安全帽并没有什么好处，常常是在你走后往垃圾筒一丢了事。既然没好处，店家为何还要多此一举呢？答案是——店家以顾客是否拿旧安全帽来区别顾客的需求弹性。简单地说，没拿旧安全帽来的顾客说明他没有安全帽，由于法令规定：驾驶摩托车必须要戴安全帽，故而无论价格高低，购买摩托车的人一定要购买安全帽，因此这种顾客的需求曲线较陡，弹性较小。相对地，拿旧安全帽来抵二折价款的顾客表明他本来就有一顶安全帽，如果安全帽的价格便宜他就有以旧换新的需求，而如果价格太贵他也可以以后再买，因为已有了一顶安全帽，对该商品的需求没有迫切性。因此，这类顾客的需求曲线较平坦，弹性较大。

综上所述，该安全帽专卖店采用这种"旧帽换新帽八折"的促销活动，针对不同消费者需求定价的方法，不仅不会使其营业收入减少，反而会吸引那些本不想购买新安全帽的消费者前来购买，从而增加收益。因此，认真研究消费者心理，了解市场需求，针对本行业的特点制定适合的价格策略，一定会带来丰厚的利润。

## 三、经济学的学习方法

经济学是一门贴近社会经济的基础性课程，也是经常运用数学工具进行综合分析的科学。学习经济学的主要目的是培养我们运用基本经济理论去分析和解释现实社会中的经济现象，因此要从认知、理解与应用三个层次来把握。认知是掌握基本的经济学原理，要记忆理解基本概念（经济术语）、基本定理及其内容。理解是要求厘清经济学知识的内在逻辑关系，厘清各个原理之间的关系。应用是结合原理，密切联系经济社会现象，运用经济学基本原理解释和分析现实问题。具体学习方法如下：

（1）从总体上把握这门课程的性质和特点，了解这门课程的内容和体系结构，明确这门课程的学习目的和要求，这样才能有的放矢地学好这门课程。

（2）理解和掌握基本理论概念与原理。经济学基础涉及专业术语比较多，应把数学与图表及文字描述结合起来理解，通过看图说话阐述经济学原理，才能比较牢固掌握基本概念和经济学原理。

（3）理论联系实际，学以致用。在系统把握知识体系的基础上，运用经济学原理对实际事例进行综合分析，从而巩固重点和难点知识。

（4）强化数学工具的运用。在理解经济学原理的基础上，运用数学工具进行计算和绘图，感性认知经济学原理。

### 知识链接——概念理解

#### 生产可能性边界——大炮与黄油的选择问题

假如把一个国家所有资源都用来生产大炮和黄油两种物品："大炮"代表军用品，是保卫一个国家的国防所不可缺少的；"黄油"代表民用品，是提高一国国民生活水平所必需的。实证分析中，经常采用把研究对象一分为二进行归类分析。大炮与黄油的生产问题也就是如何配置和利用稀缺资源的问题。下面进行实证分析研究。

假设在技术条件和资源既定的条件下，社会的所有资源都用来生产大炮和黄油的不同数量组合如表1-2和图1-1所示。

表1-2　　大炮和黄油生产组合

| 组合方式 | 黄油（万吨） | 大炮（万门） |
|---|---|---|
| A | 0 | 15 |
| B | 1 | 14 |
| C | 2 | 12 |
| D | 3 | 9 |
| E | 4 | 5 |
| F | 5 | 0 |

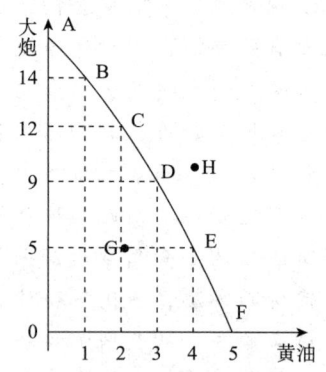

图1-1　大炮和黄油生产组合图

通过实验数据收集，进行统计或几何分析，得到结论：政府在稀缺资源下的配置就是要在资源既定的条件下所能达到的两种产品最大产量的组合，图1-1中A-F线就是既定资源的合理配置线，称为生产可能曲线。如果政府资源配置放在G点，即资源没有得到合理配置或充分利用，出现闲置或浪费现象；如果按照现有生产技术和资源，资源配置在H点，表示不能达到的生产组合。只能通过经济制度的变革（计划或市场或混合经济）促进生产技术水平和管理水平的提高，从而提高资源的利用效率。只有在生产可能曲线上的每一个组合才是政府充分利用资源的最大组合。

"大炮与黄油"的生产问题既概括了经济学研究假设与对象、资源的配置和利用，又包含了分析的研究方法、假说、数据与模型和结论。

## 随堂练习

### 一、单项选择题

1. 微观经济学研究的中心理论是（　　）。
   A. 市场理论　　　　　　　　　　B. 价格理论
   C. 消费理论　　　　　　　　　　D. 生产理论
2. 宏观经济学研究的中心理论是（　　）。
   A. 就业理论　　　　　　　　　　B. 通货膨胀理论
   C. 国民收入决定理论　　　　　　D. 开放经济理论
3. 假设某商品需求价格弹性为3，当该商品价格降低1%时，它的需求量会增加（　　）。
   A. 3%　　　　　　　　　　　　　B. 30%
   C. 1倍　　　　　　　　　　　　 D. 3倍
4. 宏观经济学的主要研究方法是（　　）。
   A. 个量分析　　　　　　　　　　B. 总量分析
   C. 实证分析　　　　　　　　　　D. 规范分析

### 二、多项选择题

1. 微观经济学对个体经济单位研究的内容包括（　　）。
   A. 单个消费者的经济行为　　　　B. 单个生产者的经济行为
   C. 单个产品市场的均衡价格决定　D. 所有市场的一般均衡价格
2. 经济学均衡分析可以分为（　　）。
   A. 静态均衡分析　　　　　　　　B. 比较静态均衡分析
   C. 动态均衡分析　　　　　　　　D. 比较动态均衡分析
3. 经济学按研究范式（方法）可分为（　　）。
   A. 微观经济学　　　　　　　　　B. 宏观经济学
   C. 规范经济学　　　　　　　　　D. 实证经济学

### 三、判断题

1. 充分就业是指整个社会没有失业人员，不会出现通货膨胀。　　　　　　　　（　　）
2. 实证分析是以价值标准为导向，对经济现象及其发展趋势进行客观的分析。（　　）
3. 弹性的经济含义可理解为，某一个经济变量变化百分之一，另一个经济变量变化了百分之几。　　　　　　　　　　　　　　　　　　　　　　　　　　　　　　（　　）

## 本项目小结

经济学是一门理解人们选择行为问题，或者资源配置问题的学科。经济学中的选择可归结为：生产什么，生产多少；如何生产；为谁生产；谁做出经济决策，依据什么程序四个基本问题。选择是经济理性人面对经济资源的相对稀缺性做出最优化的行为，选择的机会成本是在资源稀缺下，经济主体选择一种东西意味着需要放弃其他一些东西，放弃的东西所能带来的收入就是选择的机会成本。

经济学天天发生在我们身边。家庭要考虑如何使用人财物，获得工资收入、利息收入和其他财产性收入等选择问题；企业要面对投入、生产和销售收入的决策问题；政府要在公平市场和宏观调控之间权衡利弊，促进公平与效率的有机统一。

经济学研究对象是经济主体的行为问题，包括微观经济学研究个体经济的资源配置问题和宏观经济学研究整体经济的资源利用问题。微观经济学和宏观经济既有联系又有区别。

经济学的研究方法有实证分析、均衡分析、边际分析和弹性分析等。

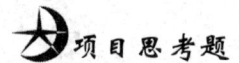

## 项目思考题

1. 举例说明经济学中选择的机会成本。
2. 简述微观经济学和宏观经济学研究对象的区别。
3. 简述实证分析与规范分析的区别。

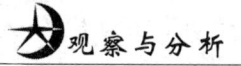

## 观察与分析

### 选择学业或是就业

请你运用经济学的"研究对象和机会成本"，就高中生毕业后选择去高等院校学习，还是放弃学业选择就业做比较分析，并思考你的学业成本与大学规划。（800字左右）

# 项目二 Project 2
## 均衡价格理论

**知识点**

**知识目标：**
◇ 理解需求的概念、影响因素及需求定理；
◇ 理解供给的概念、影响因素及供给定理；
◇ 理解均衡的概念，并掌握均衡价格的形成及变动；
◇ 理解弹性的概念，并掌握需求价格弹性和供给价格弹性的概念、分类及影响因素。

**能力目标：**
◇ 能够运用价格理论分析实际经济现象；
◇ 能够运用弹性理论分析实际经济现象。

**重点难点：**
◇ 供求定理；
◇ 均衡价格的变动；
◇ 需求价格弹性。

**思维导图**

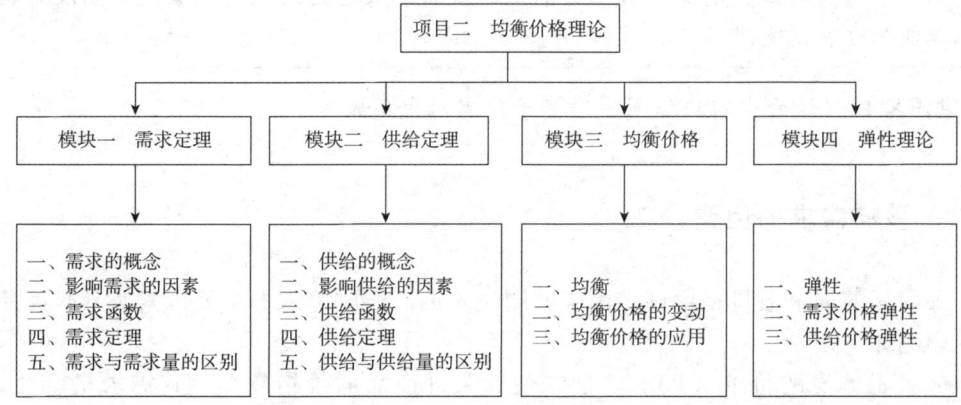

**经济现象引入**

### 月嫂凭什么一个月可以赚二万元？

二孩政策的全面放开给月嫂行业带来了机会。从市场需求方面看，80后无疑成为了生二胎的主力军，全国很多省市二胎出生率占整体出生率的50%左右，如今80后、90后的新晋爸妈们都有这样的想法，父母精力不够，育儿观念陈旧，所以更想为孩子选择专业的育儿顾问，这就催生了月嫂以及育婴师行业的快速发展，而目前全国各地几乎都存在"一嫂难求"的现象，特别是北京、上海等一线城市。

相关数据统计，目前月嫂（母婴护理师）的缺口非常大，超过800万人，经过正规培训拥有育婴师职业资格证的月嫂目前全国不超过50万人，虽然目前月嫂公司和相关机构在井喷式发展，但是专业的月嫂依然十分紧缺。

因此，月嫂的价格也不菲，在一些大城市，月薪二万元的月嫂并不少见。如北京市月嫂公司将月嫂划分为5个等级，月收费最低10800元，最高20800元。

月嫂收入高，是供需不平衡所致。本项目将探讨需求、供给、价格等相关问题。

资料来源：根据知乎网络资料整理（https://zhuanlan.zhihu.com/p/44995322）。

## 模块一 需求定理

### 一、需求的概念

一种商品的需求（Demand）是指在一定时间内和一定价格条件下，消费者对某种商品或服务愿意而且能够购买的数量。市场需求是所有消费者需求的总和。根据定义，可看出需求受真实需要和货币购买力的约束。因此，需求必须是消费者购买欲望和购买能力的统一，如果消费者对某种商品只有购买欲望而没有购买能力或只有购买能力而没有购买欲望都不能成为现实的需求。

【随堂思考】你认为当前班级同学对房子的需求大不大？

### 二、影响需求的因素

一种商品的需求数量是由许多因素共同决定的。影响需求的主要因素及其对商品需求数量的影响如下：

（1）商品本身的价格（P）。一般来说，某种商品的价格越高，其需求量就会越小；

反之，价格越低，需求量就会越大。

（2）相关商品的价格（P'）。这里分互补品和替代品两种情况。互补品的价格变化按反方向影响需求量；替代品的价格变化按同方向影响需求量。比如，乒乓球拍价格上涨时，在乒乓球价格不变的情况下会使得人们对乒乓球的需求数量减少；当羊肉价格不变而牛肉的价格上涨时，人们往往会增加对羊肉的购买。

（3）预期价格（$P_e$）。当消费者预期某种商品的价格在将来某一时期会上升时，会增加对该商品的现期需求量；反之，当消费者预期某种商品的价格在将来某一时期会下降时，就会减少对该商品的现期需求量。这是一种"买涨不买跌"的价格预期反应。

（4）消费者的收入水平（I）。收入是消费者购买能力的体现，在一般情况下它与需求量按同方向变化。

（5）消费者主观偏好（F）。主观偏好是一种心理因素，偏好程度与商品的需求量呈同方向变化。即当消费者对某种商品的偏好程度增强时，该商品的需求量会增加；反之，偏好程度减弱，需求量就会减少。

（6）其他因素。季节变化、国家消费政策、消费者收入预期、时间变化等也会影响需求数量。

### 三、需求函数

需求函数（Demand Function）表示商品需求量 $Q_d$ 与相关影响因素之间的关系。即：

$$Q_d = f(P, P', P_e, I, F\cdots) \qquad (2-1)$$

其中，$Q_d$ 为商品的需求量，是因变量；P 为商品的价格；P'、$P_e$、I、F…表示其他影响需求量的因素，是自变量。

在经济分析中，为了简单起见，一般都假定其他因素保持不变，仅仅分析一种商品的价格对该商品需求量的影响，则需求函数可表示为：

$$Q_d = f(P) \qquad (2-2)$$

其中，$Q_d$ 为该商品的需求量；P 为商品的价格。

根据需求规律，需求量与价格呈反向变动。为进一步简化分析，假定需求量和价格之间存在线性关系，则函数关系可表示为：

$$Q_d = a - b \times P \qquad (2-3)$$

其中，a 和 b 为常数，且均大于 0。

需求函数表示一种商品的需求量和该商品的价格之间存在着一一对应的关系。这种关系可以用需求表和需求曲线加以表示。

（一）需求表

需求表是表示某种商品的各种价格水平和与各种价格水平相对应的该商品的需求数量之间关系的数字序列表。表 2-1 所示为某商品的需求表。

表 2-1　　　　　　　　　　某商品的需求表

| 价格—数量组合 | A | B | C | D | E |
|---|---|---|---|---|---|
| 价格（元） | 2 | 4 | 6 | 8 | 10 |
| 需求量（单位数） | 5 | 4 | 3 | 2 | 1 |

从表 2-1 中可清晰地发现商品价格与需求量之间的函数关系。当商品价格为 2 元时，商品的需求量为 5 单位；当价格上升至 4 元时，需求量下降为 4 单位；价格上升，需求量则下降。

（二）需求曲线

需求曲线是根据需求表中商品不同的价格—需求量的组合在平面坐标图上所绘制的一条曲线。图 2-1 是根据表 2-1 绘制的需求曲线。

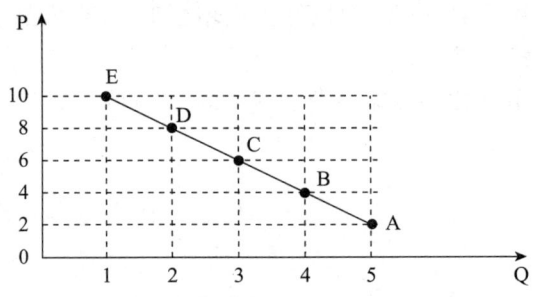

图 2-1　某商品的需求曲线

在经济学分析中，与数学上的习惯相反，以横轴表示因变量 Q，纵轴表示自变量 P。

在图 2-1 中，需求曲线是一条直线。实际上，需求曲线既可以是直线型的，也可以是曲线型的。这里，需求函数为线性函数，相应的需求曲线是一条直线。直线上各点的斜率是相等的。图 2-1 中的需求曲线具有一个明显的特点，曲线是向右下方倾斜的，即它的斜率为负值。它表示在一般情况下，商品的价格越高，对它的需求量就会越少，反之亦然。

## 四、需求定理

（一）需求定理的假定条件

需求定理作为一种经济理论也是以一定假定条件为前提的。这个假定条件为"其他条件不变"。"其他条件不变"即指除了商品本身的价格，其他影响需求的因素都视为固定的。否则，需求定理不成立。

（二）需求定理的内容

需求定理的基本内容：在其他条件不变的情况下，某种商品的需求量与价格呈反方向变动，即需求量随着商品本身价格的上升而减少，随着商品本身价格的下降而增加。

## 五、需求与需求量的区别

为使消费者购买更多的商品,是采取降价还是其他策略,对生产者而言是不一样的,因此要对需求与需求量的变化加以区别。

需求的变化是指在商品自身价格不变时,由于其他因素(个人收入、相关商品的价格、季节等)变化引起的需求量变化。如图2-2(a)所示。它表示在价格不变时,需求量发生变化的状况。说明需求的变化不是同一条需求曲线上点的移动,而是需求曲线本身的移动。

需求量的变化是指在其他因素不变的情况下,只是由于价格变化而引起的购买数量的变化。如图2-2(b)所示。从a点到b点的移动,表示由于商品本身的价格变化而引起的需求量变化。说明需求量的变化是同一条需求曲线上点的移动。

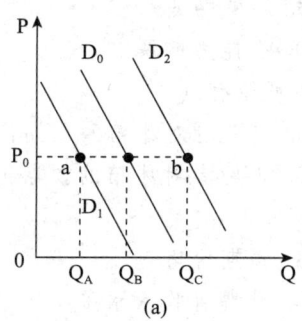 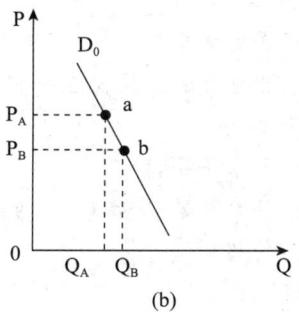

(a)          (b)

图 2-2

### 知识链接——知识拓展

#### 个别需求与市场需求

需求可以分为个别需求和市场需求。个别需求是指个体(个人或家庭)对某种商品的需求,市场需求则是所有个人或家庭对某种产品的总需求。

假设某商品市场上只有a、b、c三个消费者,其需求函数分别为:$Q_{da} = 100 - 5P$,$Q_{db} = 200 - 2P$,$Q_{dc} = 300 - 3P$。则该商品的市场需求为 $Q_D = Q_{da} + Q_{db} + Q_{dc} = 600 - 10P$。

### 一、单项选择题

1. 如果商品A和商品B是互补的,若A价格下降,则对B的需求量将(　　)。
   A. 减少　　　　　　　　　　　　B. 不变
   C. 增加　　　　　　　　　　　　D. 不确定

2. 乒乓球拍的价格下降，对乒乓球最直接的影响是（　　）。
A. 乒乓球的需求曲线向右移动　　B. 乒乓球的需求曲线向左移动
C. 乒乓球的需求曲线没有变化　　D. 网球的价格上升
3. 当出租车租金下调后，人们对公共汽车服务的（　　）。
A. 需求减少　　B. 需求增加
C. 需求曲线左移　　D. 不确定
4. （　　）将会引起面包需求量的变化。
A. 面包价格变化　　B. 消费者收入水平
C. 消费者偏好　　D. 制作面包的面粉的价格

## 二、多项选择题

1. 满足需求的条件主要包括（　　）。
A. 满足心理要求　　B. 愿意购买
C. 满足自我实现的要求　　D. 有能力购买
2. 某一时期冰箱的需求曲线向左平移的原因可能有（　　）。
A. 冰箱价格下降　　B. 消费者对冰箱的预期价格上升
C. 消费者的收入水平下降　　D. 消费者对冰箱的预期价格下降
3. 影响需求的因素主要包括（　　）。
A. 相关商品的价格　　B. 预期价格
C. 消费者偏好　　D. 消费者收入水平

## 三、判断题

1. 在校大学生对汽车的需求大。（　　）
2. 在其他条件不变的情况下，面包的需求量与价格呈反方向变动。（　　）
3. 天气炎热将会引起冰淇淋的需求曲线向右平移。（　　）

# 模块二 供给定理

## 一、供给的概念

一种商品的供给（Supply）是指某一时间内和一定的价格水平下，生产者愿意并可能为市场提供商品或服务的数量。市场供给是所有生产者供给的总和。根据定义，供给是出售愿望与供给能力的统一，缺一不可。

## 二、影响供给的因素

一种商品的供给数量受多种因素的影响,其相关因素的具体影响如下:

(1) 商品本身的价格 (P)。产品的价格越高,利润空间越高,刺激生产产量增加,相反,产品价格越低,产量减少。

(2) 相关商品的价格 (P')。当一种商品的价格保持不变,其互补产品的价格上升,会引起该商品的产量增加;其替代产品的价格上升,会引起该商品的产品减少。例如,对同时出售牛肉和猪肉的屠夫来说,在牛肉价格不变,猪肉价格上升时,该屠夫就可能增加猪肉的供应量。

(3) 预期价格 ($P_e$)。一般来说,生产者预期产品的未来价格将上涨,则会减少当下产品的供给量而增加未来的供给量;如果生产者预期产品的未来价格将下降,则会增加当下产品的供给量而减少未来的供给量。

(4) 生产成本 (C)。在商品自身价格不变的条件下,生产成本上升,则利润空间减少,从而商品的供给量减少;若生产成本下降,则利润空间增大,商品的供给量会增加。

(5) 生产的技术水平 (K)。技术越高,越能降低生产成本,增加利润,产品供给量则增加。

## 三、供给函数

供给函数 (Supply Function) 是指一种商品的供给量是所有影响这种商品供给量的因素的函数。

为方便分析,假定其他因素均不发生变化,仅考虑一种商品的价格变动对供给量的影响,则供给函数可以表示为:

$$Q_s = -c + d \times P \quad (2-4)$$

其中,c 和 d 为常数,且均大于 0。

与该函数相对应的供给曲线为一条直线。

供给函数关系还可以用供给表和供给曲线来表示。

(一) 供给表

供给表是一张表示某种商品的各种价格与各种价格相对应的该商品的供给数量之间关系的数字序列表,如表 2-2 所示。

表 2-2　　　　　　　　　某商品的供给表

| 价格—数量组合 | A | B | C | D | E |
| --- | --- | --- | --- | --- | --- |
| 价格 (元) | 2 | 4 | 6 | 8 | 10 |
| 供给量 (单位数) | 1 | 2 | 3 | 4 | 5 |

从表 2-2 可清晰地看出商品的价格和供给量之间的函数关系。当价格为 8 元时，商品供给量为 4 单位；当价格下降为 4 元时，商品的供给量减少为 2 单位。

（二）供给曲线

供给曲线以几何图形表示了商品的价格和供给量之间的函数关系，供给曲线是根据供给的商品的价格—供给量组合在平面坐标图上所绘制的一条曲线。图 2-3 为根据表 2-2 所绘制的供给曲线。

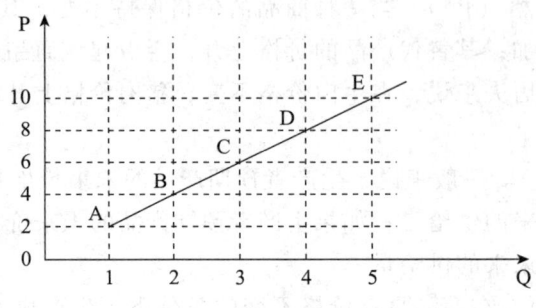

图 2-3　某商品的供给曲线

同需求曲线一样，供给曲线既可以是直线型，也可以是曲线型。如果供给函数是一元一次的线性函数，则供给曲线为直线型。如果供给函数是非线性函数，则相应的供给曲线就是曲线型。直线型供给曲线上的每个点的斜率是相等的，曲线型供给曲线上的每个点的斜率则是不相等的。

## 四、供给定理

以供给函数为基础的供给表和供给曲线均反映了商品的价格变动和供给量变动二者之间正向依存的规律，这被称之为供给定理。供给定理是指在影响供给量的其他因素不变的条件下，某商品的供给量与其价格呈同方向变动。

## 五、供给与供给量的区别

类似于需求和需求量变化的区别，我们根据供给量变化的不同原因区分供给量和供给的变化。仅由价格因素引起的变化，称为供给量变化；而由价格以外的其他因素，如生产成本、自然条件等引起的变化，则称为供给变化。

与需求和需求量的变化相似，供给的变化是供给曲线本身的移动，如图 2-4（a）所示，而供给量的变化则是同一条供给曲线上点的移动，如图 2-4（b）所示。

项目二 均衡价格理论

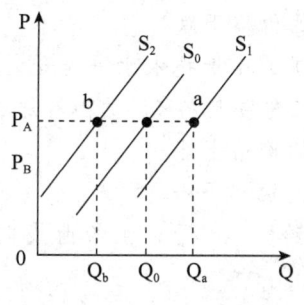

图 2-4（a） 供给的变化

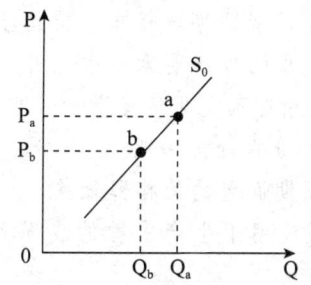

图 2-4（b） 供给量的变化

*拓展阅读——知识拓展*

### 数字经济引领创新发展

数字经济指一个经济系统，在这个系统中，数字技术被广泛使用并由此带来了整个经济环境和经济活动的根本变化。数字经济也是一个信息和商务活动都数字化的全新的社会政治和经济系统。企业、消费者和政府之间通过网络进行的交易迅速增长。数字经济主要研究生产、分销和销售都依赖数字技术的商品和服务。数字经济的商业模式本身运转良好，因为它创建了一个企业和消费者双赢的环境。

工业时代强调规模经济，其依据是单一产品生产规模扩大，产品的平均成本会逐步下降。这是一种面向"做大"的经济模式。而数字经济强调范围经济，其依据是在资源共享条件下，多品种协调和企业之间的分工协作会带来的经济效益。这是面向"做优"的经济模式。范围经济增长的本质是信息的增长，数字经济可以通过信息的获取和处理应对"多样性"的挑战，从而降低成本、提高效益。所谓个性化定制和服务、长尾经济的秘诀就在这里。

对数字经济持怀疑态度的人常说，信息既不能吃又不能穿，真的那么重要吗？在饥寒交迫的时候，信息本身不能立即解决人的温饱问题。但人类社会已渡过全面供不应求的阶段，进入供给过剩与供给不足并存的阶段。当前，我国多数产品供过于求，主要矛盾已不是生产能力不足，而是供给与需求信息不对称。推进供给侧结构性改革、实现可持续发展的前提就是按需生产，否则就会造成巨大浪费。按需生产是数字经济的一个重要特征，而要做到按照需求合理地供给，必须靠信息。可见，在数字经济背景下，可以做到更加合理的供需匹配。

资料来源：经济形势理性看：数字经济引领创新发展，《人民日报》，2016年12月16日。

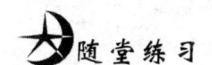

### 一、单项选择题

1. 某一时期，电视机的供给曲线向右移动的原因可能是（　　）。

A. 生产者预期电视未来价格上升　　B. 电视的价格下跌

C. 电视的生产要素成本上升　　D. 电视机的生产技术水平提升

2. 会引起面包供给量增加，即面包的供给曲线上的点向右上方移动的因素是（　　）。

A. 面粉的价格降低　　B. 面包的价格上涨

C. 预期面包的价格降低　　D. 面包的价格下降

3. 假设用于生产皮鞋的皮革价格上涨，则鞋的供给（　　），供给曲线向（　　）平移。

A. 增加；右　　B. 增加；左

C. 减少；右　　D. 减少；左

4. 在其他条件不变的情况下，产品价格降低，供给将（　　）。

A. 增加　　B. 减少

C. 不变　　D. 不受任何影响

### 二、多项选择题

1. 满足供给的条件主要包括（　　）。

A. 满足心理要求　　B. 愿意出售

C. 生产成本低　　D. 能够出售

2. 影响供给的因素包括（　　）。

A. 相关商品的价格　　B. 预期价格

C. 生产成本　　D. 生产技术水平

3. 下列选项中可能引起牛肉的供给曲线移动的有（　　）。

A. 羊肉供给量减少　　B. 羊肉价格上升

C. 牛肉价格上升　　D. 预期牛肉价格上升

### 三、判断题

1. 在其他因素不变的条件下，某商品的供给量与其价格呈同方向变动。（　　）

2. 制作面包的技术进一步提升，将引起面包的供给曲线向左平移。（　　）

3. 供给曲线是一条从左下方向右上方倾斜的曲线。（　　）

# 模块三　均衡价格

## 一、均衡

我们将需求曲线和供给曲线结合起来，看它们将如何决定市场上一种商品的销售量和价格。同时将需求曲线和供给曲线绘制在同一个二维坐标上,如图 2-5 所示,两条曲线相交于 E 点,则 E 点为均衡点。需求曲线与供给曲线相交时的价格为均衡价格,均衡价格是市场供给力量和需求力量相互抵消时所达到的价格水平,相交时的数量称为均衡数量。在图 2-5 中,均衡点 E 上的均衡价格 P=6 元,均衡数量 Q=3 单位。在均衡价格为 6 元的水平下,消费者的购买数量和生产者的销售数量是相等的,均为 3。

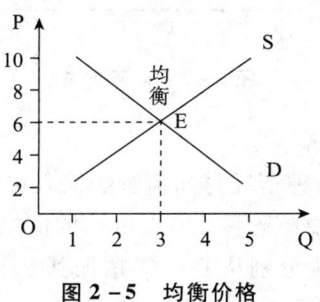

图 2-5 均衡价格

这种状态使买卖双方都感到满意,是双方都愿意持续下去的均衡状态。那么,商品的均衡价格是如何形成的呢?

首先,我们假设市场价格高于均衡价格,如图 2-6 所示。在每双皮鞋的价格为 120 元时,皮鞋的供给量为 200 双,超过了需求量 120 双,此时存在皮鞋过剩。在现行价格下卖者不能卖出他们想卖的所有物品,这种情况称为供过于求。则卖者对超额供给部分的反应是降低价格来销售。市场变化将会从供需非均衡状态达到均衡时为止。

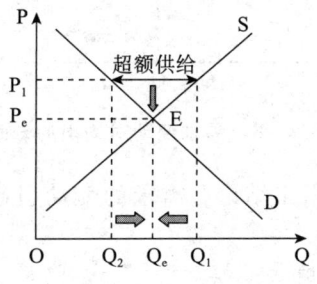

图 2-6 供过于求

其次,我们假设市场价格低于均衡价格,如图 2-7 所示。在这种情况下,每双皮鞋的价格是 100 元,而皮鞋的需求量超过了供给量,存在皮鞋短缺。在现行价格下,需求者不能买到他们想买的商品,这种情况称为供不应求。则卖者做出的反应是提高自己产品的价格而不是失去销售量。随着价格上升,市场再一次走向均衡。

## 二、均衡价格的变动

均衡价格是由某商品市场的需求曲线和供给曲线的交点所决定的。因此,需求曲线或供给曲线的位置移动都会使均衡价格发生变动。

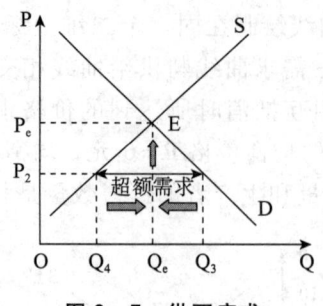

图2-7 供不应求

### (一) 需求变动对均衡的影响

假设某年的冬天特别冷,这种情况将如何影响棉衣市场呢?显然,天气变冷会增加人们对棉衣的需求。在供给不变的情况下,棉衣市场的需求曲线向右平移,需求曲线从 $D_1$ 右移到 $D_3$,均衡价格和均衡产量分别从 $P_1$、$Q_1$ 增加到 $P_3$、$Q_3$,即需求增加,均衡价格和均衡数量均增加了。相反,如果天气变热人们肯定会减少对棉衣的需求,即需求曲线向左平移,需求曲线从 $D_1$ 左移到 $D_2$,均衡价格和均衡产量分别从 $P_1$、$Q_1$ 下降到 $P_2$、$Q_2$,即需求减少,均衡价格和均衡数量均减少了。如图2-8所示。

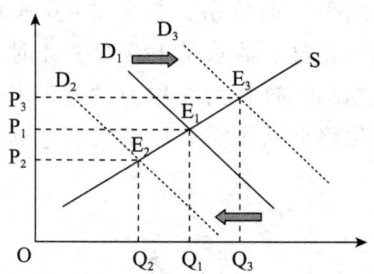

图2-8 需求变动对均衡的影响

在图2-8中,通过分析可得出结论,需求的变动引起均衡价格与均衡产量的同方向变动。

### (二) 供给变动对均衡的影响

在需求不变的情况下,供给增加会使供给曲线向右平衡,从而使均衡价格下降,均衡数量增加;供给减少会使供给曲线向左平移,从而使均衡价格上升,均衡数量减少,如图2-9所示。

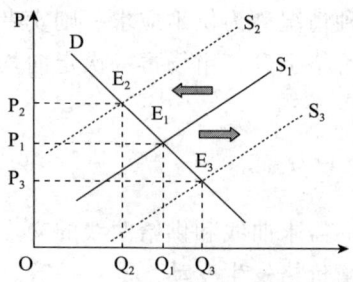

图2-9 供给变动对均衡的影响

综上，可以得出供求定理：在其他条件不变的情况下，需求的变动引起均衡价格和均衡数量的同方向变动；供给的变动引起均衡价格的反方向变动和均衡数量的同方向变动。

## 三、均衡价格的应用

### （一）限制价格（最高限价）

限制价格（也称最高限价）指由政府为某种产品规定一个具体的价格，市场交易只能在这一价格之下进行。其目的是保护消费者利益或降低某些生产者的生产成本。

限制价格低于均衡价格，容易造成某种产品供不应求。如图 2-10 所示，供给曲线 S 与需求曲线 D 相交于 E 点，其均衡价格 $P_e$，均衡数量 $Q_e$。政府为了控制产品价格，确定某种产品的限制价格为 $P_1$，在此价格水平下，供给量小于需求量，造成该商品市场出现供给不足。

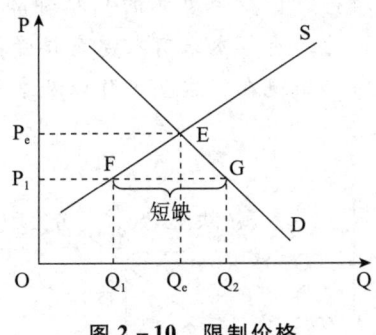

图 2-10　限制价格

为解决商品短缺，政府可采取的措施是控制需求量，一般采取配给制，发放购物券。但配给制只适应于短时期内的特殊情况，因为它一方面可能使购物券货币化，还会出现黑市交易；另一方面会挫伤厂商的生产积极性，使短缺变得更加严重。

### （二）保护价格（最低限价）

保护价格又称支持价格或最低限价，是由政府规定一个具体的价格，市场交易只能在这一价格之上进行。其目的是保护生产者利益或支持某个产业的发展。保护价格总是高于均衡价格，导致供给过剩。如图 2-11 所示，政府为了支持某一行业而规定的市场价格为 $P_1$，在此价格水平下，供给量大于需求量，造成该商品市场出现供给过剩。

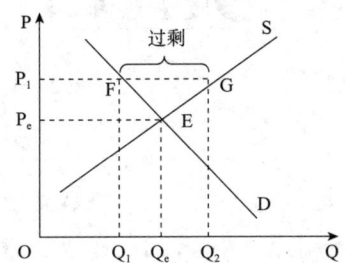

图 2-11　保护价格

为维持保护价格，应采取相应措施。一是政府收购过剩商品，或用于储备，或用于出口。二是政府对商品的生产实行产量限制，但实施指令需要付出一定的代价。

**拓展阅读——小故事**

### 最低工资是好心办坏事？

按照经济主义的观点，供需曲线证明最低工资将增加失业，原本希望能得到帮助的低工资群体反而受损。论证过程是这样的：低技能劳动力如同其他商品和服务一样，在市场中进行交易，其价格应由供给和需求决定。然而，最低工资设定了市场中劳动力的价格下限，因此打乱了这个平衡。如果说最低工资标准低于自然工资水平，那一切如常，但如果这个标准（比如，每小时7.25美元）高于自然工资（例如，每小时6美元），将会导致市场扭曲。越来越多的人想要谋求时薪7.25美元而不是时薪6美元的工作，而企业却要减少雇员。结果是：失业增加。仍然有工作的人境况变得更好，他们做同样的工作却拿到更高的报酬，雇主所失即他们所得。但社会整体的福祉却降低了，由于最低工资的存在，本应使得买卖双方受益的交易化为乌有。本来有人愿意接受低于时薪6美元的工作，本来有企业愿意付高于6美元的时薪，而现在，这些工作以及本应创造出的商品和服务都不复存在了。如图2-12所示。

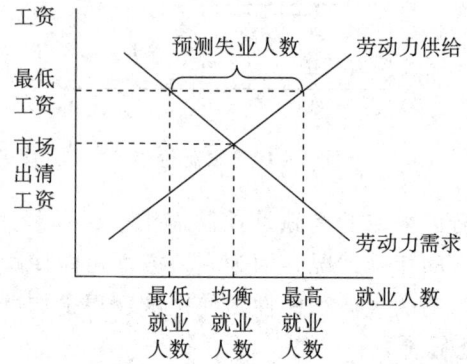

图2-12 劳动力供求曲线图

资料来源：根据百度资料整理。

### 一、单项选择题

1. 均衡价格随着（　　）。
   A. 供给和需求的增加而上升　　B. 供给和需求的减少而上升
   C. 需求的减少和供给的增加而上升　　D. 需求的增加和供给的减少而上升
2. 当需求函数为 $Q_d = 20 - 3P$，供给函数为 $Q_s = 2 + 6P$，则该商品的均衡价格是（　　）。
   A. 2　　B. -2

C. 4    D. 6

3. 张某对面包的需求表示（    ）。
   A. 张某买了面包
   B. 张某没有买面包，而买了煎饼
   C. 每个面包卖 1 元时，张某准备用现有收入买 4 个，而每个面包卖 2 元时，他准备买 1 个
   D. 张某准备买 10 个，但没带够钱

4. 政府为了限制某一行业和某种商品的生产而规定的这些产品的最高价格称为（    ）。
   A. 计划价格            B. 均衡价格
   C. 限制价格            D. 保护价格

## 二、多项选择题

1. 下列关于最高限价的说法中正确的有（    ）。
   A. 其目标是保护消费者利益或降低某些生产者的生产成本
   B. 属于政府对价格的干预措施
   C. 最高限价低于均衡价格
   D. 最高限价高于均衡价格
   E. 可能会出现变相涨价现象

2. 下列关于保护价格的说法中正确的有（    ）。
   A. 总是高于均衡价格              B. 总是低于均衡价格
   C. 导致市场过剩，需要政府收购    D. 导致市场短缺，需要实行配给制
   E. 可能会出现变相涨价现象

3. （    ）会引起均衡产量增加。
   A. 消费者的收入提高              B. 生产技术水平提升
   C. 某商品的替代品价格下跌        D. 某商品生产成本增加

## 三、判断题

1. 对厂商征税，将使产品的供给曲线左移，使均衡价格下降，均衡产量上升。（    ）
2. 需求的变动引起均衡价格与均衡产量的同方向变动。（    ）
3. 当市场价格高于均衡价格，容易造成供过于求。（    ）

# 模块四 弹性理论

当一种商品的价格降低时，对该商品的需求通常会如何变化呢？我们根据需求定理分析其会引起对该商品需求的增加。但是需求具体会增加多少呢？我们将引入弹性的概念来

回答此问题。

## 一、弹性

弹性（Elasticity）是个物理学名词，它是指一种物体对外部力量的反应程度。在经济学中，弹性是指经济变量之间存在函数关系时，因变量变化对自变量变化的敏感程度。其大小用弹性系数来表示。若用 x 表示自变量，y 表示因变量，那么，可令 x 与 y 的函数关系为 y = f (x)。若令 Δx 表示自变量的变动量，Δy 表示因变量的变动量，E 表示弹性系数，则弹性系数的公式可表示为：

$$E = \frac{\Delta y/y}{\Delta x/x} = \frac{\Delta y}{\Delta x} \cdot \frac{x}{y} \tag{2-5}$$

## 二、需求价格弹性

### （一）需求价格弹性的含义

需求价格弹性（Price Elasticity of Demand）是指价格变动所引起的需求量变动的程度，即表示某一商品的需求量对它本身的价格变化的反应程度。其公式为：

$$E_d = -\frac{\Delta Q_d/Q_d}{\Delta P/P} = \frac{\Delta Q_d}{\Delta P} \cdot \frac{P}{Q_d} \tag{2-6}$$

其中，$E_d$ 表示需求价格弹性系数；$Q_d$ 代表需求量；$\Delta Q_d$ 表示需求量的变动量；P 代表商品的价格；$\Delta P$ 表示价格变动量。

由于价格和需求量的变化方向相反，所以需求价格弹性系数一般为负值。但是，经济学关心的是变动程度的大小，所以一般我们用 $E_d$ 的绝对值来比较商品需求价格弹性的大小。

**拓展阅读——案例分析**

假设计算机的市场价格由 10000 元/台降到 8000 元/台，结果其购买量由 8000 台上升至 10000 台；电动汽车的市场价格由 60000 元/辆降到 50000 元/辆，购买量由每年的 3000 辆升至 4000 辆。两种商品的价格下降均引发了需求量的上升，那么怎样比较两种不同商品购买量变化对价格变化的灵敏度呢？

分析：计算机和电动汽车的需求价格弹性分别为 1.25 和 2.0。即计算机价格下降 1 个百分点会引起需求量增加 1.25 个百分点，电动汽车价格下降 1 个百分点会引起需求量增加 2 个百分点。可见，电动汽车的市场需求对价格反应的灵敏度高于计算机的市场需求。

### （二）需求价格弹性分类

各类商品的需求价格弹性不一样，可根据弹性系数的大小进行分类如下：

（1）需求富有弹性，即 $E_d > 1$。表示需求量的变动率大于价格的变动率，即需求量对于价格变动的反应比较敏感。如奢侈品和价格昂贵的享受型服务（珠宝、国外旅游等）。

（2）需求缺乏弹性，即 $E_d < 1$。表示需求量的变动率小于价格的变动率，即需求量对于价格变动的反应欠敏感。如生活必需品（粮、油等）。

（3）需求单一弹性，即 $E_d = 1$。表示需求量和价格的变动率刚好相等。

（4）需求完全弹性，即 $E_d = \infty$。表示在既定的价格水平需求量是无限的。这是一种极罕见的极端现象。

（5）需求完全无弹性，即 $E_d = 0$。表示相对于任何价格水平需求量都是固定不变的。如急救药。以上五种类型的商品弹性可分别用图 2-13（a）-（e）表示。

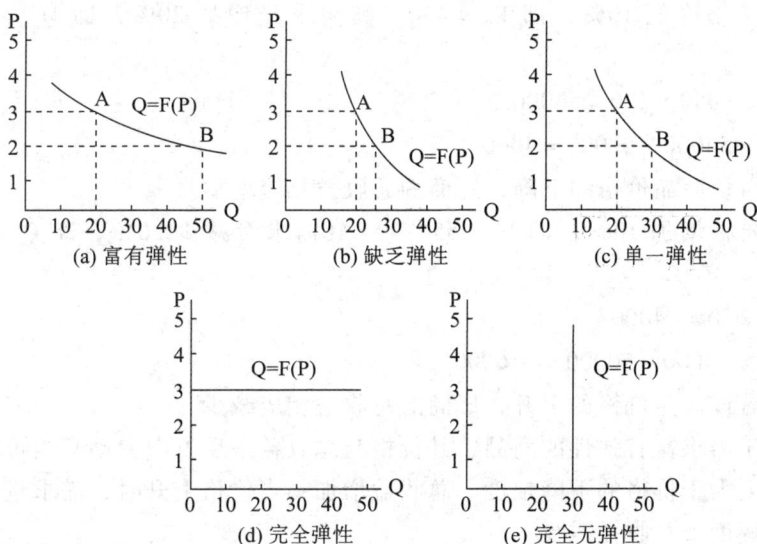

图 2-13　需求价格弹性的 5 种类型

### （三）影响需求价格弹性的因素

（1）商品可替代的程度。商品的可替代程度越大，商品的弹性就越大。

（2）商品用途的广泛性。商品的用途广泛，需求价格弹性就越大；反之，用途越狭窄，需求价格弹性就可能越小。

（3）商品对消费者生活的重要程度。基本需求的价格弹性较小，而高级需求的价格弹性越大。

（4）商品的消费支出在消费者预算支出中所占的比重。当一种商品在消费者预算支出中占有很小的一部分时，消费者可能不太会注意这种商品的价格变动，那么这种商品的弹性就比较小。

（5）相对于价格变动，消费者调整需求量的时间也是一个重要因素。一般来说，消费者调整需求的时间越短，需求价格弹性就越小；相反，调整时间越长，需求价格弹性越大。

### （四）需求价格弹性与总收益的关系

在实际生活中，有的厂商降低产品价格能使销售收入提高；而有的厂商降低产品价格，却反而使销售收入减少了。为了解释这一现象，我们先来了解商品的需求价格弹性与厂商的销售收入之间的相互关系。

假设某厂商的销售量正好等于市场需求量，则销售收入为：

TR = P × Q

其中，TR 表示总收益；P 表示商品的价格；Q 表示销售量或需求量。

1. 需求富有弹性（$E_d > 1$）的商品及其总收益

假设某商品的价格 $P_1 = 500$，需求量 $Q_1 = 100$，商品的需求富有弹性，$E_d = 2$，则总收益为：

$TR_1 = P_1 Q_1 = 500 \times 100 = 50000$

若该商品价格降低 10%，即 $P_2 = 450$，其需求量增加 20%，即 $Q_2 = 120$。则总收益为：

$TR_2 = P_2 Q_2 = 450 \times 120 = 54000$

$TR_2 - TR_1 = 54000 - 50000 = 4000$

可见，随着该商品价格的下降，厂商的总收益相应增加。

若该商品价格增加 10%，即 $P_3 = 550$ 时，其需求量减少 20%，即 $Q_3 = 80$，则总收益为：

$TR_3 = 550 \times 80 = 44000$

$TR_3 - TR_1 = 44000 - 50000 = -6000$

可见，随着该商品价格的上升，厂商的总收益相应减少。

结论：对于需求富有弹性的商品，其价格与总收益呈反方向变动。当价格下降时，需求量的增加幅度大于价格的下降幅度，总收益增加；当价格上升时，需求量的减少幅度大于价格的上升幅度，总收益减少。

2. 需求缺乏弹性（$E_d < 1$）的商品及其总收益

假设某商品的价格 $P_1 = 500$，需求量 $Q_1 = 100$，商品的需求缺乏弹性，$E_d = 0.5$，则总收益为：

$TR_1 = P_1 Q_1 = 500 \times 100 = 50000$

若该商品价格降低 10%，即 $P_2 = 450$，其需求量增加 5%，即 $Q_2 = 105$。则总收益为：

$TR_2 = P_2 Q_2 = 450 \times 105 = 47250$

$TR_2 - TR_1 = 47250 - 50000 = -2750$

可见，随着该商品价格的下降，厂商的总收益相应减少。

若该商品价格增加 10%，即 $P_3 = 550$ 时，其需求量减少 5%，即 $Q_3 = 95$，则总收益为：

$TR_3 = 550 \times 95 = 52250$

$TR_2 - TR_1 = 52250 - 50000 = 2250$

可见，随着该商品价格的上升，厂商的总收益相应增加。

结论：对于需求缺乏弹性的商品，其价格与总收益呈同方向变动。当价格下降时，需求量的增加幅度小于价格的下降幅度，厂商的总收益减少；当价格上升时，需求量的减少幅度小于价格的上升幅度，厂商的总收益增加。

拓展阅读——案例分析

### 薄利多销

薄利多销是指低价低利扩大销售的策略。"薄利多销"中的"薄利"就是降价，降价就能"多销"，"多销"就能增加总收益。在销售市场有可能扩大的情况下，通过降低单位商品的利润来降低商品的价格，虽然会使企业从单位商品中获得的利润量减少，但由于销售数量的增加，企业所获利润总额增加。

只有需求富有弹性的商品才能"薄利多销"。实行薄利多销的商品必须满足商品需求价格弹性大于1，此时需求富有弹性。因为对于需求富有弹性的商品来说，当该商品的价格下降时，需求量（销售量）增加的幅度大于价格下降的幅度，所以总收益增加。

### 谷贱伤农

粮食降价而总收益减少就是我们一般所说的谷贱伤农。"谷贱"是粮食丰收引起价格下降，粮食是生活必需品，需求缺乏弹性，这就使总收益减少。"伤农"则是农民收入减少。假设大米的需求弹性为0.5，当价格为每千克2元时，需求量为10万千克。总收益为20万元（2×10）。如果大米价格降价10%，即由2元价格降至1.8元，由于需求弹性为0.5，需求量仅增加5%，即增加至10.5万千克。这时总收益为1.8元×10.5万=18.9万元。这就说明，需求缺乏弹性的物品降价所引起的需求量增加不多，从而降价会减少总收益。同理也可以推出提价引起需求量的减少也不多，从而提价也会减少总收益。

资料来源：根据百度文库资料整理。

## 三、供给价格弹性

### （一）供给价格弹性的含义

供给价格弹性（Price Elasticity of Supply）是指在一定时期内某一商品的供给量的相对变动对该商品的价格的相对变动的反应程度，即商品供给量变动比率与价格变动比率之比。用公式表示如下：

$$Es = \frac{\Delta Q/Q}{\Delta P/P} = \frac{\Delta P}{\Delta Q} \cdot \frac{P}{Q} \tag{2-7}$$

其中，Es 表示供给价格弹性系数；P 表示商品价格；$\Delta P$ 表示商品价格的变动量；Q 表示商品的供给；$\Delta Q$ 表示供给的变动量。

### （二）供给价格弹性的分类

供给价格弹性根据系数大小可以分为五种类型。

（1）Es = 0，供给完全无弹性。即无论价格上升还是降低，都不会改变供给量。

（2）Es→∞，供给完全弹性。即只要价格有微小的上涨，供给量将从0变为无穷大。

（3）Es = 1，供给单一弹性。即价格与供给量等比例变动。

（4）0 < Es < 1，供给缺乏弹性。即供给量变动的幅度小于价格变动的幅度。

（5）$E_s > 1$，供给富有弹性。即供给量变动的幅度大于价格变动的幅度。

（三）供给价格弹性的影响因素

（1）生产的难易程度。容易生产且生产周期短的商品供给弹性大；反之，不易生产且生产周期长的商品供给弹性小。

（2）生产要素的供给弹性。生产要素供给弹性大的商品，商品的供给弹性也大；反之，生产要素供给弹性小，商品的供给弹性也小。

## 拓展阅读

**需求收入弹性与需求交叉弹性系数**

需求收入弹性用来表示消费者对某种商品需求量的变动对收入变动的反应程度。以 $E_I$ 代表需求收入弹性系数，Q 代表需求量，ΔQ 代表需求量的变动量，I 代表收入，ΔI 代表收入的变动量，则需求收入弹性系数的一般表达式为：

$$E_I = (\Delta Q/Q)/(\Delta I/I)$$

对于大多数物品来说，收入提高会增加人们对其的需求量。大多数物品的需求量与收入呈同方向变动，其收入弹性为正数。少数物品是低档物品，例如，乘公共汽车。人们收入提高反而会减少对其的需求量。低档物品的需求量与收入呈反方向变动，其收入弹性为负数。

需求交叉弹性用来表示一种商品的需求量变动对另一种商品价格变动的反应程度。若以 X、Y 代表两种商品，Exy 代表需求交叉弹性系数，Py 代表 Y 商品的价格，ΔPy 代表 Y 商品价格的变动量，Qx 代表 X 商品原来的需求量，ΔQx 代表因 Y 商品价格的变动所引起的 X 商品需求量的变动量，则需求交叉弹性系数的一般表达式为：

$$Exy = (\triangle Qx/Qx)/(\triangle Py/Py)$$

它反映了相对于其他商品价格的变动，消费者对某种商品需求量变动的敏感程度，其弹性系数定义为需求量变动的百分比除以另外商品价格变动的百分比。需求交叉弹性系数可以大于 0、等于 0 或小于 0，它表明两种商品之间分别呈替代、不相关或互补关系。

资料来源：根据百度文库资料整理。

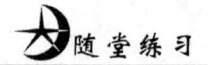

随堂练习

一、单项选择题

1. 当需求量变动百分数大于价格变动百分数，需求弹性系数大于 1 时，需求价格弹性的类型为（　　）。

　　A. 需求富有弹性　　　　　　　　　　B. 需求缺乏弹性
　　C. 需求单一弹性　　　　　　　　　　D. 需求完全有弹性

2. 在其他条件不变的情况下，如果某产品需求价格弹性系数小于 1，则当该产品价格提高时，（　　）。

A. 会使生产者的销售收入减少　　　　B. 不会影响生产者的销售收入
C. 会使生产者的销售收入增加　　　　D. 生产者的销售收入可能增加也可能减少

3. （　　）的商品适合采用薄利多销的方式增加销售收入。
A. 需求缺乏弹性　　　　　　　　　　B. 需求富有弹性
C. 需求单位弹性　　　　　　　　　　D. 需求无弹性

4. （　　）是指一种商品价格的相对变化与由此引起的另一种商品需求量相对变动间的比率。
A. 需求价格弹性　　　　　　　　　　B. 供给价格弹性
C. 需求交叉弹性　　　　　　　　　　D. 需求收入弹性

## 二、多项选择题

1. 下列说法中正确的有（　　）。
A. 需求价格弹性系数小于1，价格上升会使销售收入增加
B. 需求价格弹性系数大于1，价格上升会使销售收入减少
C. 需求价格弹性系数等于1，价格变动不会引起销售收入变动
D. 需求价格弹性系数小于1，价格下降会使销售收入减少
E. 需求价格弹性系数大于1，价格上升会使销售收入增加

2. 下列商品中需求缺乏弹性的有（　　）。
A. 盐　　　　　　　　　　　　　　　B. 衣服
C. 粮食　　　　　　　　　　　　　　D. 食用油

3. 影响需求价格弹性的因素有（　　）。
A. 商品可替代的程度
B. 商品用途的广泛性
C. 商品对消费者生活的重要程度
D. 商品消费支出在消费者预算支出中所占的比重

## 三、判断题

1. 如果价格和总收益呈同方向变化，则需求是缺乏弹性的。　　　　（　　）
2. 低档物品的需求量与收入呈反方向变动，其收入弹性为负数。　　（　　）
3. 急救药品是需求富有弹性的商品。　　　　　　　　　　　　　　（　　）

## ★本项目小结

需求是指消费者在一定时期内在各种可能的价格水平愿意而且能够购买的该商品的数量。需求曲线是一条向右下方倾斜的曲线，表明需求量与价格是负相关的。

供给是指生产者在一定时期内在各种可能的价格下愿意并且能够提供出售的该种商品的数量。供给曲线是一条向右上方倾斜的曲线，表明供给量与价格是正相关的。

均衡需求曲线与供给曲线相交时的价格为均衡价格。需求的变动引起均衡价格与均衡

产量同方向变动;供给的变动引起均衡价格反方向变动,均衡产量同方向变动。均衡价格应用主要有保护价格和限制价格。

需求价格弹性、供给价格弹性主要是测算在其他因素不变的情况下,需求量、供给量对商品自身价格的变动做出反应的程度。需求富有弹性的商品,价格与总收益呈反方向变动;需求缺乏弹性的商品,价格与总收益呈同方向变动。弹性理论可解释薄利多销、谷贱伤农等现象。

## 项目思考题

1. 下列情况发生时,会引起牛肉的需求曲线如何移动?
(1) 羊肉的价格上涨;
(2) 消费者收入增加;
(3) 喂养牛的饲料涨价了;
(4) 卫生组织发布近期出现牛瘟现象。
2. 选择一个产品,估算其需求情况,列出需求表,并画出需求曲线。
3. 如果想提高产品的总收益,那么对电视机、粮食、珠宝等产品应采取提价还是降价的办法?为什么?

## 观察与分析

### 调查不同需求价格弹性的商品

3~5人为一组,运用所学知识,就学校周边的超市或店铺里的相关商品进行调研,选取3~6个商品,分析其分别属于哪一类需求价格弹性,并提出应通过涨价还是降价来提高销售收入。(500字左右)

# 项目三 Project 3 消费者行为

**知识点**

**知识目标：**
◇ 了解效用、总效用和边际效用的含义；
◇ 理解边际替代率和边际效用递减规律；
◇ 理解基数效用论下消费者均衡实现的条件及内容；
◇ 理解序数效用论下消费者均衡实现的条件及内容。

**能力目标：**
◇ 能够应用基数效用论进行消费者均衡分析；
◇ 能够应用无差异曲线分析法进行消费者均衡分析。

**重点难点：**
◇ 效用；
◇ 边际效用；
◇ 边际效用递减；
◇ 消费者均衡。

**思维导图**

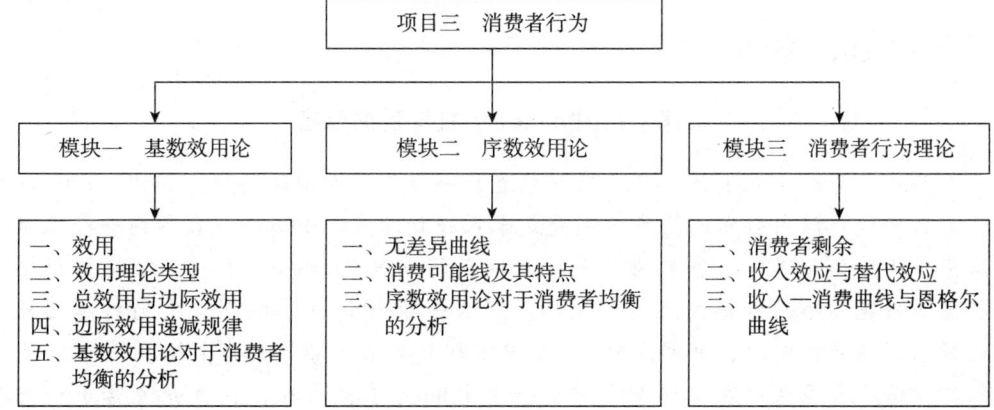

### 经济现象引入

某人肚子饿跑去买煎饼吃,一连吃了六个还是不够,再买第七个,才吃了一半就觉得饱了。他很懊悔,自打嘴巴说:"我怎么这么笨!早知道后头的半个煎饼能吃饱,只要买这半个就好了,之前的六个煎饼不是多吃了吗?"

这则寓言透露出何种经济效应?和我们的生活又有什么关联?

资料来源:黄晓林,董典波. 一口气读懂经济学[M]. 北京:新世界出版社,2015.

## 模块一 基数效用论

### 一、效用

效用是商品或者服务满足人们某种欲望的能力,或者是消费者在消费商品或服务时所感受到的满足程度。效用是一种心理感觉、主观心理评价、没有客观标准。效用和欲望都是消费者对商品的主观感觉,但效用和欲望的不同之处在于,欲望产生在商品消费之前,而效用是消费者对商品进行消费后的主观评价。

对效用概念的理解要注意两点:

(1) 效用是对商品的一种主观心理感觉。效用本身不包括是非的价值判断,一种商品有无效用,只看它能否满足人们的欲望和需要,而不考虑这一欲望的好与坏。这一概念强调的是消费者在消费某种商品时的主观感受程度。

(2) 效用因人、因时、因地而异。对不同的人而言,同种物品所带来的效用不同,甚至对同一个人而言,同一商品在不同的时间与地点效用也不同,例如,同一件棉衣,在冬天或寒冷地区给人带来的效用很大,但在夏天或热带地区也许只能带来负效用。但必须强调的是,效用高低是一种因人、因时、因地的相对比较,没有绝对的衡量标准。

### 拓展阅读——小故事

#### 卖疯了的 iPhone4 手机背后的秘密

苹果品牌作为时尚电子系列产品的领航者,一直备受人们的关注。其中,iPhone 系列手机的更新换代在国内引发的消费热潮更是令人瞠目结舌。iPhone4S 在国内一经上市就成为了消费市场的领头军。消费者为了第一时间获得新款的 iPhone 手机,纷纷熬夜排队等候,甚至不惜花高昂的价格去收购、竞拍。那么一款 iPhone 手机到底有何特殊之处,能够如此吸引消费者?对此,有网友称:"在中国拥有苹果产品,拥有 iPhone 手机,象征了一个人的身份。大多数人在看到手上拿着一部 iPhone 手机的人,往往会流露出一种羡慕的眼光,而大部分拥有 iPhone 手机的人就是为了享受这种眼光,让自己可以"炫耀"!在这里,"炫耀"这个词间接揭示了一部 iPhone 手机的本质属性。往往,能够禁得起人们炫耀的产品也就是所谓的"奢侈品",奢侈品的消费更多的是为了满足消费者的虚荣心。而在经济学中,我们把消费者从消费某种商品中所得到的满足程度定义为"效用"。

资料来源:MBA 智库百科。

## 二、效用理论类型

在度量效用的问题上,西方经济学家先后提出了基数效用和序数效用的概念。在此基础上,形成了分析消费者行为的两种方法:基数效用论的边际效用分析法和序数效用论的无差异曲线分析法。

在 19 世纪和 20 世纪初,西方经济学中普遍使用基数效用概念。基数是指 1、2、3……是可以加总求和的。基数效用论认为,效用可以具体衡量并加总求和,具体的效用量之间的比较是有意义的。表示效用大小的计量单位被称作效用单位。例如,对某消费者而言,看一场精彩的电影的效用为 10 效用单位,吃一顿麦当劳的效用为 8 效用单位,则这两种消费的效用之和为 18 效用单位。

自 20 世纪 30 年代至今,西方经济学中多使用序数效用概念。序数是指第一、第二、第三……序数只表示顺序或等级,是不能加总求和的。序数效用论认为,效用无法具体衡量,效用之间的比较只能通过顺序或等级表示。沿用上面的例子来说明:该消费者要回答的是偏好哪一种消费,即看一场精彩的电影,还是吃一顿麦当劳。并且就分析消费者行为来说,以序数来度量效用的假定比以基数来度量效用的假定所受到的限制要少,可以减少一些被认为是值得怀疑的心理假设。两种类型之间的对比如表 3-1 所示。

表 3-1　　　　　　　　　　　效用理论类型

| 效用理论类型 | 主要观点 | 时间 | 经济学家 | 分析工具 |
|---|---|---|---|---|
| 基数效用论 | 效用可计量 | 19 世纪末 20 世纪初 | 马歇尔 | 边际效用 |
| 序数效用论 | 效用可比较 | 20 世纪 30 年代 | 希克斯 | 无差异曲线 |

## 三、总效用与边际效用

### (一) 总效用

总效用(TU)指消费者在一定时间内从一定数量的商品的消费中所得到的效用量的总和。假定消费者对一种商品的消费数量为 Q,则总效用函数用公式表示为:

$$TU = f(Q)$$

### (二) 边际效用

边际效用(MU)指消费者在一定时间内增加一单位商品的消费所得到的效用量的增量。其用公式表示为:

$$MU = \Delta TU / \Delta X \tag{3-1}$$

其中，MU 表示边际效用；ΔTU 表示总效用的增量；ΔX 表示商品增加量。表 3-2 所示为用数据解释的总效用与边际效用。

表 3-2　　　　　　　　　总效用与边际效用

| 消费数量 | 总效用 | 边际效用 |
| --- | --- | --- |
| 0 | 0 | 0 |
| 1 | 10 | 10 |
| 2 | 18 | 8 |
| 3 | 25 | 7 |
| 4 | 30 | 5 |
| 5 | 30 | 0 |
| 6 | 25 | -5 |

### （三）总效用与边际效用的关系

根据表 3-2 可以绘制出图 3-1，以解释总效用与边际效用的关系。

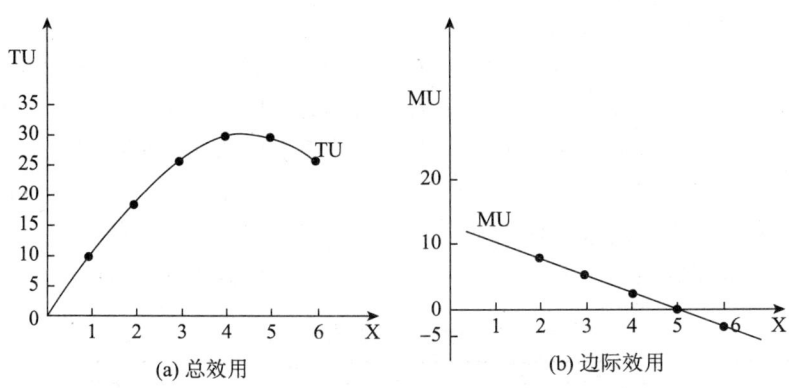

图 3-1　总效用和边际效用的关系

总效用曲线的变动趋势是先递增后递减；边际效用曲线的变动趋势是递减的。二者的关系为：MU 为正值时，TU 呈上升趋势；MU 为 0 时，TU 达到最高点；MU 为负值时，TU 呈下降趋势。即当 MU>0 时，TU 上升；当 MU<0 时，TU 下降；当 MU=0 时，TU 线达到最大。

## 四、边际效用递减规律

边际效用递减规律：在一定时间内，在其他商品的消费数量保持不变的条件下，随着消费者对某种商品消费量的增加，消费者从该商品连续增加的每一消费单位中所得到的效用增量即边际效用是递减的。可从以下两个方面解释边际效用递减规律成立的原因：

解释一：从人的生理和心理角度。由于随着相同消费品的连续增加，从人的生理和心理角度讲，从每一单位消费品中所感受到的满足程度和对重复刺激的反应程度是递减的。

解释二：从商品的多用途角度。一种商品在具有几种用途时，消费者总是将第一单位的消费品用在最重要的用途上，第二单位的消费品用在次重要的用途上，等等。这样，消费品的边际效用随消费品的用途重要性的递减而递减。例如，在仅有少量水的情况下（如在沙漠或航海中），人们十分珍惜地饮用，以维持生命，水的边际效用很大。随着水量增加，除满足饮用外，还可以用来洗脸、洗澡和洗衣，水的重要性相对降低，边际效用相应减小。

## 五、基数效用论对于消费者均衡的分析

### （一）消费者均衡的概念

消费者均衡是指消费者在既定收入条件下，如何实现效用最大化。即研究单个消费者如何把有限的货币收入分配在各种商品的购买中，以获得最大的效用。也就是当消费者所要购买的商品提供的总效用达到最大化时，消费者就不再改变他的购买方式，这时消费者的需求行为达到均衡状态。

### （二）消费者均衡的条件

假定消费者用一定的收入 I 购买 X、Y 两种物品，两种物品的价格分别为 $P_X$ 和 $P_Y$，购买数量分别为 $Q_X$ 和 $Q_Y$，两种物品所带来的边际效用分别为 $MU_X$ 和 $MU_Y$，每一单位货币的边际效用为 $MU_I$。那么消费者效用最大化的均衡条件可以表示为：

$$P_X \cdot Q_X + P_Y \cdot Q_Y = I \qquad\qquad (3-2)（限制条件）$$

如果消费者的支出超过收入，消费者购买是不现实的；如果支出小于收入，就无法实现在既定收入条件下的效用最大化。即：

$$MU_X/P_X = MU_Y/P_Y = MU_I \qquad\qquad (3-3)（均衡条件）$$

每单位货币无论是购买 X 物品或 Y 物品，所得到的边际效用都相等。

消费者之所以按照这一原则来购买商品并实现效用最大化，是因为在既定收入条件下，多购买 X 物品就要减少 Y 物品的购买。随着 X 物品购买量的增加，X 物品的边际效用就会递减，Y 物品的边际效用就会递增。为了使所购买的 X、Y 两种物品的组合能够带来最大的总效用，消费者就不得不调整这两种物品的组合数量，其结果是增加对 Y 物品的购买，减少对 X 物品的购买。当消费者所购买的最后一个单位 X 物品所带来的边际效用与其价格之比等于其所购买的最后一个单位 Y 物品所带来的边际效用与其价格之比时。也就是说，无论是购买哪种物品，每一单位货币所购买的物品其边际效用都是相等的，于是就实现了总效用最大化，即消费者均衡，两种物品的购买数量也就随之确定，不再加以调整。

**知识链接——拓展阅读**

**萨缪尔森的幸福公式**

诺贝尔经济学奖得主萨缪尔森提出了一个著名的幸福公式：幸福=效用/欲望，公式中的效用在经济学中用来表示从消费物品中得到的主观享受或满足。因为它的主观性，所以价钱越高不一定效用越高，消费越多也不一定效用越高。欲望就是想要达到的目标。从个人和家庭的角度看，欲望就是过上高品质的生活，子女受到良好教育，能满足自己的爱好，能过上养尊处优的晚年，一生平安，无忧无虑。

仔细分析这个公式的内涵和外延会帮助我们对幸福有更深刻的认识。

资料来源：百度百科。

### 一、单项选择题

1. 下列选项中属于边际效用的是（    ）。

A. 张某吃了第二个面包，满足程度从 10 个效用单位增加到了 15 个单位，增加了 5 个效用单位

B. 张某吃了 2 个面包，满足程度为 15 个效用单位

C. 张某吃了 4 个面包后再不想吃了

D. 张某吃了 2 个面包，平均每个面包带给张某的满足程度为 7.5 个效用单位

E. 以上都不对

2. 当总效用增加时，边际效用应该（    ）。

A. 为正值，且不断增加    B. 为正值，但不断减少

C. 为负值，且不断减少    D. 为零值

3. 若某消费者消费了 2 个单位某物品之后，得知边际效用为零，则此时（    ）。

A. 消费者获得了最大平均效用    B. 消费者获得的总效用最大

C. 消费者获得的总效用最小    D. 消费者所获得的总效用为负

E. 以上都不对

4. 若消费者张某只准备买两种商品 X 和 Y，X 的价格为 10，Y 的价格为 2。若张某买了 7 个单位 X 和 3 个单位 Y，所获得的边际效用值分别为 30 个单位和 20 个单位，则（    ）。

A. 张某获得了最大效用

B. 张某应当增加 X 的购买，减少 Y 的购买

C. 张某应当增加 Y 的购买，减少 X 的购买

D. 张某想要获得最大效用，需要借钱

E. 无法确定张某该怎么办

### 二、多项选择题

1. 以下关于效用的表述中正确的有（    ）。

A. 效用是对物品的一种主观心理感觉    B. 效用因人、因时、因地而异

C. 效用没有绝对的衡量标准    D. 效用无正负之分

2. 下列关于消费者均衡的表述中正确的有（　　）。
A. 每一单位货币无论是购买 X 物品或 Y 物品，所得到的边际效用都相等
B. 消费者均衡时，两种物品的购买数量也就随之确定，不再加以调整
C. 消费者均衡即效用实现最大化
D. 消费者均衡时，消费支出不超过收入
3. 下列关于总效用和边际效用关系中正确的有（　　）。
A. MU 为正值时，TU 线呈上升趋势
B. MU 为零时，TU 线达到最高点
C. MU 为负值时，TU 线呈下降趋势
D. 当 MU<0 时，TU 线下降；当 MU=0 时，TU 线达到最大

### 三、判断题

1. 效用大小与商品价格水平成正比。（　　）
2. 总效用上升时，边际效用总是大于或等于 0。（　　）
3. 当消费者花一个单位货币所带来的 X 商品和 Y 商品的边际效用相等时，消费者在当前收入水平上实现了效用最大化。（　　）

# 模块二　序数效用论

序数效用论认为效用作为一种心理现象是无法计量的，只能表示出满足程度的高低与顺序，而效用的大小可以用无差异曲线来衡量。

## 一、无差异曲线

### （一）无差异曲线定义

无差异曲线（又称效用等高线、等效用线）是用来表示两种商品的不同数量的组合给消费者所带来的效用完全相同的一条曲线。或是说在这条曲线上，无论两种商品的数量怎样组合，所带来的总效用是相同的。

假设有两种商品 X 和 Y，它们在数量上可以有多种组合。表 3-3 列出了商品 X 和 Y 的 6 种组合，还可以列出许多组合。这些组合所代表的效用都是相等的。因此，此表称为无差异组合表。

表 3-3　　　　　　　　　　　无差异组合表

| 组合方式 | X 商品 | Y 商品 |
| --- | --- | --- |
| a | 2 | 18 |
| b | 4 | 15 |
| c | 5 | 13 |
| d | 8 | 10 |
| e | 11 | 7 |
| f | 15 | 4 |

根据无差异组合表的数据可以绘制无差异曲线。如图 3-2 所示。

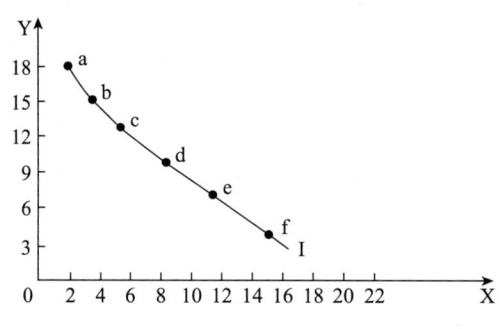

图 3-2　无差异性曲线

图 3-2 中，在无差异曲线任何一点上商品 X 与商品 Y 不同数量的组合给消费者所带来的效用都是相同的。

（二）无差异曲线的特点

根据无差异曲线图形分析其具有以下特点：

（1）无差异曲线是一条斜率为负值、向右下方倾斜且凸向原点的曲线。这表明，在收入与价格既定条件下，消费者为了得到相同的总效用，在增加一种商品的消费时，必须减少另一种商品的消费。两种商品不能同时增加或减少。

（2）同一平面图上可以有许多条无差异曲线。同一条无差异曲线代表相同的效用，不同的无差异曲线代表不同的效用。离原点越远的无差异曲线所代表的效用越大；离原点越近的无差异曲线所代表的效用越小。

（3）在同一平面图上，任意两条无差异曲线不能相交。因为在交点上两条无差异曲线代表了相同的效用，与第二个特点相矛盾。

（三）边际替代率与无差异曲线的形状

边际替代率（Marginal Rate of Substitution，MRS）是指在总效用不变的前提下，增加某一商品的消费与必须减少的另一商品的消费之间的比率，即，$MRS = \Delta Y / \Delta X$（考察它的绝对量）。例如，增加 2 个单位 X 商品，减少 1 个单位 Y 商品，则以 X 商品代替 Y 商品的边际替代率为 0.5。应该注意的是，在保持效用相同时，增加一种商品要减少另一种商品。因此，边际替代率应该是负值。无差异曲线的斜率就是边际替代率，无差异曲线向右下方倾斜就表明边际替代率为负值。但为了方便起见我们一般用其绝对值。如图 3-3 所示。MRS 即为总效用曲线的斜率。

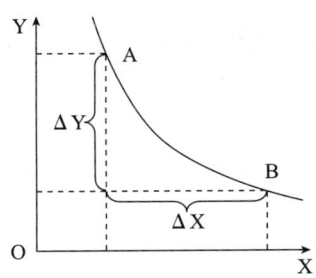

图 3-3 边际替代率

如上所述,在一般情况下,无差异曲线是一条向右下方倾斜且凸向原点的曲线。向右下方倾斜是因为边际替代率为负值,凸向原点则是因为边际替代率递减。边际替代率就是无差异曲线的斜率。边际替代率递减也就是无差异曲线的斜率在减小。这样,无差异曲线的左上段斜率较大,从而比较陡峭,而其右下段斜率较小,从而比较平坦。这样两部分曲线结合在一起,曲线自然就凸向原点了(在数学上完全可以证明斜率递减的曲线是凸向原点的)。无差异曲线这种向原点凸出的弯曲程度则完全取决于两种物品替代性的大小。

特例:

(1)如果 X、Y 两种商品是完全替代性质的,则边际替代率是常数,相应的无差异曲线为一条斜率不变的直线。例如,某消费者认为一瓶菠萝汁与一瓶芒果汁是无差异的,则菠萝汁与芒果汁的相互替代比例固定不变,为 1:1。

(2)如果 X、Y 两种商品是互补性质的,则边际替代率等于零,无差异曲线就是一条直角折线。例如,总是要按一副眼镜架和两个眼镜片的比例配合在一起,眼镜才能够被使用。只有在直角形的顶点,眼镜架和眼镜片的比例固定不变,为 1:2,对消费者才能产生效用。

(3)如果 X、Y 两种商品是独立的,那么无差异曲线就是一条垂线。如食盐与汽车。

总之,边际替代率作为无差异曲线的斜率决定了无差异曲线的形状。

### 拓展阅读——小故事

### 聪明的女儿

从前有一位妈妈很勤劳,很爱养鸡。一天,她对女儿说,"女儿啊,现在你去市场上买一些鸡回来。"妈妈交给女儿 100 元钱,让她买 100 只鸡回来。当时,市场上的公鸡 1 只 5 元钱,母鸡 1 只 3 元钱,小鸡 3 只 1 元钱。但是妈妈要求不能只买小鸡,因为她觉得,当时公鸡和母鸡的价格也很合算。这个女儿很聪明,知道虽然只有 100 元钱,但是妈妈心里自然愿意多买大鸡。为了能够多买大鸡,她当然是把这 100 元钱全花掉,然后很快就算出来了每种鸡应该购买的数量。

所有可能的答案是四组:公鸡 12 只,母鸡 4 只,小鸡 84 只;或者公鸡 8 只,母鸡 11 只,小鸡 81 只;或者公鸡 4 只,母鸡 18 只,小鸡 78 只;或者公鸡 0 只,母鸡 25 只,小鸡75只。聪明的女儿很可能知道妈妈对下蛋母鸡的偏爱,所以她买的是4只公鸡,18只母鸡,78只小鸡。

"百钱百鸡"问题见于我国古代数学家张丘建所著的《算经》,原文是:"今有鸡翁一,值钱五;鸡母一,值钱三;鸡雏三,值钱一。凡百钱买鸡百只,问鸡翁母雏各几何?"这里就应用到了边际替代率。

资料来源:陈仁新. 一个边际替代率的教学案例及其启示 [J]. 宿州教育学报,2016 (4).

## 二、消费可能线及其特点

### (一) 消费可能线

消费可能线(家庭预算线、等支出线)是一条表明在消费者收入与商品价格一定条件下,消费者所能购买到的两种商品数量最大组合的线。

消费可能线表明了消费者消费行为的限制条件。这种限制条件可以写为:

$$P_X \cdot Q_X + P_Y \cdot Q_Y = I \tag{3-4}$$

例如,$I = 60$ 元,$P_X = 20$ 元、$P_Y = 10$ 元,则 $Q_X = 0$ 时,$Q_Y = 6$;$Q_Y = 0$ 时,$Q_X = 3$。于是可以绘制出如图3-4所示的消费可能线。

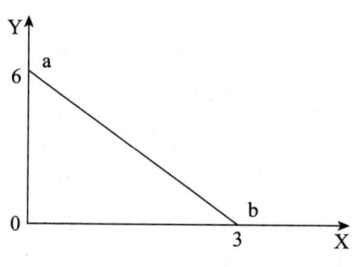

图3-4 消费可能线

在图3-4中,连接a、b两点的直线就是消费可能线。在消费可能线上的任何一点都是在收入与价格既定条件下,能购买到的X商品与Y商品的最大数量的组合。消费可能线之外的消费组合超出了消费者的消费能力,是不可能实现的;而消费可能线之内的消费组合没有超出消费者的消费能力,是可以实现的,但效用不是最大。

### (二) 消费可能线的移动

如果消费者的收入和商品的价格改变了,则消费可能线就会变动。

#### 1. 消费者收入变化

如果商品价格不变,消费者收入增加,则消费可能线平行向右上方移动,即预算水平增加;反之,消费者收入减少,则消费可能线平行向左下方移动,即预算水平减少。如图3-5所示。消费者收入增加,消费可能线ab平行向右上方移动到 $a_1b_1$;消费者收入减少,消费可能线ab平行向左下方移动到 $a_2b_2$。

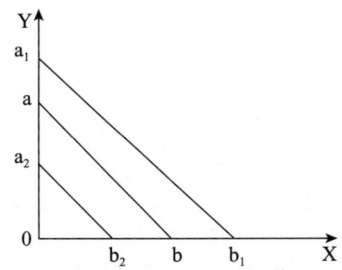

图3-5 消费者收入变化消费可能线的变动

2. 商品价格变化

如果消费者收入不变,而两种商品的价格中一种价格(如Y)不变,一种价格(如X)上升或下降,则消费可能线变动如图3-6所示。Y商品价格不变,X商品价格上升,消费可能线ab向内移动到$ab_1$;X商品价格下降,消费可能线ab向外移动到$ab_2$。即:消费可能线围绕着a点或b点旋转。

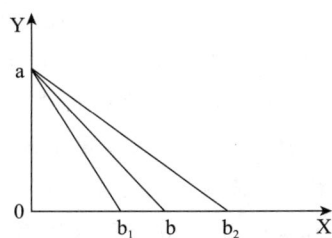

图3-6 商品价格变化消费可能线的变动

## 三、序数效用论对于消费者均衡的分析

消费均衡条件是:两种商品的边际替代率等于这两种商品的价格之比,或无差异曲线的斜率等于消费可能线的斜率。其用公式可表示为:

$$MU_X/P_X = MU_Y/P_Y$$

或:

$$MU_X/MU_Y = P_X/P_Y \tag{3-5}$$

如果把无差异曲线与消费可能线结合在一个图上,那么,消费可能线必定与无差异曲线中的一条切于一点,在这个切点上就实现了消费者均衡。

如图3-7所示,图中三条无差异曲线效用大小的顺序为$I_1 < I_0 < I_2$。消费可能线ab与$I_0$相切于E(此时消费可能线的斜率等于无差异曲线的斜率),这时实现了消费者均衡。这就是说,在收入与价格既定的条件下,消费者购买$OX_1$的X商品和$OY_1$的Y商品就能获得最大的效用。

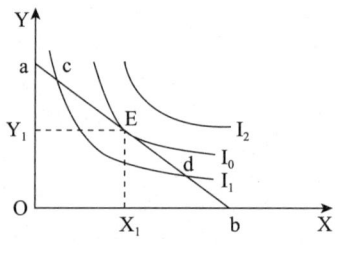

图 3-7 消费者均衡

### 知识链接——拓展阅读

#### 保姆赚"小费"

张某虽事业蒸蒸日上，但为特别爱哭泣的小孩伤透了脑筋。为此想了不少办法，但收效甚微，经过一段时间的摸索，最后总算找到了偏方：小孩特别爱吃一种小颗粒糖，也爱玩，所以每当小孩快要哭的时候，买一两个欢乐球或吃几粒糖，小孩很快就会安静下来，若多些球或糖，小孩甚至还会高兴得手舞足蹈。要是不让小孩哭，每周破费大致 54 元，包括购买 105 个价格为 0.25 元的欢乐球和约 280 粒价格为 0.1 元的糖。

一天，张某雇了一个保姆专门照顾小孩，基本要求是不能让小孩哭，当然每周的预算仍然是 54 元左右。在主人的帮助下，保姆很快学会了如何买球和糖及对付小孩哭泣的招数。然而，一个多月以后，欢乐球降价了，由原来的 0.25 元降到 0.15 元。保姆当然很高兴，因为现在虽然买 280 粒糖仍需 28 元，但买 105 个欢乐球不需要 26 元了，而只需要 16 元，每周就可以省出 10 元。但保姆没有把省出的钱交还给主人，而是装进了自己的腰包，算是赚点"小费"。就这样，降价后保姆每次花费约 44 元买 105 个欢乐球和 280 粒糖，并赚 10 元小费，主人全然不知。日复一日，循环往复，但保姆总琢磨着，既然欢乐球降价了，为什么不多买点欢乐球，而少买点糖。经过不断尝试，她觉得花费 44 元买 145 个欢乐球和 220 粒糖效果最好，不仅能制止小孩哭泣，有时还会看到小孩的笑脸。

张某给保姆每周一天假，有一次，保姆到正在读经济学研究生的哥哥家串门，并洋洋得意的把在主人家的故事一五一十地讲给哥哥听。哥哥听后，觉得挺有意思，夸妹妹有心计，但仔细想想，她完全可以在不让小孩哭泣的前提下，更好地组合欢乐球与糖，省出更多的钱，赚更多的"小费"。经此点拨，妹妹觉得言之有理。回去之后，又经过不断尝试，她每次买大约 140 个欢乐球和 210 粒糖，花费约 42 元，就能保证小孩不哭。结果，每次可赚约 12 元"小费"，比哥哥点拨前多赚 2 元。

转眼间已是春节临近，保姆打算回家过年，期间只能由主人替代去买东西和照顾小孩。她知道，如果主人去买东西，必使其赚"小费"之事暴露无疑。为此，她以退为进，开始将每次能省出的 12 元分文不要，即把主人所给的 54 元全部购买球和糖。至于购买的数量，经尝试，最后觉得每周买 180 个欢乐球和 270 粒糖最能使小孩高兴。结局是皆大欢喜：主人非常高兴，夸保姆很能干，而保姆也将欢乐球降价的事告诉了主人，还得了个"诚实"的美名。

案例来源：根据《保姆赚"小费"的故事》整理，原载于《经济学消息报》。

 随堂练习

### 一、单项选择题

1. 同一条无差异曲线上的不同点表示（　　）。
A. 效用水平不同，但所消费的两种商品组合比例相同
B. 效用水平相同，但所消费的两种商品组合比例不同
C. 效用水平不同，两种商品的组合比例也不相同
D. 效用水平相同，两种商品的组合比例也相同

2. 预算线的位置和斜率取决于（　　）。
A. 消费者的收入　　　　　　　　B. 商品的价格
C. 消费者的收入和商品价格　　　D. 消费者的偏好、收入和商品的价格

3. 预算线反映了（　　）。
A. 消费者的收入约束　　　　　　B. 消费者的偏好
C. 消费者人数　　　　　　　　　D. 货币的购买力

4. 假定其他条件不变，如果某种商品的价格下降，根据效用最大化原则，消费者则会（　　）这种商品的购买。
A. 增加　　　　　　　　　　　　B. 减少
C. 不改变　　　　　　　　　　　D. 增加或减少

### 二、多项选择题

1. 无差异曲线特征包括（　　）。
A. 无差异曲线是一条向右下方倾斜且凸向原点的曲线，其斜率为负值
B. 在同一平面图上可以有许多条无差异曲线
C. 同一条无差异曲线代表相同的效用，不同的无差异曲线代表不同的效用
D. 离原点越远的无差异曲线所代表的效用越小；离原点越近的无差异曲线所代表的效用越大
E. 在同一平面图上，任意两条无差异曲线不能相交

2. 消费可能线移动的原因有（　　）。
A. 消费者收入变化　　　　　　　B. 消费者偏好变化
C. 消费的两种商品价格变化　　　D. 消费的一种商品价格变化

3. 序数效用论分析消费者均衡的条件有（　　）。
A. 两种商品的边际替代率等于这两种商品的价格之比
B. $P_X \cdot Q_X + P_Y \cdot Q_Y = I$
C. 消费者消费超出收入水平
D. 消费者消费少于收入水平

### 三、判断题

1. 无差异曲线表示不同的消费者消费两种商品的不同数量组合所得到的效用相同。（    ）
2. 消费者的效用最大化要求预算线与无差异曲线相交。（    ）
3. 预算线的平行移动说明消费者收入发生变化，商品价格没有发生变化。（    ）

# 模块三
# 消费者行为理论

## 一、消费者剩余

消费者剩余是指消费者对某种商品或服务愿意支付的价格与其实际支付价格的差额。例如，你本来愿意花费 5000 元买一台彩电，现在只需花费 4000 元，那么，消费者剩余就是 1000 元。这一概念是英国经济学家马歇尔在 20 世纪初期提出的，"他宁愿付出而不愿得不到此物的价格，超过他实际付出的价格的部分，是这种剩余满足的经济衡量。这个部分可称为消费者剩余。"

消费者剩余的存在是因为消费者购买某种商品所愿意支付的价格取决于边际效用，而实际付出的价格取决于市场上的供求状况，即市场价格。消费者剩余的概念可用图 3-8 来说明。

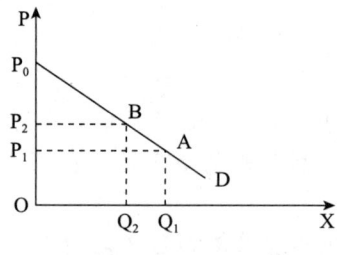

图 3-8　消费者剩余

在图 3-8 中，横轴表示商品量，纵轴代表价格，D 是消费需求曲线，表明商品量少时，消费者愿意付出的价格高，随着商品数量的增加，消费者愿意付出的价格越来越低。消费者对每单位商品所愿意付出的价格是不同的，当他购买 $OQ_1$ 的商品时，愿意付出的货币总额为 $OQ_1AP_0$。但是，这时市场价格为 $OP_1$，所以他购买 $OQ_1$ 商品实际支付的货币总额为 $OQ_1AP_1$。他愿意支付的货币减去他实际支付的货币的差额，在图上表示为 $OQ_1AP_0 - OQ_1AP_1 = AP_0P_1$。这就是消费者剩余。当商品价格上涨为 $OP_2$ 时，购买的商品量为 $OQ_2$，这时消费者愿意付出的货币总额为 $OQ_2BP_0$，实际付出的货币总额为 $OQ_2BP_2$，消费者剩余

为 $BP_0P_2$。这表示,当商品价格提高,需求量下降时,消费者剩余减少。

理解这一概念要注意三个问题:

(1) 消费者剩余只是消费者的一种心理感觉,并不是指消费者实际收入的增加。

(2) 一般来说,生活必需品消费者剩余较大,其他物品的消费者剩余相对较小。

(3) 边际效用递减规律能解释消费者剩余现象,因此其根源是边际效用递减规律。

*拓展阅读——小故事*

**别把你的消费者剩余表现出来!**

有一天某人走到一个菜品摊位前,看见摊位上的西红柿又红又大又新鲜。他情不自禁地说:"这个西红柿真好,我今天特别想吃西红柿!"卖西红柿的小贩心想:这个人看中了我的西红柿,我可以贵一些卖给他。其实,这个买西红柿的顾客表现出很想买的样子,这表明他具有比较多的消费者剩余。所以,当这个顾客问:"西红柿多少钱一公斤?"小贩回答:"两块五一公斤。"本来西红柿只卖一块五一公斤。由于这个顾客表现出有较多的消费者剩余,所以小贩故意提高了价格。当把价格提高以后,这个顾客还觉得挺划算,他毫不犹豫把西红柿买下来了。从这个例子可以看出,当我们到个体摊位去买东西的时候,如果我们想买一件东西,最好不要表现出对该商品的浓烈兴趣,而要表现得若无其事,可买可不买的样子,卖东西的小贩以为你不太想买,就不敢提高价格。

案例来源:MBA智库文档。

## 二、收入效应与替代效应

### (一) 价格效应

一种商品价格变动会对消费者产生两个方面的影响:一是使商品的相对价格发生变动,消费可能线的斜率发生变化;二是使消费者的收入相对于以前发生变动,消费可能线平行移动。

(1) 替代效应是指消费者在保持效用不变的条件下,由于一种商品价格变动而引起的商品的相对价格发生变动,从而导致商品需求量的改变,称为价格变动的替代效应。例如,消费者把收入用于购买 X 和 Y 两种商品,如果 X 商品价格上升,消费者可以减少 X 商品的购买而增加 Y 商品的购买,用增加的 Y 商品来代替减少的 X 商品,从而使总效用不变,所以,替代效应表现为均衡点在同一条无差异曲线上的移动。

(2) 收入效应是指由于一种商品价格变动而引起的消费者实际收入发生变动,从而导致消费者对商品需求量的改变,称为价格变动的收入效应。收入效应表现为均衡点随消费可能线的平行移动在不同无差异曲线上的移动。

(3) 总效应表示一种商品价格变化所引起需求量的总变化。总效应 = 替代效应 + 收入效应。

### (二) 正常商品、低档商品、吉芬商品的替代效应和收入效应分析

(1) 对正常商品而言,商品价格下降的替代效应和收入效应都使得该商品需求量增

加；正常商品的替代效应为正，收入效应也为正，正常商品的替代效应与收入效应的方向一致，所以正常商品的需求曲线自左上方向右下方倾斜。

（2）对于低档商品而言，价格下降的替代效应使得商品需求量增加，但收入效应却使得商品需求量下降。低档商品的替代效应为正，收入效应为负，低档商品的替代效应与收入效应的方向相反。

（3）对于吉芬商品而言，如果为负的收入效应的绝对值大于替代效应，使得需求量随价格上升而上升，则该商品为吉芬商品。吉芬商品价格变动的替代效应为正，收入效应为负，并且收入效应大于替代效应，使得需求量随价格上升而上升，需求曲线向右上方倾斜。

综上所述，价格下降对正常商品、低档商品和吉芬商品的收入效应、替代效应和总效应的影响可以概括如表3-4所示。

表3-4　　　　正常商品、低档商品、吉芬商品的替代效应和收入效应

| 类　别 | 收入效应 | 替代效应 | 总效应 |
| --- | --- | --- | --- |
| 正常商品 | 增加 | 增加 | 增加 |
| 一般低档商品 | 减少 | 增加 | 增加 |
| 吉芬商品 | 减少 | 增加 | 减少 |

## 三、收入—消费曲线与恩格尔曲线

### （一）收入—消费曲线（收入扩展线）

收入—消费曲线是指在商品价格保持不变的条件下，随着消费者收入水平的变动引起消费者均衡变动的轨迹。

收入—消费曲线反映的是消费长期变动趋势的曲线。该曲线强调的是收入变动对消费均衡的长期影响。一般来说，随着收入水平的提高，收入—消费曲线就是一条与收入水平方向一致向右上方倾斜的曲线，即把各个短期消费均衡点连接成一条光滑的曲线。如图3-9所示。把 $E_1$、$E_0$、$E_2$ 点连接起来所形成的曲线称为收入—消费曲线。

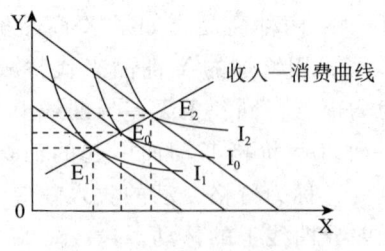

图3-9　收入—消费曲线

将收入和商品需求量的关系放在一个图上，从收入—消费曲线中可引出恩格尔曲线。

## (二) 恩格尔曲线

恩格尔曲线是指表明一种商品需求量与总收入关系的曲线。恩格尔曲线从收入消费曲线中引致的过程如图 3-10 (a)、(b) 所示。图 (a) 表明商品 X 是正常商品，图 (b) 表明商品 Y 是低档商品。

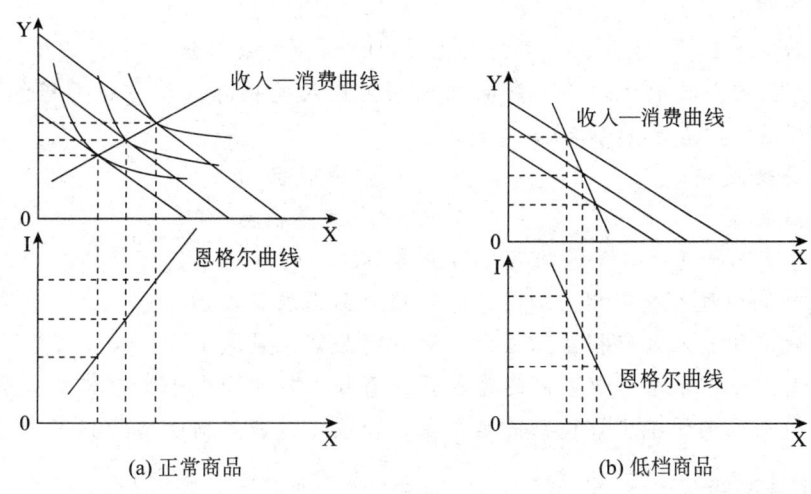

图 3-10 恩格尔曲线的形成

## (三) 不同商品的恩格尔曲线形状

必需品需求量的增加速度小于收入的增加速度，如购买油盐酱醋等；奢侈品需求量增加速度大于收入的增加速度，如到高级宾馆消费、出国旅游等；低档品随收入的增加需求量减少，如旧衣服、低档香烟等。它们的恩格尔曲线分别如图 3-11 (a)、(b)、(c) 所示。

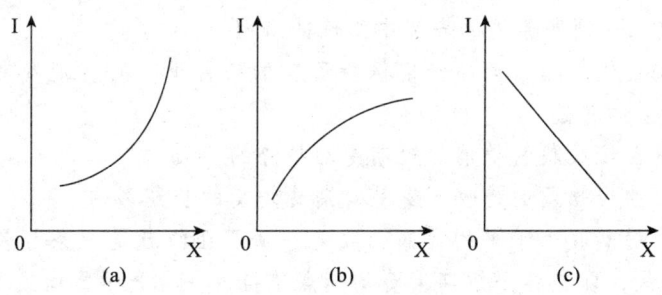

图 3-11 三种商品的恩格尔曲线

## 一、单项选择题

1. 消费者剩余是（　　）。
A. 消费过剩的商品

B. 消费者得到的总效用

C. 消费者购买商品所得到的总效用大于货币的总效用部分

D. 支出的货币总效用

2. 消费者剩余是消费者的（　　）。

A. 实际所得　　　　　　　　　　B. 主观感受

C. 没有购买的部分　　　　　　　D. 消费剩余部分

3. 某些人在收入较低时购买黑白电视机，在收入提高时，则去购买彩色电视机，黑白电视机对这些人来说是（　　）。

A. 生活必需品　　　　　　　　　B. 奢侈品

C. 劣质商品　　　　　　　　　　D. 吉芬商品

4. 在其他情况不变时，某低档商品的价格下降，则（　　）。

A. 替代效应和收入效应相互加强，导致该商品需求量增加

B. 替代效应和收入效应相互加强，导致该商品需求量减少

C. 替代效应倾向于增加该商品的需求量，而收入效应倾向于减少其需求量

D. 替代效应倾向于减少该商品的需求量，而收入效应倾向于增加其需求量

## 二、多项选择题

1. 下列关于消费者剩余的表述中正确的有（　　）。

A. 消费者剩余只是消费者的一种心理感觉，并不是指消费者实际收入的增加

B. 消费者剩余的根源在于边际效用递减规律

C. 消费者剩余是指消费者对某种商品或服务愿意支付的价格与其实际支付价格的差额

D. 一般来说，生活必需品的消费者剩余较大，其他物品的消费者剩余相对较小

2. 下列关于收入—消费曲线的表述中正确的有（　　）。

A. 收入—消费曲线是指在商品价格保持不变的条件下，随着消费者收入水平的变动引起消费者均衡变动的轨迹

B. 收入—消费曲线反映的是消费短期变动趋势的曲线

C. 收入—消费曲线强调的是收入变动对消费均衡的长期影响

D. 一般来说，随着收入水平的提高，收入—消费曲线就是一条与收入水平方向一致向右上方倾斜的曲线，即把各个短期消费均衡点连接成一条光滑的曲线

## 三、判断题

1. 如果一种物品的价格下降，而且这种物品是正常商品，那么收入效应引起该物品需求量减少。（　　）

2. 恩格尔曲线是由收入消费曲线引导出来的。（　　）

3. 收入—消费曲线反映的是消费长期变动趋势的曲线。（　　）

## 本项目小结

消费者行为理论是为了进一步阐明需求理论,而满足消费者的需求就要研究商品的效用。效用分析分为基数效用分析与序数效用分析。消费者均衡的条件包括消费预算限制条件和消费者均衡的实现条件。无差异曲线和消费可能线的结合并使两条线相切,就是效用最大化的商品最佳组合。消费者剩余是消费者对某种商品或服务愿意支付的价格与其实际支付价格的差额。收入—消费曲线是指在商品价格保持不变的条件下,随着消费者收入水平的变动引起消费者均衡变动的轨迹。恩格尔曲线是表明一种商品需求量与总收入关系的曲线。

## 项目思考题

1. 简述边际效用与总效用之间的数量关系。
2. 简述无差异曲线及其特点。
3. 简述序数效用论中消费者均衡的条件。
4. 若消费者张某的收入为270元,他在商品 X 和商品 Y 的无差异曲线上的斜率为 $d_Y/d_X = -20/Y$ 的点上实现均衡。已知商品 X 和商品 Y 的单价分别为2元和5元,那么此时张某将消费商品 X 和商品 Y 各多少元?

## 观察与分析

假如你有一张周杰伦的签名 CD 专辑。因为你不是周杰伦迷,你决定把该专辑以拍卖的方式卖出。A、B、C、D 四位周杰伦迷出现在你的拍卖会上,他们每个人都想拥有这张专辑,但每个人愿意付出的代价不一。每个人愿意付出的最高价格称为支付意愿。A 最高愿意出价100元;B 最高愿意出价80元;C 最高愿意出价70元;D 最高愿意出价50元。为了卖出你的专辑,你得从低价开始叫价,比如说从10元开始。由于四个人都愿意支付更多的钱来获得这张专辑,因此价格很快上升。当 A 报价90元时,叫价停止。因为在这一点上另外三个人不愿意叫出高于90元的价格。A 付出90元得到了专辑。但是 A 愿意支付的最高点是100元,我们说 A 得到了10元的消费者剩余。

问题:
(1)请你根据消费者行为理论分析上述案例。
(2)谈谈本案例带给你的启示。

# 项目四 Project 4
## 生产者行为

**知识点**

**知识目标：**
◇ 了解生产及生产函数；
◇ 熟悉两种生产要素的最优组合；
◇ 理解长期与短期的不同；
◇ 掌握边际收益递减规律与规模经济。

**能力目标：**
◇ 能进行总产量、边际产量和平均产量之间的运算；
◇ 能运用边际收益递减规律、规模经济分析实际问题。

**重点难点：**
◇ 短期生产函数；
◇ 边际收益递减规律；
◇ 长期生产函数；
◇ 规模经济。

**思维导图**

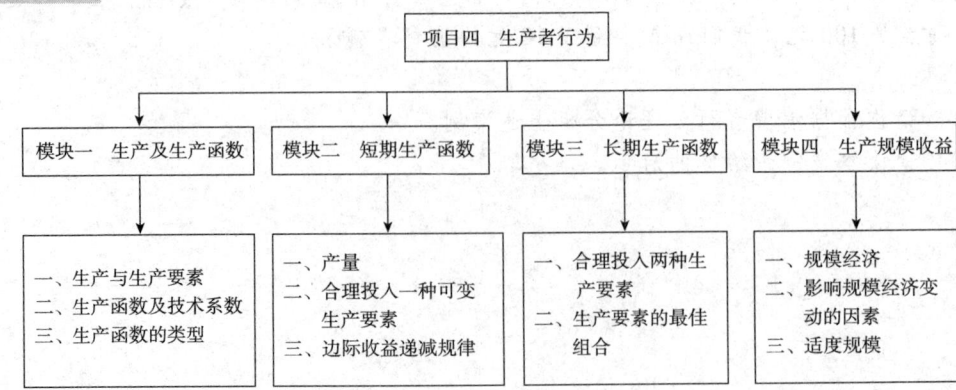

**经济现象引入**

### 发展工业文化，推进实施《中国制造2025》

2016年12月30日，工业和信息化部、财政部联合印发《关于推进工业文化发展的指导意见》（工信部联产业〔2016〕446号）（以下简称《意见》）。《意见》分为深刻认识工业文化发展的战略意义、总体要求、主要任务、保障措施四个部分。《意见》提出，将凝聚发展工业文化的社会共识，整合工业文化各类资源，加强与相关部门协同，培育和发展工业文化产业，建设各类主体共同参与工业文化发展的良好环境；聚焦突出问题，重点抓好工业设计、工业遗产、工业旅游、企业征信以及质量品牌、企业文化建设等领域工作，形成竞争新优势。

《意见》坚持夯实工业文化发展基础与发挥工业文化支撑作用并重，提出了发扬中国工业精神、夯实工业文化发展基础、发展工业文化产业、加大工业文化传播推广力度、塑造国家工业新形象等五大重点任务，并细化为20项具体举措。

发扬中国工业精神。聚焦阻碍制造业转型升级最突出的问题，提出"弘扬工匠精神、践行创新精神、倡导诚信精神、培育企业家精神"等四项具体举措。

夯实工业文化发展基础。着眼工业文化自身建设，提出"强化工业文化理论支撑、统筹利用各类工业文化资源、健全政策标准体系"等三项具体举措。

发展工业文化产业。从工业文化作用最凸显领域率先突破，壮大工业文化产业，提出"推动工业设计创新发展、促进工艺美术特色化和品牌化发展、推动工业遗产保护和利用、大力发展工业旅游、支持工业文化新业态发展"等五项具体举措。

加大工业文化传播推广力度。针对当前对工业文化认知不深的问题，为营造促进工业文化发展的良好氛围，提出"完善工业文化传播机制、推动工业文化教育、开展工业文明科普活动、加强工业文化宣传"等四项具体。

塑造国家工业新形象。突出与制造强国建设重点任务的协同效应，提出"强化绿色工业理念、培育国家工业品牌、推动产业迈向中高端、树立中国制造国际形象"等四项具体举措。

资料来源：工信部：《关于推进工业文化发展的指导意见》解读，2018年1月17日。

## 模块一 生产及生产函数

生产者（企业或厂商）是指使用生产要素自主从事商品或劳务生产的单位。厂商从组织形式上可以划分为业主制、合伙制和公司制三种类型。

业主制是企业组织最传统、最简单的形式，它只有一个产权所有者，企业财产就是业主的个人财产；合伙制是由两个或两个以上个人共同拥有企业的组织形式；公司制企业是由两个或两个以上的出资者共同出资，依法定的条件和程序设立的、具有独立人格的"法人"。我国的公司制企业主要分为有限责任公司和股份有限公司两种形式。有限责任公司是指股东以其出资额为限对公司承担责任，公司以其全部资产对公司的债务承担责任的企业法人；股份有限公司是指将公司的全部股份分为等额股份，股东以其所持股份为限对公司承担责任，公司以其全部资产对公司的债务承担责任的企业法人。

在微观经济学中，企业生产者的目标是实现利润最大化。利润是企业经营绩效的综合反映，是市场优胜劣汰的信号。企业利润越大，表示企业的经营越贴合市场发展的需要和趋势，企业提供的产品和服务就越能被消费者接纳。企业追求利润最大化包括短期利润最大化和长期利润最大化。在现实经济生活中，企业的生存还有其他目标。

## 一、生产与生产要素

### （一）生产

从经济学的角度看，生产是指投入各种不同的生产要素以制成产品的过程，也就是把投入变为产出的过程。生产者为了得到一定的产量，在生产过程中需要投入不同的稀缺资源，经济学中称为生产要素。

### （二）生产要素

生产要素（经济资源）是指生产过程中所使用的各种资源。生产要素划分为四类：劳动、土地、资本和企业家才能。劳动是劳动者所提供的服务，包括体力劳动和脑力劳动，体力劳动是简单劳动，而脑力劳动是复杂劳动。劳动力的价格是工资，企业雇佣劳动力，劳动力将自己的体力或智力投入生产过程，企业需支付工资作为报酬。土地是指生产中所使用的、在自然界中存在的各种自然资源，如土地、水、自然状态的矿藏、森林等。土地可以给生产提供场所、原料和动力。土地的价格是租金，使用土地的生产者应向土地的所有者支付租金。资本是指生产中所使用的资金，包括物质资本和货币资本，生产过程中使用的各种生产设备，如厂房、机器、原料等属于物质资本，而生产过程中所需的资金属于货币资本。资本的价格是利息，生产者借贷货币购买或租赁生产设备，需要向贷款方支付利息。企业家才能是指经营管理企业的能力、创新的能力和承担风险的能力。企业家才能在现代企业中被认为是一个重要的要素，是企业盈利的重要保证。这一要素的报酬是利润，当企业显著盈利时，企业的经营管理者可以得到比普通员工高出很多倍的收入。

*拓展阅读——概念理解*

### 劳动要素的新升级——智慧产业

智慧产业，是人的智慧在生产各要素中占主导地位的产业形态。人的智慧主要表现为创意，所以智慧产业也叫创意产业。智慧产业表现为人的创意对资源整合与资源再生起主导作用，也表现为通过创意对传统产业的提升整合。智慧产业属于第四产业，是指直接运用人的智慧进行研发、创造、生产、管理等活动，形成有形或无形智慧产品以满足社会需要的产业,是教育、培训、咨询、策划、广告、设计、软件、动漫、影视、艺术、科学、法律、会计、新闻、出版等智慧行业的集合。

智慧产业是知识型经济中的一个代表产业,诞生在英国,发展于欧洲,是20世纪支撑欧洲GDP的主要产业之一。那些源自个人创意、技能和才干的活动,通过知识产权的生成与利用,创造财富和就业机会。

## 二、生产函数及技术系数

### (一) 生产函数

生产函数是指在一定的技术水平条件下,一定时期厂商生产过程中所使用的各种要素的数量与它们所能生产出来的最大产量之间依存的函数关系。生产函数应从两个方面理解:一方面,其是在给定知识和技术条件下成立的生产函数,因而,生产函数是"在一定技术水平条件下特定的投入品组合有效使用带来的最大可能性产出";另一方面,生产函数不是固定不变的,随着知识和技术不断进步,生产函数也会发生变化。影响生产函数的因素有很多,其一般表现形式为:

$$Q = f(L, K, N, E) \tag{4-1}$$

其中,Q代表产量;L、K、N、E分别代表劳动、资本、土地、企业家才能。由于土地资源是相对固定的,企业家才能难以估量,因此可将生产函数简化为:

$$Q = f(L, K) \tag{4-2}$$

公式(4-2)表明,在一定技术水平条件下,产量(Q)由一定数量的劳动(L)与资本(K)的组合决定。所以,当给出劳动与资本的数量组合就能够推算出最大的产量。

### (二) 技术系数

在不同行业的生产中,各种生产要素的配置比例是不同的。技术系数是指为生产一定量某种产品所需要的各种生产要素的配合比例。值得注意的是,不同厂商生产函数的技术系数是不同的。例如,某生产厂商的劳动与资本的配置比例为4:1,这个比例表示在生产中使用4个单位的劳动与1个单位的资本。比例4:1就是该生产函数的技术系数。技术系数又分为固定技术系数和可变技术系数两类。

1. 固定技术系数

固定技术系数是指在一定技术水平条件下,生产某种产品所需要的各种生产要素的组合比例不发生变化。例知,生产某种饮料,要求其配方材料的组合比例不能改变。固定技术系数的生产函数表明生产要素之间不能相互替代。

2. 可变技术系数

可变技术系数是指在一定技术水平条件下,生产某种产品所需要的各种生产要素的组合比例可以发生变化。例如,生产同样产量的产品,既可以采用劳动密集型生产方式,也可以采用资本密集型生产方式。可变技术系数的生产函数表明生产要素之间可以相互替代。一般在短期内,固定技术系数是不变的,但在长期内,技术系数是变化的。

## 三、生产函数的类型

### (一)短期生产函数

生产函数常常划分为短期生产函数和长期生产函数两种类型。特别需要指出的是：这里的"短期""长期",不是指一个具体的时间跨度,而是指厂商能否来得及调整其全部生产要素所需要的时间长度。短期中,厂商无法调整所有的生产要素。例如,在短期中,企业只能调整原材料、能源、劳动力的数量,但不能调整固定设备、厂房和管理人员的数量。也就是说,在短期内企业只能改变部分生产要素的投入量,而不能根据市场状况调整生产规模。所以,短期生产理论是在生产规模既定的条件下的产量决策。不同行业中的短期与长期也不同,这取决于投入品变动所需要的时间。例如,一家炼钢厂调整生产规模可能需要一年以上的时间,但是一家服装厂调整生产规模,或者转行(如转为玩具加工厂),或许一个月左右的时间就可以完成。短期生产函数反映的是在短期内生产要素的投入量与产量产出的关系。其可表示为:

$$Q = f(L) \qquad (4-3)$$

长期中,厂商能够调整全部生产要素;而对应短期生产函数,长期生产函数考察的是厂商可以调整其所有生产要素投入的情况下,生产要素投入量和产量产出之间的关系。

### (二)长期生产函数

1. 长期的含义

长期是指厂商可以根据它所要达到的产量来调整其全部生产要素的时期。由于在长期中所有的要素投入都是可变的,所以厂商的生产要素不再划分为不变投入和可变投入。

2. 长期生产函数

长期生产函数是指厂商投入的全部生产要素的数量与其产出的关系。其可以表示为:

$$Q = f(K, L) \qquad (4-4)$$

公式(4-4)表示厂商如果同时改变资本(K)和劳动力(L)等多种生产要素的投入数量时,其产量(Q)会随之发生改变。

**拓展阅读——时事关注**

### 供给侧结构性改革

2015年11月10日,中共中央总书记、国家主席、中央军委主席、中央财经领导小组组长习近平主持召开中央财经领导小组第十一次会议,研究经济结构性改革和城市工作。经济结构性改革可分为需求侧结构性改革和供给侧结构性改革。需求侧结构性改革主要有投资、消费、出口三驾马车,供给侧结构性改革则有劳动力、土地、资本、制度创造、创新等要素。2016年1月26日,在中央财经领导小组第十二次会议上,习近平总书记强调,供给侧结构性改革的根本目的是提高社会生产力水平,落实好以人民为中心的发展思想。

供给侧结构性改革,就是用增量改革促存量调整,在增加投资过程中优化投资结构、产业结构开源疏流，在经济可持续高速增长的基础上实现经济可持续发展与人民生活水平不断提高；就是优化产权结构，国进民进、政府宏观调控与民间活力相互促进；就是优化投融资结构，促进资源整合，实现资源优化配置与优化再生；就是优化产业结构、提高产业质量，优化产品结构、提升产品质量；就是优化分配结构，实现公平分配，使消费成为生产力；就是优化流通结构，节省交易成本，提高有效经济总量；就是优化消费结构，实现消费品不断升级，不断提高人民生活品质，树立创新—协调—绿色—开放—共享的发展理念。

资料来源：陈世清：《什么是供给侧改革》，求是理论网，2016年1月4日。

### 随堂练习

#### 一、单项选择题

1. 在表示生产函数的变量中，L和K分别代表的是（　　）。
   A. 劳动、土地　　　　　　　　B. 资本、土地
   C. 劳动、资本　　　　　　　　D. 土地、企业家才能
2. 厂商来得及调整其全部生产要素所需要的时间长度为（　　）。
   A. 长期　　　　　　　　　　　B. 短期
   C. 1年　　　　　　　　　　　 D. 5年

#### 二、多项选择题

1. 厂商从组织形式上可以分为（　　）等类型。
   A. 业主制　　　　　　　　　　B. 合伙制
   C. 公司制　　　　　　　　　　D. 单一制
2. 生产要素划分为（　　）等类型。
   A. 劳动　　　　　　　　　　　B. 资本
   C. 土地　　　　　　　　　　　D. 企业家才能

#### 三、判断题

1. 可变技术系数是指在一定技术水平条件下，生产某种产品所需要的各种生产要素的组合比例不发生变化。（　　）
2. 长期是指厂商可以根据其所要达到的产量来调整其全部生产要素的时期。（　　）

## 模块二　短期生产函数

理解短期生产函数之前需要厘清相关基本概念。如总产量、平均产量、边际产量及可

变生产要素等。

## 一、产量

### (一) 总产量、平均产量和边际产量

假定生产某种产品使用资本（K）与劳动（L）两种生产要素，其中资本在短期内是不变的常数，那么，各种产量将随着劳动量的变化而变化。

总产量（TP）是指一定数量的生产要素（如劳动）可以生产出来的全部产量，或指在资本不变的条件下，投入一定的劳动量可以生产出来的全部产品数量。

平均产量（AP）是指每一单位生产要素所生产出来的产量。

总产量与平均产量之间存在的关系为：

$$TP_L = AP_L \cdot L \text{ 或 } AP_L = TP_L/L \tag{4-5}$$

其中，$AP_L$指劳动的平均产量；$TP_L$指劳动的总产量；L指劳动的投入量。

边际产量（MP）是指某种生产要素增加或减少一单位所引起的总产量的增加或减少量。劳动的边际产量又称为劳动的边际生产力。劳动的边际产量可以表示为：

$$MP_L = \triangle TP_L / \triangle L \tag{4-6}$$

其中，$MP_L$指劳动的边际产量；$\triangle TP_L$指总产量的增量；$\triangle L$指劳动投入量的增量。

### (二) 总产量、平均产量和边际产量之间的关系

为更好地理解各种产量之间的关系，可以通过数据来体现，如表4-1所示。

表4-1　　　　　总产量、平均产量和边际产量之间的关系

| 资本<br>(K) | 劳动<br>(L) | 劳动增量<br>($\triangle L$) | 总产量<br>(TP) | 总产量增量<br>($\triangle TP$) | 平均产量<br>(AP) | 边际产量<br>(MP) |
|---|---|---|---|---|---|---|
| 10 | 0 | — | 0 | — | — | — |
| 10 | 1 | 1 | 8 | 8 | 8.00 | 8.00 |
| 10 | 3 | 2 | 13 | 5 | 4.30 | 2.50 |
| 10 | 6 | 3 | 24 | 11 | 4.00 | 3.70 |
| 10 | 8 | 2 | 30 | 6 | 3.75 | 3.00 |
| 10 | 12 | 4 | 38 | 8 | 3.17 | 2.00 |
| 10 | 14 | 2 | 45 | 7 | 3.21 | 3.50 |
| 10 | 16 | 2 | 45 | 0 | 2.81 | 0 |
| 10 | 20 | 4 | 40 | -5 | 2 | -1.25 |

对表4-1做简单解释：

当资本为10个单位，劳动从1变到3个单位的时，劳动增量（$\triangle L$）=3-1=2，总产量（TP）从8变到13，则总产量增量（$\triangle TP$）=13-8=5；根据公式（4-5）和（4-6）即可算出平均产量（AP）和边际产量（MP）。

根据以上数据可以绘制出如图4-1所示的曲线。

在图4-1中，横轴代表劳动量，纵轴TP、AP、MP分别代表总产量、平均产量、边际产量。从图中可以看出，总产量、平均产量和边际产量之间的关系呈现以下特点：

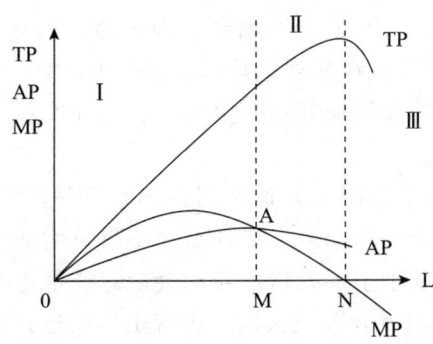

图 4-1 总产量、平均产量、边际产量曲线

（1）总产量曲线、平均产量曲线和边际产量曲线的走势。在资本量不变的情况下，随着劳动量的增加，最初总产量、平均产量和边际产量都是递增的，但各自增加到一定程度后就分别递减。所以总产量曲线、平均产量曲线和边际产量曲线都是先上升而后下降。

（2）边际产量曲线与平均产量曲线的关系。边际产量曲线与平均产量曲线相交于平均产量曲线的最高点。在相交点左侧，平均产量是递增的，边际产量大于平均产量（MP>AP）；在相交点右侧，平均产量是递减的，边际产量小于平均产量（MP<AP）；在相交时，平均产量达到最大，边际产量等于平均产量（MP=AP）。

（3）边际产量曲线与总产量曲线的关系。当边际产量为正数时（MP>0），总产量就会增加；当边际产量为零时（MP=0），总产量停止增加，并达到最大；当边际产量为负数时（MP<0），总产量就会减少。

## 二、合理投入一种可变生产要素

假设在生产一种产品所使用的各种生产要素中，除一种生产要素外，其余要素固定不变。根据总产量、平均产量和边际产量曲线的关系，把可变要素的投入量划分为三个区间，如图 4-1 所示。

第 I 区间是投入劳动（L）从零增加到 A 点。其特点是：①TP 保持递增趋势；②AP 由零递增至最高点；③MP>0，并且 MP>AP，当 MP 达到最大值后，呈递减趋势；④当 AP 达到最高点且与 MP 相等时，第一区间结束。

第 I 区间表现为：平均产量一直在增加，边际产量大于平均产量。在这一区间，相对于投入不变的资本来说，劳动量缺乏。所以，劳动量的增加可以使资本的作用得到充分发挥，从而使产量增加。即每增加一单位劳动投入量所增加的产量大于在现阶段总产量下的平均劳动产量。

第 II 区间是投入劳动（L）从 M 点增加到 N 点。其特点是：①TP 保持递增趋势；②AP 下降；③AP>MP；④MP>0，当 MP=0 时，TP 达到最大值，第二区间结束。

第 II 区间表现为：平均产量开始下降，总产量在增加，尽管边际产量仍然大于零，但表现为递减趋势。即每增加一单位劳动投入量所增加的产量小于在现阶段总产量下的平均劳动产量。这表明随劳动投入量的不断增加，相对不变资本要素的作用已得到充分发挥。

第Ⅲ区间是投入劳动（L）从 N 点增加到无限大界定的区间。其特点是：①TP 由最高点逐渐递减；②AP 一直保持持续递减趋势；③MP＜0，第三区间结束。

第Ⅲ区间表现为：当劳动量增加到这一阶段后，边际产量为负数，总产量开始绝对减少，此时劳动投入已经过多。

从图 4-1 可以看出，第Ⅰ区间和第Ⅲ区间都不是一种生产要素的合理投入范围，因为在第Ⅰ区间，边际产量大于平均产量，增加劳动不仅可增加总产量，还可以提高平均产量。而在第Ⅲ区间，边际产量小于零，增加劳动会使总产量绝对减少。

所以，第Ⅱ区间为生产要素的合理投入区，也就是厂商选择的最优投入量区间。但劳动量的投入究竟在这一区间的哪一点上，要视厂商的目标而定。如果厂商的目标是平均产量达到最大，那么，劳动量增加到 M 点即可。如果厂商的目标是使总产量达到最大，那么，劳动量需增加到 N 点。如果厂商是以利润最大化为目标，必须结合成本、产品价格等因素进行分析。因为平均产量最大时，并不一定利润最大，总产量最大时，利润也不一定最大。

## 三、边际收益递减规律

边际收益递减规律是采用边际分析方法，研究在一定生产规模中只改变一种可变要素的投入量从而影响产量（收益）变化的规律。

边际收益递减规律是指在技术不变的条件下，若其他生产要素固定不变，只连续投入一种可变生产要素，随着这种可变生产要素投入量的增加，最初每增加一单位该要素所带来的产量增量是递增的。但在达到一定限度之后，增加一单位要素投入所带来的产量增量就开始递减，最终使产量绝对减少。

这一规律发生作用应具备：短期生产函数；技术水平既定；技术系数可变；先后投入的生产要素在质量上完全相同等条件。

边际收益递减规律是自然界的一个基本规律，适用于很多情况。从经济学层面来说，单纯只增加劳动力（或资本）的投入量就会出现边际收益递减。生活中，农产品的肥料施用量与农产品的产量之间、政府的行政部门机构设置与行政办事效率之间、人的情感投入与人际关系之间都会存在边际收益递减规律。

**知识链接——经典故事**

### "一个和尚挑水吃，两个和尚抬水吃，三个和尚没水吃"的经济学原理

"一个和尚挑水吃，两个和尚抬水吃，三个和尚没水吃……"这个古老的故事在很多年以前就被拍成了电影，如今更以歌曲等多种形式令人耳熟能详。人们喜爱三个和尚的故事不只是其情节的趣味横生，更在于其蕴含哲理的深远。从经济学的角度看，三个和尚的故事印证了一个规律：边际收益递减规律。

边际收益（报酬）递减规律是一个经验规律，也是长时间观察的结果。

在技术水平不变的前提下，连续增加要素投入数量，在要素数量小于某一个特定值的时候要素投入增多，产出增加。超过了特定值就开始递减了。比如，洗衣服这个工作，可

以一个人负责洗，一个人负责甩干，一个人负责晾起来。三个人比一个人的产出要高得多。这也是分工的结果。但是如果变成了 20 个人来做的话（没有增加洗衣、甩干、晾衣服的设备），一些人就开始聊天，说笑，而且还会影响到其他人，从而降低了产出。

俗话说："人多打瞎乱，鸡多不下蛋。"说的也是这个道理。

【讨论】为什么第Ⅱ区间为生产要素的合理投入区间？

### 随堂练习

**一、单项选择题**

1. 当 $MP_L > AP_L$ 时，生产是处于（ ）。
   A. L 的Ⅰ阶段　　　　　　　　B. L 的Ⅲ阶段
   C. L 的Ⅱ阶段　　　　　　　　D. 以上都不是
2. 短期生产函数中的产量指标不包括（ ）。
   A. 总产量　　　　　　　　　　B. 平均产量
   C. 边际产量　　　　　　　　　D. 增长产量

**二、多项选择题**

1. 对于一种可变要素投入的生产函数 $Q = f(L)$，所表示的厂商要素投入的合理区域为（ ）。
   A. 开始于 AP 的最大值，终止于 TP 的最大值
   B. 开始于 AP 与 MP 相交处，终止于 MP 等于零
   C. 是 MP 递减的一个阶段
   D. 以上都不对
2. 当单个可变要素的投入量为最佳时，必然有（ ）。
   A. 总产量达到最大
   B. 边际产量达到最高
   C. 平均产量大于或等于边际产量且边际产量大于 0
   D. 边际产量大于平均产量
3. 当平均产量递减时，边际产量（ ）。
   A. 递减　　　　　　　　　　　B. 为负
   C. 为零　　　　　　　　　　　D. 以上三种可能都有

**三、判断题**

1. 平均产量曲线可以和边际产量曲线在任何一点上相交。（ ）
2. 边际收益递减规律是我们研究两种生产要素合理投入的出发点。（ ）

## 模块三
## 长期生产函数

在长期内，企业的所有生产要素都是可变的。对于一个生产者而言，在利用多种生产要素生产产品时，就要考虑如何实现生产要素的最佳配置。长期生产理论主要分析生产者按照什么方法来实现生产要素的最佳配置，从而实现既定成本下产量最大，或既定产量下成本最低。

为便于研究，这里假设只投入资本和劳动两种生产要素。相较于短期生产，此时企业有足够的时间根据预期的产量重新设计其工厂的规模，也可以随时适应技术的变化。

### 一、合理投入两种生产要素

#### （一）等产量曲线

等产量曲线是表示两种生产要素的不同数量的组合可以带来相等产量的一条曲线，其又被称为生产无差异曲线。即表示某一固定数量的产量可以用所需要的各种生产要素的不同组合生产出来的曲线。等产量曲线如图 4-2 所示。在图中，横轴代表劳动（L）的投入量，纵轴代表资本（K）的投入量，Q 代表等产量曲线，a、b、c、d 表示劳动（L）与资本（K）的四种组合方式。在等产量曲线的任何一点上，劳动（L）与资本（K）不同数量的组合给生产者所带来的产量都是相同的。

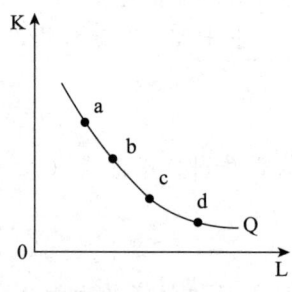

图 4-2 等产量曲线

等产量曲线的几何特点与无差异曲线极为相似，但二者有区别：等产量曲线表示产量，无差异曲线表示效用；等产量曲线是客观的，无差异曲线是主观的；等产量曲线投入的是生产要素劳动（L）和资本（K），无差异曲线投入的是某种物品 A 和物品 B。等产量曲线具有以下特征：

（1）等产量曲线是一条斜率为负值、向右下方倾斜并凸向原点的曲线。这表明，在生产者的资源与生产要素价格既定的条件下，为了达到相同的产量，在增加一种生产要素时，就必须减少另一种生产要素。如从 c 点到 d 点，产量不变，这就是说增加一种生产要素（劳动）所增加的产量恰恰弥补了因另一种生产要素（资本）投入的减少而损失的产量。即劳动（L）和资本（K）之间存在一个替代关系，劳动减少，资本增加；劳动增加，资本减少。由此可以得到一个结论：在两种生产要素可以相互替代的情况下，企业会更多地投入廉价的要素，更少地使用昂贵的要素，从而使总成本最小。两种相互替代的投入量之间的比值称为生产要素的边际技术替代率。

边际技术替代率（MRTS）是指一种生产要素可以由另一种生产要素所代替而保持产量不变。假设以 $\triangle L$ 代表劳动的增加量，$\triangle K$ 代表资本的减少量，$MP_L$ 代表劳动的边际产量，$MP_K$ 代表资本的边际产量，$MRTS_{LK}$ 代表劳动对资本的边际技术替代率，则有：

$$MRTS_{LK} = -\triangle K/\triangle L = MP_L/MP_K \tag{4-7}$$

由于边际技术替代率递减，等产量曲线是一条向右下方倾斜并凸向原点的曲线。等产量曲线上任何一点的边际技术替代率，从几何学意义上看，是过该点求等产量曲线的斜率，因为一种投入量增大，另一种减少，因此边际技术替代率是负值。为了方便比较，研究中一般用其绝对值。

【例4-1】如果每小时劳动投入的边际产量是20个单位，而劳动对资本的边际技术替代率是4。则资本的边际产量是多少？

解：根据公式 $MRTS_{LK} = -\triangle K/\triangle L = MP_L/MP_K$ 可得，$MP_K = MP_L/MRTS_{LK} = 20/4 = 5$，即资本的边际产量为5个单位。

### 案例讨论

#### 服装厂生产服装是多雇工人还是多买机器？

服装厂生产服装可以使用两种方法，即可以多雇工人进行生产，也可以少雇工人多买机器。服装厂的厂长应选择哪种方法生产服装呢？如果劳动力价值很低，而机器又很贵，厂长会选择多雇工人少用资本。这就涉及边际技术替代率，即用一种生产要素替代另一种生产要素的比例。因此，服装厂生产服装是多雇工人还是多买机器，主要取决于在生产服装的过程中劳动和资本这两种生产要素的替代性。

（2）在同一平面上有无数条等产量曲线。但是要注意的是，同一条等产量曲线代表相同产量，不同的等产量曲线代表不同的产量水平。离原点越远的等产量曲线所代表的产量水平越高；离原点越近的等产量曲线所代表的产量水平越低。

（3）在同一平面上任意两条等产量曲线不能相交。因为两条等产量曲线的交点代表了相同的产量水平。如果有两条等产量曲线相交于某一点，那么在这一点上就有相等的产量，显然这与"不同的等产量曲线代表不同的产量水平"（即第二个特点）相悖。

（二）等成本线（企业预算线）

等产量曲线上任意一点都代表生产一定产量的两种生产要素的投入量组合，企业生产过程中选择哪种最佳要素组合取决于生产这一产量的总成本。因此要讨论生产要素的最佳组合，还需引入等成本线（企业预算线）这一概念。

等成本线又叫企业预算线，是一条表明在生产者的成本与生产要素价格既定的条件下，生产者所能购买到的两种生产要素数量最大组合的曲线。等成本线表明了厂商进行生产的限制条件，即它所购买的生产要素所花费的成本支出，既不能大于也不能小于厂商所拥有的货币成本。如果大于货币成本，生产是无法实现的；如果小于货币成本，就不能使产量最大化。等成本线可以用公式（4-8）表示，根据预算方程，就可以绘制出预算线。

$$P_K \cdot Q_K + P_L \cdot Q_L = M \tag{4-8}$$

其中，$P_K$ 代表资本的价格；$P_L$ 代表劳动的价格；$Q_L$ 代表劳动的购买量；$Q_K$ 代表资本的购买量；M 代表货币成本。

【例 4-2】已知 M = 10000 元，$P_L$ = 250 元，$P_K$ = 200 元，请画出等成本线。

**解**：结合公式（4-8）可以计算出 $P_K$、$Q_K$、$P_L$、$Q_L$ 的值，即：

当 $Q_L$ = 0 时，$Q_K$ = 50；$Q_K$ = 0 时，$Q_L$ = 40。

根据以上数据可以画出如图 4-3 所示的图形，其中，连接 x、y 两点的直线就是等成本线。

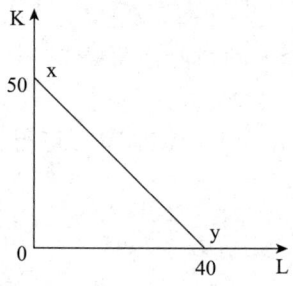

图 4-3　等成本线

在等成本线上的任何一点都是在货币成本与生产要素价格既定的条件下，能购买到的劳动与资本的最大数量的组合。

等成本线的斜率的绝对值等于横坐标所代表的投入要素（L）的价格与纵坐标所代表的投入要素（K）的价格之比。只要生产要素的价格不变，等成本线的斜率就不变。反之，生产要素的价格发生变动，则原有等成本线的位置就会发生移动。假设厂商的货币成本和生产要素价格改变，则等成本线就会移动。如果生产者的货币成本变动（或者生产要素价格都变动），则等成本线会平行移动，货币成本增加，等成本线向右上方平行移动，如图 4-4（a）所示；货币成本减少，等成本线向左下方平行移动，如图 4-4（b）所示。

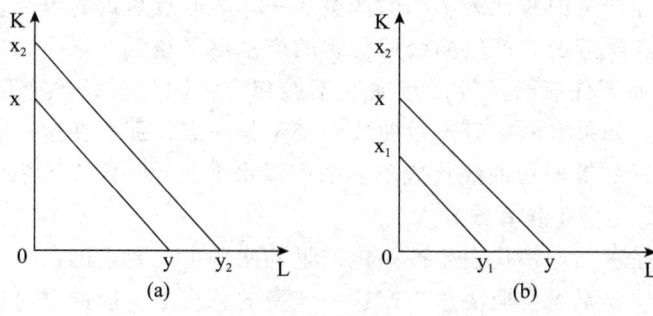

图 4-4　等成本线的移动

在图 4-4 中，xy 是原来的等成本线。当货币成本增加时，等成本线移动到 $x_2y_2$，当货币成本减少时，等成本线移动到 $x_1y_1$。

## 二、生产要素的最佳组合

### （一）生产要素最佳组合的边际分析

生产要素最佳组合的原则与消费者均衡分析相似，即在成本与生产要素价格既定的条件下，应该使所购买的各种生产要素的边际产量与价格的比例相等，即要使每一单位货币无论购买何种生产要素都能得到相等的边际产量。

假设生产者用一定的成本（M）所购买的生产要素是资本（K）和劳动（L），两种生产要素的价格分别为 $P_K$ 和 $P_L$，购买数量分别为 $Q_K$ 和 $Q_L$，两种生产要素所带来的边际产量分别为 $MP_K$ 和 $MP_L$，每一单位货币的边际产量为 $MP_M$。那么生产者利润最大化的均衡条件可以表示为：

$$P_K \cdot Q_K + P_L \cdot Q_L = M \qquad (4-9)$$
$$MP_K/P_K = MP_L/P_L = MP_M \qquad (4-10)$$

公式（4-9）表示限制条件。这个公式表明：生产者拥有的货币量是既定的，购买两种生产要素的支出既不能超出这一货币量，也不能小于这一货币量。当超出既定的货币量则货币量不足，而小于这个货币量的购买则无法实现既定资源的产量最大化。

公式（4-10）表示生产要素最佳组合的条件。这个公式表明：每一单位货币无论是购买资本（K）还是购买劳动（L），所得到的边际产量都相等。

### （二）生产要素最佳组合

把等产量曲线与等成本线结合在一个图上，那么，等成本线必定与无数条等产量曲线中的一条切于一点。在这个切点上就实现了生产要素的最佳组合。如图 4-5 所示。

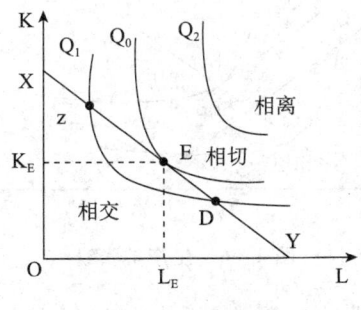

图 4-5 生产者均衡

在图 4-5 中，三条等产量曲线产量大小的顺序为 $Q_1 < Q_0 < Q_2$。等成本线 XY 与 $Q_0$ 相切于 E 点，这时实现了生产要素的最佳组合。这就是说，在生产者货币成本与生产要素价格既定的条件下，$OL_E$ 的劳动与 $OK_E$ 的资本结合能实现利润的最大化，即，既定产量下成本最小或既定成本下产量最大。

为什么等产量曲线与等成本线的切点为最佳组合呢？从图 4-5 可以看出，只有在 E 点上所表示的劳动与资本的组合才能达到在货币成本和生产要素价格既定条件下的产量最大。离原点远的等产量曲线 $Q_2$ 所代表的产量水平大于 $Q_0$，但与等成本线 XY 处于相离的状态，这说明达到 $Q_2$ 产量水平的劳动与资本的数量组合在货币与生产要素价格既定的条件下是无法实现的。

离原点近的等产量曲线 $Q_1$，虽然 XY 线同它有两个交点 Z 点和 D 点（处于相交状态），说明在 Z 点和 D 点上所购买的劳动与资本的数量也是货币成本与生产要素价格既定的条件下最大的组合，但 $Q_1 < Q_0$。Z 点和 D 点时的劳动与资本的组合并不能达到利润最大化。

此外，$Q_0$ 除 E 点之外的其他各点也在 XY 线之外，即所要求的劳动与资本的数量组合在收入与价格既定的条件下是无法实现的。

（三）生产要素的最佳组合与消费者均衡的关系

消费者均衡研究消费者如何把既定的收入分配于两种产品的购买与消费上，以实现效用最大化。生产要素的最佳组合则研究生产者如何把既定的成本分配于两种生产要素的购买与生产上，以实现利润最大化。二者所使用的分析方法基本相同，即边际分析法与等产量分析法。

（四）生产扩张线

经过上面的讨论，我们得到了生产者均衡的条件，如果企业想在长期内进行扩张，该如何选择扩张路径呢？这里需要引入生产扩张线的概念。

生产扩张线指在生产要素价格和其他条件不变的情况下，随着厂商成本增加，等成本线向右上方平行移动，不同的等成本线与不同的等产量曲线相切，切点为对应状态下生产要素的最佳组合点，将所有切点连接在一起所形成的轨迹就是生产扩张线。图 4-6 中生产扩张线即为 OP 线。

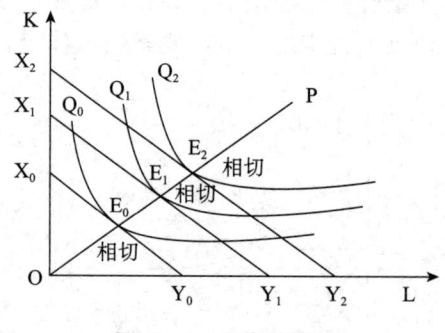

图 4-6 生产扩张线

生产扩张线由所有等产量曲线与等成本线的切点所构成。它表示在生产要素价格、技术和其他条件不变的情况下，当投入生产，即成本增加时，厂商会沿着生产要素的最优组合来扩展其生产。并且始终保持实现生产要素的最佳组合，从而使生产规模沿着最有利的方向扩大。

【讨论】生产扩张线是不是企业生产的最优曲线？

## 随堂练习

### 一、单项选择题

1. 等产量曲线上各点代表的是（　　）。
A. 为生产同等产量而投入的要素价格是不变的
B. 为生产同等产量而投入的要素的各种组合比例是不能变化的
C. 投入要素的各种组合所能生产的产量都是相等的
D. 无论要素投入量是多少，产量是相等的

2. 等成本线平行向外移动表明（　　）。
A. 产量增加了　　　　　　　　　B. 成本增加了
C. 生产要素的价格按不同比例提高了　　D. 成本减少了

### 二、多项选择题

1. 等产量曲线具有的特征有（　　）。
A. 斜率为负
B. 凸向原点
C. 等产量曲线上任一点切线的斜率等于该点的 RTS
D. 任何两条等产量曲线不能相交

2. 对于生产函数 $Q = f(L \cdot \overline{K})$ 和成本方程 $C = \omega \cdot L + r \cdot K$，在最优的生产要素组合点上应该有（　　）。
A. 等产量曲线与等成本曲线相切
B. RTSLK = $\omega/r$
C. RTSLK = $r/\omega$
D. $MPL/\omega = MPK/r$

### 三、判断题

1. 等成本线的斜率即为两种生产要素的价格之比。（　　）
2. 任何生产函数都以一定时期内的生产技术水平作为前提条件，一旦生产技术水平发生变化，原有的生产函数就会发生变化，从而形成新的生产函数。（　　）

## 模块四　生产规模收益

前面我们讨论了企业在其他生产要素不变，只有一种可变的生产要素投入的选择和在

长期中企业的最优生产要素投入组合的问题。在经济生活中我们经常看到，炼钢厂、汽车制造厂的生产规模巨大，而服装店、饮食店雇佣成百上千员工的现象却比较少见。出现这种现象不是偶然的，现在来讨论企业规模扩大情况下的生产函数的特征。

## 一、规模经济

在技术水平不变的条件下，规模经济是指企业生产规模的变动（各种生产要素按同样的比例变动）引起生产单位产量或收益变动的情况。即，厂商采用一定的生产规模所能获得的经济利益。理解规模经济的含义时要注意以下三个方面：

（1）发生前提。规模经济发生作用是以技术不变为前提的。

（2）剔除的影响因素。在生产中使用的两种可变投入要素是按同比例增加的，应剔除技术系数变化的影响，以及由于生产组织规模的调整对产量的影响。例如，假如若干企业合并导致产量发生变化，这样的影响因素应当剔除。

（3）规模收益三阶段。如同边际收益递减规律发生作用一样，两种生产要素增加所引起的产量或收益变动情况也有规模收益递增、规模收益不变、规模收益递减三个阶段。如图4-7所示。

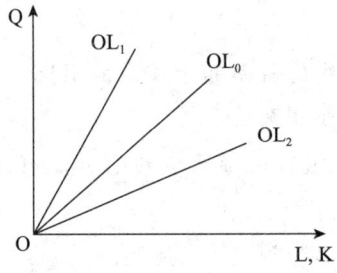

图4-7 规模收益的变动

①$OL_1$代表规模收益递增。规模收益递增是指产量的增加比例大于投入要素的增加比例。例如，当生产规模扩大15%时，产量增加20%。

②$OL_0$代表规模收益不变。规模收益不变是指产量的增加比例等于投入要素的增加比例。例如，当生产规模扩大10%时，产量增加10%。

③$OL_2$代表规模收益递减。规模收益递减是指产量的增加比例小于投入要素的增加比例，例如，当生产规模扩大15%时，产量仅增加了12%。

**拓展阅读——概念理解**

### 别了，规模经济

20世纪伊始，一股史无前例的科技浪潮席卷了全世界。当时的发明家和企业家不仅研制出了汽车、飞机、无线电和电视，还打造了电网和电话系统。这些新技术使得大规模生产成为可能，并且让企业有机会进入大众市场，从而引领了规模化时代的到来。规模化带来了巨大的竞争优势。它不仅降低了固定成本，还为竞争者设置了准入壁垒。整个20世纪，各式各样的组织都在寻求规模化。于是，我们见证了许多巨无霸企业的诞生。

规模化公司会发现自己被去规模化的竞争者围困。例如，Stripe向大银行发起挑战，爱彼迎从大型连锁酒店那里争夺客户，沃比帕克正在威胁到各大眼镜品牌的生存。如果去规模经济在这个商业新世界中将占据主导地位，那么大型规模化公司又该如何竞争和发展呢？它们可以从以下三种方式入手：

（1）成为平台。宝洁的"联系+发展"计划会向外部寻求研发创新方案，而自己则定位为缝隙产品平台，可租赁给大量不断发展的专注型小企业。这样的定位既有利于公司本身（可以获取去规模化新产品的部分价值，而不是与之形成竞争关系），也有利于产品创新者（可以"借用"宝洁的分销、营销和知识资源，将自己的产品推向市场）。通用电气有一个基于人工智能的平台Predix，它可以收集工业产品的传感数据，利用这些数据为客户优化产品。

（2）注入绝对的产品专注力。随着公司的发展壮大，它们的专注点会逐渐迷失在流程步骤、官僚作风、公司政治、股价关注以及一大堆其他事项中，但这些事项与为目标市场提供伟大的产品毫无关系。去规模化时代的大公司应该力争让自己看起来更像是一个由小公司组成的网络，每家小公司都一心一意致力于生产完美契合细分市场的某款产品，因为其他方面的能力都可以向大公司租借。

（3）通过动态的重新捆绑谋求增长。一旦公司知道自己的某一种产品存在特定的客户，它就可以为这些客户提供产品组合中的其他产品。换句话说，大公司可以将针对每个客户定制的产品捆绑在一起，有针对性地捆绑销售不同的产品组合。动态的重新捆绑使得公司可以享受规模化的优势，同时又无须真正构建规模。公司能够保持灵活性和创新性，专注于产品，利用自己的产品组合来扩大针对每一位客户的销售。

资料来源：商业评论网（节选）（http://www.ebusinessreview.cn/dissertations/dissertation587.html）。

## 二、影响规模经济变动的因素

影响规模经济变动情况要由内外在经济来解释。经济学中讨论规模经济变动情况时需要区分内在经济、内在不经济、外在经济和外在不经济几个概念。

### （一）内在经济

内在经济是指一个厂商在生产规模扩大时由自身内部因素所引起的收益或产量增加。引起内在经济的主要因素有以下几个方面：

（1）工厂规模大能促使厂商内部管理系统高度专门化，使各个部门管理者容易成为某一方面的专家，从而提高管理水平和工作效率。

（2）生产规模扩大可以购置和使用更加先进的机器设备，提高专业化程度，提高生产效率，还有利于资源的综合开发和利用，使生产要素效率得到充分发挥。

（3）在大规模生产中可以对生产要素进行大批量采购，对产品进行大批量运输，从而降低购销成本。同时由于大规模生产相对容易形成生产经营上的垄断，从而有利于获取生产经营上的优势，获得递增的规模收益。

（4）在大规模生产中可以对副产品进行综合利用，能更加快速地开发生产出许多相关产品，实行多元化生产。

## （二）内在不经济

内在不经济是指厂商由于本身生产规模过大而引起产量或收益的减少。引起内在不经济的具体原因主要有：

（1）厂商规模过大，使管理层次复杂，管理幅度过大，管理机构庞大可能会降低管理效率。

（2）生产规模大，产品多样化，可能会造成原材料、在制品、成品积压，增加生产成本等。

（3）生产经营规模庞大，产品多样化，可能会引起销售费用增加等。

## （三）外在经济

外在经济是指由于整个行业生产规模扩大，给个别厂商带来产量与收益的增加。引起外在经济的原因主要有：

（1）个别厂商可以从整个行业扩大中得到更加便利的交通辅助设施并获取各种市场信息。

（2）得到更多的人才和熟练技术工人。

（3）可更加方便地实现企业间的规模连锁经营和扩张经营。

（4）能够在行业内部实行更好的专业化协作，提高单个厂商的生产效率。

## （四）外在不经济

外在不经济是指由于整个行业生产规模扩大，给个别厂商带来产量与收益的下降。引起外在不经济的原因主要有：

（1）由于行业规模过大，可能会加剧企业之间的竞争，从而降低收益。

（2）行业规模过大，厂商间互相争购原料和劳动力，从而导致要素价格上升，成本增加。

（3）由于行业规模过大，会加重环境污染、交通拥挤等。

## 三、适度规模

适度规模是指两种生产要素的增加，即生产规模扩大的同时使产量或收益递增达到最大。当收益递增达到最大时就不再增加生产要素，并使这一生产规模维持下去。

对于不同行业的厂商来说，适度规模的大小是不同的，并没有一个统一的标准。在确定适度规模时应该考虑的因素主要有三个：

（1）厂商的技术特点和生产要素的密集程度。一般来说，像钢铁、汽车、造船、重化工等资本密集型企业，投资规模大，技术复杂，所以就适宜采用大规模生产。而对于纺织业、服务业等劳动密集型企业，就适宜采用小规模生产。

（2）自然资源状况。比如，矿山储藏量的大小，水力发电站的水资源的丰裕程度等。

（3）市场需求的影响。一般来说，生产市场需求量大、标准化程度高的产品的厂商，适度规模就应该大些。相反，生产市场需求量小、标准化程度低的产品的厂商，适度规模就应该小些。

每个国家、各个地区，由于经济发展水平、市场、资源、人力等条件的差异，即使同一行业，规模经济的大小也不完全相同。但对一些重要行业，国际有通行的规模经济标准，我国大多数企业都没有达到规模经济要求。而随着技术进步，许多行业规模经济的生产规模尚有扩大趋势。因此，对我国企业来说，适当扩大企业规模是提高规模经济效益的客观需要。

【讨论】互联网企业如何发展规模经济？

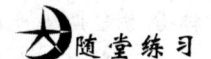

## 随堂练习

### 一、单项选择题

1. 规模经济发生作用的条件是（　　）。
   A. 生产要素的价格按不同的比例提高　　B. 技术不变
   C. 货币成本增加　　D. 劳动力数量不变
2. 在下列行业中，（　　）的企业规模在正常下应该最大。
   A. 饮食业　　B. 钢铁业
   C. 纺织业　　D. 银行业

### 二、判断题

1. 规模收益递增是指产量的增加比例大于投入要素的增加比例。（　　）
2. 由于规模过大可能会加剧企业之间的竞争，从而降低收益属于内在不经济。（　　）

### 知识链接——经典阅读

#### 专业化与规模经济

亚当·斯密在其名著《国民财富的性质和原因的研究》中提到了一个扣针厂的例子。斯密所看到的工人之间的专业化和引起的规模经济给他留下了深刻的印象。他写道："一个人抽铁丝，另一个人拉直，第三个人截断，第四个人削尖，第五个人磨光顶端以便安装圆头，做圆头要求有两三道不同的操作，装圆头是一项专门的业务，把针涂白是另一项，甚至将扣针装进纸盒中也是一门职业。"

斯密说，由于这种专业化，扣针厂每个工人每天生产几千枚针。他得出的结论是，如果工人选择分开工作，而不是作为一个专业工作者团队，"那他们肯定不能每人每天制造出20枚扣针，或许连一枚也造不出来"。换句话说，由于专业化，大扣针厂可以比小扣针厂实现更高的人均产量和每枚扣针更低的平均成本。

斯密在扣针厂观察到的专业化在现实经济中普遍存在。例如，如果你想盖一所房子，你可以自己努力去做每一件事。但大多数人找建筑商，建筑商又雇用水匠、瓦匠、电工、油漆工和许多其他类型工人。这些工人专门从事某种工作，这使他们比通用性工人做得更好。实际上，运用专业化实现规模经济是现代社会繁荣的一个原因。

思考：

（1）专业化分工是否可以使生产扣针的平均成本更低？

（2）为什么运用专业化是实现规模经济的一个重要原因？

## 本项目小结

本项目主要探讨了生产者行为的相关理论。生产过程中要投入劳动、资本、土地和企业家才能四类生产要素。生产函数具体分为短期生产函数和长期生产函数。一种可变生产要素的合理投入最佳投入区是第Ⅱ区间，因为在这个区间，不变投入和可变投入二者的结合效率最高。

边际收益递减规律采用边际分析方法研究在一定生产规模中只改变一种可变要素的投入量影响产量（收益）变化的规律。长期生产函数研究两种可变生产要素的投入与产量的关系。具体分析方法包括等产量曲线和等成本线，二者相切说明在一定的成本资源条件下可以达到最大的产出数量。

生产扩张线说明生产沿着这条线扩大生产时，可以始终实现生产要素的最佳组合，从而使生产规模沿着最有利的方向扩大。规模经济具体包括规模收益递增、规模收益不变和规模收益递减三个阶段。规模收益变化的不同情况可由内在经济和外在经济来解释。适度规模是指两种生产要素的增加在使生产规模扩大的同时，也使产量或收益递增达到最大。

## 项目思考题

1. 如果某企业仅生产一种产品，该产品有固定成本，并且唯一可变要素是劳动。其短期生产函数为 $Q = -0.1L^3 + 3L^2 + 8L$，其中，$Q$ 是每月产量，单位为吨，$L$ 是雇用工人数。

试求：

（1）要使劳动的平均产量达到最大，该企业需要雇用多少工人？

（2）要使劳动的边际产量达到最大，其应该雇用多少工人？

2. 某厂商的生产函数为 $Q = L^{\frac{3}{8}} K^{\frac{5}{8}}$，又假定市场上的要素价格为 $P_L = 3$ 元，$P_K = 5$ 元。

试求：

（1）如果厂商的总成本为160元，厂商的均衡产量以及所使用的劳动量和资本量各是多少？

（2）求产量为25时的最低成本以及所使用的劳动量和资本量。

## 观察与分析

**调研市场中的规模经济发展情况**

  培育新型经营主体,发展规模经济,是我国政府的一贯思路。组织学生3~5人为一组,运用所学知识,选定一个目标城市,调研该城市有哪些新型的经营主体,及其规模经济的发展情况。撰写一篇800字左右的调研报告。

# 项目五 Project 5
# 成本与收益

> **知识点**
>
> **知识目标：**
> ◇ 了解成本的类别，并注意彼此之间的区别含义；
> ◇ 理解短期成本的概念及内容；
> ◇ 理解长期成本的概念及内容；
> ◇ 理解收益及利润。
>
> **能力目标：**
> ◇ 能够应用机会成本分析实际经济问题；
> ◇ 能够区分短期成本的变动规律及其关系。
>
> **重点难点：**
> ◇ 成本；
> ◇ 短期成本；
> ◇ 长期成本。

**思维导图**

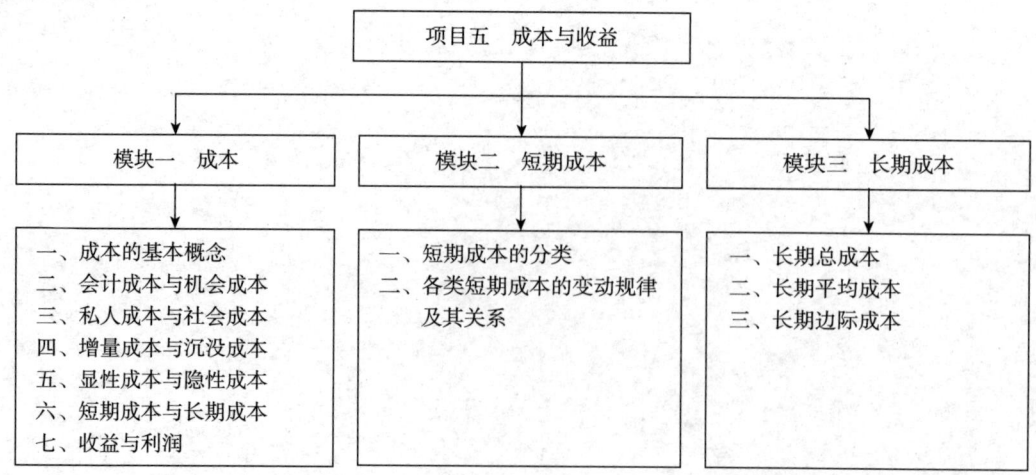

> **经济现象引入**

### 对待沉没成本——舍得割肉

"割肉"——做投资时的一种术语。

（1）赌博时，赌徒在输钱后老想着翻本，结果越陷越深——沉没成本，放弃，不再继续被套牢。

（2）传销：一般是进去以后要求以上千元的投入购买所谓的产品——沉没成本，放弃，不再继续危害其他人。

（3）选择恋人时（苏格拉底的故事），有些人老想着以前曾经有过好多的绝佳机会而放弃了——沉没成本，应该考虑在现时的情况下找到最满意的恋人——即"逝者不可追"，失恋也是沉没成本。

（4）去中国香港购物，觉得去一趟不容易，没有买到东西不甘心，最后买了一堆不需要的东西回来——路费是沉没成本。

（5）装修房屋时，付了一部分订金，结果发现这个装修风格令你不太满意，你会因为已经付了订金就让其继续装修吗？

对待沉没成本：就是泼出去的水、摔破的瓦罐，既然"覆水难收"，就不要破罐子破摔。

资料来源：胡君：《生活中的经济学》（节选），2017年。

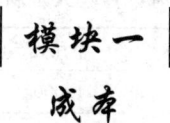

## 模块一 成本

### 一、成本的基本概念

成本是指厂商在生产过程中对全部生产要素所支付的价格，是生产中耗费的生产要素所必要的支出，在数量上等于生产要素使用量与生产要素价格的积。

### 二、会计成本与机会成本

#### （一）会计成本

会计成本是指生产活动中厂商按市场价格支付的所有生产要素的费用。其是在企业经营活动的财务分析中使用的一种成本概念，通常所说的成本就是指会计成本。

会计成本是企业中已经实际发生的各项支出，因此也称为历史成本。

## (二) 机会成本

机会成本又称"择一成本"、"替换成本",机会成本是资源稀缺性的产物,当把一种资源用于某种用途时所放弃将该资源用于其他用途时所产生的最大收益。

理解机会成本这一概念时要注意以下四点:

(1) 机会成本不是做出某项选择时实际支付的费用或损失,而是一种观念上的成本或损失。

(2) 机会成本是做出一种选择时所放弃的其他若干种可能的选择中最好的一种,而不是其他。

(3) 机会成本并不全是由个人选择所引起的,其他人的选择会给你带来机会成本,你的选择也会给其他人带来机会成本。

(4) 运用机会成本这一概念时要考虑两个条件:一是被配置的资源有多种用途(可以有多个投向);二是资源用在不同用途都不受限制。

## (三) 机会成本与会计成本的区别

机会成本与会计成本的不同体现在两个方面:

(1) 机会成本不是企业的实际支出,会计成本是企业的实际支出。

(2) 机会成本在会计账目上反映不出来,又称为隐性成本。而会计成本能够在会计账目上反映出来,又称为显性成本。

例如,某人拥有10000元的资金,可用于以下甲、乙、丙三种用途,所得收入及利润如表5-1所示。

表5-1　　　　　甲、乙、丙销售收入及利润情况表　　　　　单位:元

| 收入与利润 | 甲用途 | 乙用途 | 丙用途 |
| --- | --- | --- | --- |
| 预计各种用途可能获得的销售收入 | 13000 | 15000 | 18000 |
| 预计各种用途可以得到的利润 | 3000 | 5000 | 8000 |

在表5-1中,把资金用在甲用途得到了销售收入13000元,失去了什么?

一是10000元的现金投入,把资源用在甲用途就失去了拥有10000元现金的机会(机会成本为10000元);二是失去了用在乙、丙用途的机会,即失去了获得5000元和8000元利润的机会,这两个机会损失中最大的机会损失是8000元,所以资源用在甲用途的第二个机会损失(机会成本)是8000元。

**拓展阅读——小故事**

### 人生选择

比尔·盖茨于1973年进入哈佛大学法律系学习。他不喜欢法律,但对计算机十分感兴趣。19岁时的他面临两种选择:是继续学习直至毕业,还是辍学创办软件公司?继续学习会失去创业的最佳时机,而辍学办公司就拿不到令无数人向往的哈佛大学毕业证。盖茨义无反顾地放弃了学业,创办了自己的软件公司。他终于成功了,在1999年《福布

斯》杂志评选的世界亿万富翁排行榜中，比尔·盖茨以净资产850亿美元荣登榜首。1999年3月27日，盖茨应邀回母校哈佛大学参加募捐会，当记者问他是否愿意继续学习以拿到哈佛大学的毕业证时，他向那位记者笑了笑，没有回答。

看来比尔·盖茨是不愿意回到哈佛大学继续学习了，因为那样的话机会成本太大——失去世界首富的地位。所以说人生的选择也是有机会成本的。

资料来源：程帆. 小故事大道理［M］. 长沙：湖南教育出版社，2016.

## 三、私人成本与社会成本

### （一）私人成本

从厂商的角度说，成本就是他们在生产活动中为了使用各种生产要素而支付的货币额。这种从厂商角度考虑的成本叫作私人成本。之所以称之为私人成本，是指这种支出不考虑对社会的影响。私人成本包括显性成本和隐性成本两个部分。

### （二）社会成本

厂商的经济活动会从正面或负面给社会带来不同的影响。如果引起社会支出，就形成外在成本。这种私人成本与外在成本的总和就构成了社会成本。

例如，有一个生产红砖的厂商，该厂商在生产红砖的过程中会有资本和劳动的投入，由此引起厂商的支出，构成他的私人成本，而砖厂在烧砖的过程中排放的废气造成了环境污染。这种环境污染导致周围的橡胶树死亡。这时社会成本要在厂商私人成本的基础上，加上污染带来的损失和为治理环境而增加的支出。这时的社会成本要大于私人成本。当厂商的生产为社会带来福利时，社会成本又低于厂商的私人成本。

## 四、增量成本与沉没成本

### （一）增量成本

增量成本（Incremantal cost）也称"增支成本"，是指在做出某一特定的决策时，因选择了另一方案而增加（或减少）的成本。即因业务量的增加而引起成本增加的部分，也就是两个方案间的成本差额。

### （二）沉没成本

沉没成本（Sunk cost）是已付出的不可补偿的支出，或已经承诺支出的成本。即与决策无关的或对决策没有影响的成本，如因失误造成的不可收回的投资。

## 五、显性成本与隐性成本

### （一）显性成本

显性成本（Explicit Cost）是在生产要素市场购买生产要素时，企业依据合同支付给生产要素所有者的费用。其是以货币形式支付并直接反映在账面上，因此又称账面成本（Book Cost），在某种意义上，可以将其直接称为会计成本。

## (二) 隐性成本

隐性成本（Implicit Cost）是生产者使用自己提供的那一部分生产要素作为报酬而应付给的费用，即企业使用自有生产要素应计算的费用。

隐含利息——使用自有资本应付的利息；

隐含租金——使用自有土地应得的租金；

隐含工资——投入自己或家庭成员的劳动而应得的收入。

这些费用在形式上没有支付，也不体现在账面上，故称隐性成本。

## 六、短期成本与长期成本

### (一) 短期成本

所谓长期与短期，通常是以厂商能否全部调整生产要素的投入量为标准。

短期成本（Short Run Total Cost）是短期内生产一定产量产品所需要的成本。与短期成本相对应的是短期生产函数。在短期内，至少存在一种生产要素是不可以调整的，因此短期内存在固定成本（FC）和变动成本（VC）之分。

### (二) 长期成本

长期成本（Long Run Total Cost））是长期内生产一定产量产品所需要的成本。从长期看，厂商为了适应市场需求变化和生产技术发展的要求，总是要调整生产要素的投入量。厂商支付在生产要素上的费用全部是由可变成本构成的。因此，长期成本无固定成本与可变成本的划分。

## 七、收益与利润

### (一) 收益

总收益（TR）是指出售一定数量产品后得到的全部收入，即出售产品的总卖价。其计算公式为：

$$TR(Q) = P \times Q \tag{5-1}$$

平均收益（AR）是指销售每一单位产品所获得的平均收入。其计算公式为：

$$AR(Q) = TR(Q)/Q \tag{5-2}$$

边际收益（MR）是指厂商每增加或减少一单位产品销售所引起总收入的变动量。其计算公式为：

$$MR(Q) = \Delta TR(Q)/\Delta Q \quad 或 \quad MR(Q) = dTR(Q)/dQ \tag{5-3}$$

### (二) 利润

经济利润是指厂商的总收益和总成本之间的差额。厂商所追求的最大利润指的就是最大的经济利润。经济利润也被称为超额利润。垄断、创新、冒风险等行为会产生超额利润。

正常利润是指厂商对自己所提供的企业家才能的收益的支付，根据上面对隐性成本的分析可知，正常利润是隐性成本的一个组成部分，所以收支相抵就是获得了正常利润。

会计利润即企业的总收益减去企业的会计成本。

各利润之间关系用公式表达如下：

经济利润 = 总收益 − 经济成本
　　　　 = 总收益 −（显性成本 + 隐性成本）
　　　　 = 总收益 − 显性成本 − 隐性成本

经济利润 = 会计利润 − 隐性成本

超额利润 = 会计利润 − 正常利润

会计利润 = 正常利润时，经济利润为零，厂商不盈不亏。

会计利润 > 正常利润时，经济利润为正，厂商获得超额利润。

会计利润 < 正常利润时，经济利润为负，厂商亏损。

### （三）利润最大化原则

厂商从事经济活动的目的在于追求最大的利润，即利润最大化。在经济分析中，利润最大化的原则是边际收益等于边际成本，即 MR = MC。

为什么在边际收益等于边际成本时能实现利润最大化呢？因为：

（1）如果边际收益大于边际成本，即 MR > MC，表明厂商每多生产一单位产品所增加的收益大于生产这一单位产品所增加的成本。这时，对厂商来说，还有潜在的利润没有得到，厂商会扩大产量或新厂商进入该市场。也就是说没有达到利润最大化。

（2）如果边际收益小于边际成本，即 MR < MC，表明厂商每多生产一单位产品所增加的收益小于生产这一单位产品所增加的成本。这时，对厂商来说，就会造成亏损，更谈不上利润最大化了，因此厂商必然要减少产量或退出市场。

（3）无论边际收益大于还是小于边际成本，厂商都要调整其产量，说明没有实现利润最大化。只有在边际收益等于边际成本时，厂商才不会调整产量，表明已把该赚的利润都赚到了，即实现了利润最大化。

## 随堂练习

### 一、单项选择题

1. 生产者为了生产一定数量的产品所放弃的使用相同的生产要素在其他生产用途中所得到的最高收入，这一成本定义是指（　　）。
　　A. 会计成本　　　　　　　　　B. 隐性成本
　　C. 机会成本　　　　　　　　　D. 边际成本

2. 经济学中所谓长期与短期，通常是以（　　）为标准。
　　A. 时间　　　　　　　　　　　B. 厂商能否全部调整生产要素的投入量
　　C. 产量　　　　　　　　　　　D. 生产能力

3. 已付出的不可补偿的支出，或已经承诺支出的成本是（　　）。
　　A. 机会成本　　　　　　　　　B. 会计成本
　　C. 沉没成本　　　　　　　　　D. 增量成本

4. 厂商从事经济活动的目的在于追求最大的利润，即利润最大化，利润最大化的原则是（　　）。
A. 产量最大　　　　　　　　　B. MR > MC
C. MR < MC　　　　　　　　　D. MR = MC

### 二、多项选择题

1. 下列有关经济学中的生产成本与企业会计的生产成本的叙述中正确的有（　　）。
A. 经济学中的生产成本有时候即为机会成本
B. 经济学中的生产成本包括生产过程中所有的显性成本和隐性成本
C. 企业会计的生产成本指会计成本
D. 会计成本仅包括经济学中的显性成本
E. 经济学中的生产成本小于企业会计的生产成本
2. 以下说法中不正确的有（　　）。
A. 会计利润是厂商的销售收入与机会成本之间的差额
B. 会计利润与经济利润相同
C. 经济利润是厂商的销售收入与会计成本之间的差额
D. 经济利润等于零，有正的会计利润
E. 会计利润为负，企业是亏损的
3. 下列属于显性成本的有（　　）。
A. 支付租金　　　　　　　　　B. 所有者土地
C. 贷款利息　　　　　　　　　D. 经理的薪水

### 三、判断题

1. 显性成本以货币形式支付并直接反映在账面上，因此又称账面成本。（　　）
2. 经济学中所谓长期与短期，通常是以时间为标准。（　　）
3. 私人成本只包含显性成本。（　　）

## 模块二　短期成本

### 一、短期成本的分类

短期成本包括短期总成本、短期平均成本和短期边际成本。

#### （一）短期总成本

短期总成本（Short Run Total Cost）是短期内生产一定产品所需要的成本总和，用 STC 表示。短期总成本包括短期可变成本和短期固定成本。STFC 代表短期固定成本，

STVC 代表短期可变成本,则有:
STC = STFC + STVC          (5-4)

(二) 短期平均成本

短期平均成本(Short Run Average Cost)是短期内生产每一单位产品平均所需的成本,用 SAC 表示。

短期平均固定成本是平均每单位产品所耗费的固定成本,用 SAFC 表示。其计算公式为:
SAFC = SFC/Q          (5-5)

短期平均可变成本是平均每单位产品所耗费的可变成本,用 SAVC 表示。其计算公式为:
SAVC = STVC/Q          (5-6)

则有:
SAC = SAFC + SAVC          (5-7)

短期平均成本的变动规律如图 5-1 所示。

(1) SAFC 曲线随着生产量的增加呈一直下降的趋势,表明(其下降的极限是最大生产能力)平均固定成本随着产量增加而减少。

(2) SAVC 曲线先下降而后上升。

(3) SAC 曲线也是先下降而后上升。

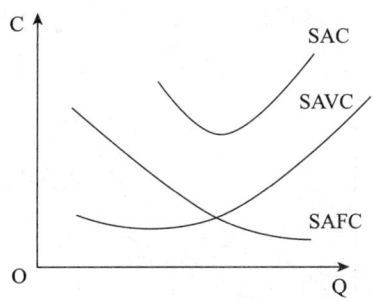

图 5-1  SAFC、SAVC 和 SAC 曲线

(三) 短期边际成本

短期边际成本(Short Run Marginal Cost)是指在短期内厂商每增加一单位产量所引起的总成本的增加量,用 SMC 表示。其计算公式为:
SMC = ΔSTC/ΔQ          (5-8)

短期总成本、短期平均成本、短期边际成本是互相联系、密切相关的,其中,短期边际成本的变动是由短期总成本中短期可变成本的变动所决定的。

## 二、各类短期成本的变动规律及其关系

各类短期成本随产量的增加而变动的规律及其关系可以通过表 5-2 所列数字体现

出来。

表 5-2　　　　　　　　　　　短期成本变动情况表

| 产量<br>(Q)<br>① | 短期固定<br>成本（STFC）<br>② | 短期可变成本<br>（STVC）<br>③ | 短期总<br>成本<br>（STC）<br>④=②+③ | 短期边际<br>成本<br>（SMC）<br>⑤ | 短期平均<br>固定成本<br>（SAFC）<br>⑥=②/① | 短期平均<br>可变成本<br>（SAVC）<br>⑦=③/① | 短期平均<br>成本<br>（SAC）<br>⑧=⑥+⑦ |
|---|---|---|---|---|---|---|---|
| 0 | 40 | 0 | 40 | — | — | — | — |
| 1 | 40 | 20 | 60 | 20 | 40 | 20 | 60 |
| 2 | 40 | 36 | 76 | 16 | 20 | 18 | 38 |
| 3 | 40 | 51 | 91 | 15 | 13.3 | 17 | 30.3 |
| 4 | 40 | 64 | 104 | 13 | 10 | 16 | 26 |
| 5 | 40 | 80 | 120 | 16 | 8 | 16 | 24 |
| 6 | 40 | 120 | 160 | 40 | 6.7 | 20 | 26.7 |
| 7 | 40 | 168 | 208 | 48 | 5.7 | 24 | 29.8 |
| 8 | 40 | 280 | 320 | 112 | 5 | 35 | 40 |

**（一）短期总成本、短期固定成本与短期可变成本的关系及变动规律**

短期固定成本（STFC）不随产量的变动而变动，因此，在图形上，短期固定成本表现为一条在纵轴有一定截距的、与横轴（产量轴）平行的直线。这条线与横轴的距离表示固定成本金额。如图 5-2 所示。

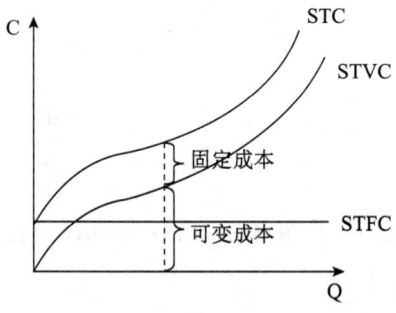

图 5-2　STC、STVC 和 STFC 曲线

短期可变成本（STVC）随着产量的变动而变动。总体上说是产量的增函数。开始时，由于投入的可变要素与固定要素的技术构成没有达到最大值，因此，可变要素投入的增加量要大于产量的增加量（STVC 形状陡峭）；随着可变要素投入的继续增加，投入的可变要素与固定要素的技术构成达到最大值，产量增加的幅度又大于要素投入成本的增加幅度（STVC 形状平坦）；最后，当要素投入增加到一定程度后，由于要素的边际产量开始递减，从而使产量增加的幅度开始小于要素投入成本的增加幅度（STVC 形状陡峭）。

因此，在图 5-2 中，短期可变成本的变动其实经历了三个过程，STVC 是一条由原点开始的先陡峭——平坦——陡峭的一条曲线。

短期总成本（STC）由短期固定成本和短期可变成本两部分组成，其中，短期固定成本是不变的，不因产量的变化而变化，表明即使没有进行生产，STFC 也存在，STC = STFC + STVC。

由于短期固定成本不变，STC 随着短期可变成本的变化而变化，随产量的增加而增加。因此，在图形上，STC 与 STVC 形状完全相同：STC 是以 STFC 为起点由左下向右上方上升的曲线，一开始的形状是凹向原点的，而后转为凸为原点，且 SAC 和 STVC 之间只差 STFC。

（二）短期平均成本、短期平均固定成本与短期平均可变成本的关系及变动规律

由于整个短期生产过程中，固定成本不变，因此，短期平均固定成本就会随着产量的增加，分摊到每一单位产品上的固定成本就越来越少，因此，SAFC 曲线的变动规律是：持续递减，开始递减幅度很大，随着产量的增加，递减的幅度越来越小。

SAVC 由 SAC 与产量的商得到。从图 5-3 中可以看出，SAVC 曲线在产量增为 $Q_2$ 前处于递减阶段，然后转为递增，因此，产量为 $Q_2$ 处的 SAVC 曲线上的转折点就是 SAVC 曲线的最低点；同时 SAVC 也是一个"U"形的曲线。

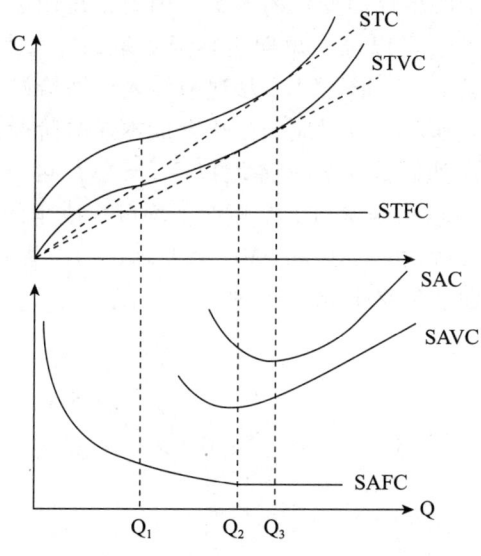

图 5-3 SAC、SAVC 和 SAFC 曲线

SAVC 曲线"U"形的原因：SAVC 曲线在产量为 $Q_2$ 前，每增加一个单位的可变要素所增加的产量超过先前每单位可变要素的平均产量，就是边际产量>平均产量（MP>AP，根据产量函数之间的关系，边际产量递增就意味着边际成本递减），这表现为短期平均可变成本随产量的增加而递减；当产量超过 $Q_2$ 后，随着投入可变要素的增多，每增加一单位可变要素所增加的产量小于先前的可变要素的平均产量，因而 SAVC 曲线从 $Q_2$ 开始转入递增。

SAC 的变动规律由短期平均可变成本与短期平均固定成本的变动规律来决定。开始，SAFC 迅速下降，SAVC 也下降，从而 SAC 也是下降趋势；到了一定阶段后，随着产量的增加，每单位产品分摊的固定成本越来越少，因此，SAFC 在决定 SAC 走向中的作用越来

越小，SAC 开始随着 SAVC 的变动而变动，因此，SAC 也是由下降到上升的变化过程，也呈"U"形。

为什么 SAC 达于极小值时的产量水平（$Q_3$）大于 SAVC 达于极小值时的产量水平（$Q_2$）呢？

从图 5-3 可以看出，产量增为 $Q_3$ 之前，SAC 是递减的，然后才转入递增。SAC 位于 SAVC 的上方（因为二者之间有 SAFC 的差距）。SAC 达到极小的产量（$Q_3$）大于 SAVC 达于极小的产量（$Q_2$）（即 $Q_3 > Q_2$）。这是因为，SAC = SAFC + SAVC，当 SVC 达到极小并转为递增时，SAFC 仍在递减，所以只要 SAFC 的递减超过 SAVC 的递增时，SAC 就会仍然处于递减阶段。但当 SAVC 的递增超过 SAFC 时，SAC 就会转入递增。

（三）短期边际成本、短期平均成本和短期平均可变成本的变动规律

在分析了各种平均成本间的关系后，再把边际成本考虑进来，看看短期平均总成本、短期平均可变成本和短期边际成本的关系。

后二者的关系上面已经分析过了，那么这三种成本之间的关系其实就涉及短期边际成本的变动规律。短期边际成本（SMC）是短期内每增加一单位产量所增加的成本，但其中短期固定成本是不随产量的增加而变化的成本，因此，短期边际成本的变化其实只和短期平均可变成本的变动相关。可以说，短期边际成本取决于短期平均可变成本的变动规律。短期边际成本曲线也呈"U"形。SMC 从递减转入递增恰好与可变要素的边际产量的变化相对称，即与边际产量递增部分对应的是边际成本递减阶段，而与边际产量递减对应的是边际成本递增（在短期边际成本转入递增以后，SAVC 可能仍处于递减），决定短期边际成本的变化（递增或递减）因素与决定短期平均可变成本的变化因素并不完全相同。

在规模经济没有充分发挥时，SAC 和 SMC 都下降，而后在边际报酬递减规律的作用下，都上升。因此，两条曲线都呈 U 形。如图 5-4 所示。

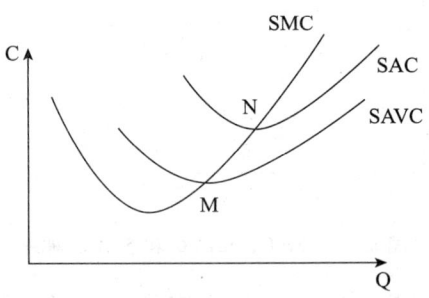

图 5-4 SMC、SAC 和 SAVC 曲线

SMC 与 SAVC 相交于 SAVC 从递减转入递增的转折点也就是 SAVC 的最低点（设为 M）。

结合图 5-3 和图 5-4 可以看出，在 M 点有 SMC = SAVC，也就是说这时与 $Q_2$ 对应的短期边际成本等于产量为 $Q_2$ 的短期平均可变成本；在 M 点之前，当 SMC 位于 SAVC 曲线下面时，即 SMC < SAVC，且 SAVC 曲线处于递减阶段；在 M 点之后，当 SMC 位于 SAVC 曲线上面时，即 SMC > SAC，SAVC 曲线处于递增阶段。通常把 SMC 与 SAVC 相交的点（M 点）称为"停止营业点"，在这一点上，短期边际成本与短期平均可变成本相等，而产品的价格等于 SAVC，即生产者的收益（价格）只能弥补其可变成本的投入，而不能弥

补其固定成本的投资。因此，这一点被称为企业的"停止营业点"，即在这一点之下，生产者便不再进行生产了。

由前面的关于SAC曲线的分析可以知道：SAC曲线也呈"U"形，并与SAVC的形状相似。因此，我们可以根据SMC与SAVC的关系推导出SMC与SAC的关系。

（1）两条曲线都呈"U"形。

（2）SMC与SAC相交于SAC曲线从递减转入递增的转折点，也就是SAC的最低点（N）。即在N点有SMC = SAC；在N点之前，当SMC曲线位于SAC曲线的下面时，SMC < SAC，且SAC处于递减阶段；在N点之后，当SMC曲线位于SAC曲线的下面时，SMC > SAC，且SAC处于递增阶段。

（3）通常把SMC与SAC相交的点称为收支相抵点，在这点上，产品的价格为平均成本，同时也等于边际成本，即 P = SAC = SMC（其中，对产品的要价P可以看作是生产者多生产一单位产品所获得的收益，即 P = MR），生产者的成本（包括正常利润在内）与收益相等。

### 知识链接——经典案例

#### 包夜，网吧利在哪？

某网吧白天是4元/小时的上网收费标准，晚上通宵包夜从晚上10点到早上7点共收费12元，而网吧每台机器开机后固定成本加变动成本是2元/小时，有不少人不解，网吧老板为什么长期做这种"赔本"的包夜生意呢？包夜，网吧利在哪？

资料来源：MBA智库百科。

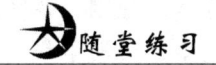
### 随堂练习

**一、单项选择题**

1. 在短期内，随着产量的增加，短期平均固定成本（    ）。
   A. 在开始时减少，然后趋于增加    B. 一直趋于减少
   C. 一直趋于增加    D. 在开始时增加，然后趋于减少

2. 某厂商生产5件衣服的总成本为1500元，其中，厂商和机器折旧为500元，工人工资及原材料费用为1000元，那么平均可变成本为（    ）元。
   A. 300    B. 100
   C. 200    D. 500

3. 在短期内，以下说法中不正确的是（    ）。
   A. STFC是厂商在短期内为生产一定数量的产品而对不变生产要素所支付的总成本
   B. 建筑物和机器设备的折旧费属于STFC
   C. STFC不随产量的变化而变化
   D. 当厂商的产量为零时，STFC = 0

4. 随着产出水平从零开始不断增加，SMC曲线将（    ）。

A. 穿过 SAC 曲线和 SAFC 曲线的最低点
B. 穿过 SAVC 曲线和 SAFC 曲线的最低点
C. 穿过 SAVC 曲线和 SAC 曲线的最低点
D. 仅穿过 SAVC 曲线的最低点

## 二、多项选择题

1. 厂商的短期总成本包括（　　）。
   A. 短期固定成本          B. 短期可变成本
   C. 短期平均成本          D. 短期边际成本
   E. 短期平均不变成本

2. 在短期内，下列关于各种成本的变化规律的说法中正确的有（　　）。
   A. 短期平均固定成本随产量的增加而保持不变
   B. 开始阶段短期平均成本随产量的增加而递减，达到最低点后开始上升
   C. 平均可变成本先于平均总成本达到最低点
   D. 短期平均可变成本随产量的增加而递减，达到最低点后开始上升
   E. 边际成本先下降，后上升

3. 下列关于短期边际成本与短期平均成本的关系表述中正确的有（　　）。
   A. 短期边际成本大于短期平均成本，短期边际成本上升
   B. 短期边际成本小于短期平均成本，短期边际成本下降
   C. 短期边际成本大于短期平均成本，短期平均成本上升
   D. 短期边际成本小于短期平均成本，短期平均成本上升
   E. 短期边际成本小于短期平均成本，短期平均成本下降

## 三、计算题

请根据表 5-3 中已知数据，计算并填写表中空白部分。

表 5-3

| 产量 (Q) | 短期固定成本 (STFC) | 短期可变成本 (STVC) | 短期总成本 (STC) | 短期边际成本 (SMC) | 短期平均固定成本 (SAFC) | 短期平均可变成本 (SAVC) | 短期平均成本 (SAC) |
| --- | --- | --- | --- | --- | --- | --- | --- |
| 0 | 20 | 0 | | | | | |
| 1 | 20 | 3 | | | | | |
| 2 | 20 | 4 | | | | | |
| 3 | 20 | 8 | | | | | |
| 4 | 20 | 13 | | | | | |
| 5 | 20 | 21 | | | | | |
| 6 | 20 | 33 | | | | | |
| 7 | 20 | 50 | | | | | |

## 模块三 长期成本

### 一、长期总成本

长期总成本（LTC）是指在长期中企业生产一定数量的产品所需要的成本总和。与短期成本一样，长期成本函数也是产量与成本间的变动关系。由于长期中全都是可变的要素投入，因此，没有产量时就没有长期成本，且随着产量的增加，长期总成本也是递增的。

同 STVC、STC 一样，LTC 曲线也存在"先凸后凹"的变动规律。在刚开始生产时，要素投入量大而产量较少，生产要素的比例未达到其技术构成的比例，因此，成本的增加率大于产量增加率，故曲线较陡峭；当产量增加到一定程度后，生产要素得到充分的使用，成本的增加率小于产量的增加率，曲线转为平坦；最后，由于产量（规模收益）递减规律，成本的增加率又开始大于产量的增加率，曲线又变得陡峭，由此形成了长期总成本曲线"先凸后凹"的变动，如图 5-5 所示。

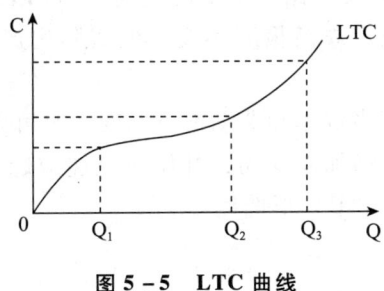

图 5-5 LTC 曲线

### 二、长期平均成本

长期平均成本（LAC）是长期中平均每一单位产品的成本。它等于长期总成本（LTC）与产量（Q）之商，即：

$$LAC = LTC/Q \tag{5-9}$$

LAC 由短期平均成本（SAC）曲线推导而来。长期平均成本曲线是短期平均成本曲线的包络线。事实上，长期中，企业随时都在调整要素的投入。由于规模效益的存在，一定的生产规模对应一定的平均生产成本，在某一产量既定的条件下，企业会选择适当的规模来进行生产，以使平均成本在规模效益的作用下更低。当把生产规模无限细分后，也会相应地有无数条 SAC 曲线，将与每一条 SAC 曲线相切的点连接起来时，就得到一条平滑的曲线，这条曲线就是 LAC 曲线。如图 5-6 所示。

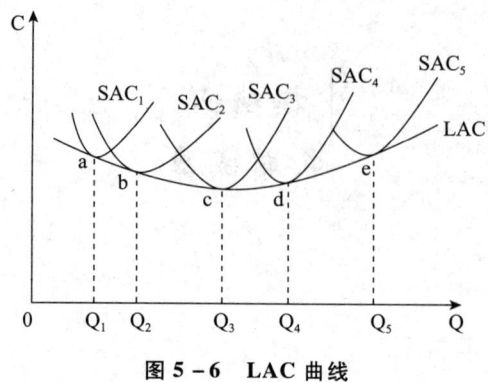

图 5-6 LAC 曲线

从图 5-6 可以看出，LAC 也是一条先下降后上升的"U"形曲线。其变化规律与短期平均成本（SAC）曲线相同。随着产量的扩大，使用的生产要素的规模也增大，因此，产品的生产经历了规模收益递增的阶段，相应地就有产品的单位成本递减；随之又进入一段平均成本不变的时期（这个阶段较长，是 LAC 曲线比较平坦的原因）；最后，由于规模的进一步扩大，企业在管理及信息传递方面的成本逐渐增加，则有平均成本上升的趋势。

"U"形的表现：LAC 曲线是无限多的 SAC 曲线的切点连接而成的，因此，LAC 都在 SAC 的切点上。在 LAC 最低点之右，LAC 切于 SAC 曲线最低点之右；在 LAC 最低点之左，则切于 SAC 曲线最低点之左。

对于 LAC 曲线来说，如果投入比例不变时，向下倾斜表示规模报酬递减，向上倾斜表示规模报酬递增，水平则表示规模报酬不变。但实际生产中，其很少是"投入比例不变的"。

长期平均成本曲线表明了当资本和劳动都可以变动时可以达到的最低平均总成本与产量之间的关系。它随着产量的增加而变动，开始时呈递减趋势，达到最低点后转而递增，是一条先下降然后缓慢上升的"U"形曲线。

### 知识链接——拓展阅读

#### 大数据时代之下如何提升效率、降低成本需要我们不断努力

如今人工智能、大数据、云计算等新金融科技的广泛应用，不但使金融服务的成本降低，还创造出更多金融价值。大数据的应用已经成为互联网金融领域被广泛应用的核心技术之一。通过业务数据、互联网数据、用户行为数据等各类数据的关联、挖掘和重组，如何提升运作效率，降低风控成本和风险水平，是各行业从业者们一直孜孜探索的问题。

共享经济行业数据分析显示，截至目前摩拜单车已在全球超过 100 个城市投放超过 500 万辆智能共享单车，注册用户量超过 1 亿人次，每天提供超过 2000 万次出行服务。通过每一辆摩拜单车上搭载的"北斗+GPS+格洛纳斯"三模卫星定位芯片和物联网通信芯片，摩拜单车已建成移动物联网系统，每天产生超 5TB 出行大数据。这些大数据都将与地理信息数据紧密融合，构成空间大数据，给企业与个人提供前所未有的应用价值和服务能力。摩拜单车背后所蕴藏的庞大数据资源也让其受到了业界的青睐，其原因就在于投

资方不仅看好摩拜单车共享经济的前景,同时共享单车背后蕴藏的庞大数据资源也得到了投资方的重视。

事实上,在大数据时代,数据不仅成为全球各国争相储备和开发的资源,也是我国各行业领域正在研发的先进技术的基础。大数据之所以叫"大数据",不是因为其数据体量庞大,而是通过海量数据背后的深度分析挖掘所看到的目标对象的特征、行为需求,能起到有效评估、精准分析行业市场、构建用户画像、预判未来趋势的作用。通过大数据的底层基础设施建设,结合人工智能等先进技术的应用,能极大地提升各行业的管理效率和管理水平。然而大数据背景下如何降低成本也成为了各业界精英们不断努力奋斗的方向。

资料来源:根据 http://www.tedu.cn/jtxmt/sz/zt/data 整理所得。

### 三、长期边际成本

长期边际成本(LMC)是长期中增加每一单位产品所增加的成本。如果以 LMC 代表长期边际成本,△LTC 代表长期总成本的增量,△Q 代表增加的产量,则有:

$$LMC = \triangle LTC / \triangle Q \tag{5-10}$$

在短期中,由于边际成本曲线与可变平均成本相关。由此推出,长期中的 LMC 曲线也和平均曲线相关。且二者间的关系也类似。

上面分析了 LAC 曲线的形状和特征,由此,可以得到 LMC 曲线,如图 5-7 所示。

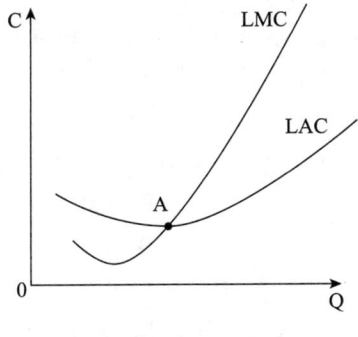

图 5-7 LAC 曲线

LMC 曲线的特点:

(1) LMC 呈"U"形,有先递减再递增的特征。

(2) LMC 比 SMC 要平坦。由于成本递减与递增中间要经历较长时间的成本不变阶段。

LMC 与 SAC 和 SMC 的关系相似,LMC 和 LAC 也有着以下关系:LMC 与 LAC 相交于 LAC 的最低点 A 点。在 LAC 的左边,LMC < LAC,这时 LAC 下降;在 LAC 的右边,LMC > LAC,这时 LAC 上升。

### 知识链接——经典案例

#### 分析电视机厂的生产成本

某电视机厂生产10000台电视机，总成本1000万元，平均成本为1000元，厂商又多生产了一台电视机，为增加生产这台电视机所增加的成本即边际成本小于1000元，则增产后的平均成本就会下降，如果增加的这台电视机的边际成本大于1000元，则增产后的平均成本会上升。

资料来源：MBA智库百科。

### 随堂练习

#### 一、单项选择题

1. 长期平均成本曲线呈U形的原因在于（　　）。
   A. 边际效用递减规律　　　　　　　B. 边际报酬递减规律
   C. 生产由规模经济向规模不经济变动　　D. 生产的一般规律

2. 在LAC曲线下降的区域内（　　）。
   A. LAC≤SAC
   B. LAC与各条SAC曲线相交于各SAC曲线的最低点
   C. LAC与各条SAC曲线相切于各SAC曲线的最低点
   D. 无法判定SAC与LAC的位置关系

3. 长期平均成本曲线与长期边际成本曲线相交于（　　）。
   A. LMC的最低点　　　　　　　　B. LMC的最高点
   C. LAC的最低点　　　　　　　　D. LAC的最高点

4. 一般来说，长期平均成本曲线是（　　）。
   A. 先减后增　　　　　　　　　　B. 先增后减
   C. 按一固定比率增加　　　　　　D. 按一固定比率减少

#### 二、多项选择题

1. 厂商的长期成本包括（　　）。
   A. 长期总成本　　　　　　　　　B. 长期可变成本
   C. 长期边际成本　　　　　　　　D. 长期平均成本
   E. 长期不变成本

2. 在长期平均成本曲线下降的区域（　　）。
   A. 长期平均成本小于等于短期平均成本
   B. 无法确定
   C. 长期平均成本是短期平均成本最低点的连线

D. 短期平均成本的最低点在长期平均成本上
E. 长期平均成本与各条短期平均成本相切于短期平均成本的左侧

3. 下列关于长期平均成本曲线与短期平均成本曲线的关系的表述中正确的有（　　）。
A. 长期平均成本曲线是短期平均成本曲线的包络线
B. 长期平均成本曲线是所有短期成本曲线最低点的连线
C. 长期平均成本曲线的每一点都对应着一个短期平均成本曲线上的点
D. 长期平均成本曲线都在各短期平均成本曲线的下方
E. 所有的短期成本曲线都与长期平均成本曲线相切

### 三、判断题

1. LAC 由 SAC 曲线推导而来。（　　）
2. LAC 最低点之右，LAC 切于 SAC 曲线最低点之左；在 LAC 最低点之左，则切于 SAC 曲线最低点之右。（　　）
3. LMC 与 LAC 相交于 LAC 的最低点。在 LAC 的左边，LMC < LAC，这时 LAC 下降；在 LAC 的右边，LMC > LAC，这时 LAC 上升。（　　）

## 本项目小结

成本是指厂商在生产过程中对全部生产要素所支付的价格，是生产中耗费的生产要素所必要的支出，机会成本是资源稀缺性的产物，当把一种资源用于此种用途时，就必然要放弃将该资源用于其他用途时所产生的收益，这种放弃的收益就是放弃某种机会的成本。机会成本是一种无形的代价、主观的损失，而并不是实际发生的。在经济学的分析中应用比较多。

长期与短期，通常是按厂商能否全部调整生产要素的投入量为标准划分。短期成本是与短期生产相对应的成本，与短期成本相对应的是短期生产函数。在短期内，至少存在一种生产要素是不可以调整的，因此，短期内存在固定成本和变动成本之分。

长期成本是与长期生产相对应的成本。从长期看，厂商为了适应市场需求变化和生产技术发展的要求，总是要调整生产要素的投入量。因此，厂商支付在生产要素上的费用全部是由可变成本构成的。长期成本无固定成本与可变成本的划分。

## 项目思考题

1. 在西方经济学中，企业的显性成本和隐性成本分别指什么？
2. 试分析说明长期成本曲线与短期成本曲线的关系。
3. 作图并解释 SMC、SAC 和 SAVC 三条曲线之间存在怎样的关系。
4. "虽然很高的固定成本会是厂商亏损的原因，但永远不是厂商关门的原因。"请谈谈你对此话的理解。

## 观察与分析

### 核算店铺成本与收益

3~5人一组,运用所学知识,对校园周边规模稍大的一家企业或店铺进行一个月的不间断详细跟踪记录,核算这家企业或店铺一个月的各种成本和收益,重点关注边际成本与边际收益的变化。以组为单位做一份该企业或店铺一个月的短期成本表和收益表。

# 项目六 Project 6
## 市场结构

**知识点**

**知识目标：**
◇ 理解不同市场的基本概念及特征；
◇ 理解完全竞争市场的均衡；
◇ 理解完全垄断市场的均衡。

**能力目标：**
◇ 能对四种市场结构进行比较；
◇ 能够应用价格歧视分析现实经济问题。

**重点难点：**
◇ 完全竞争厂商的短期均衡；
◇ 价格歧视。

**思维导图**

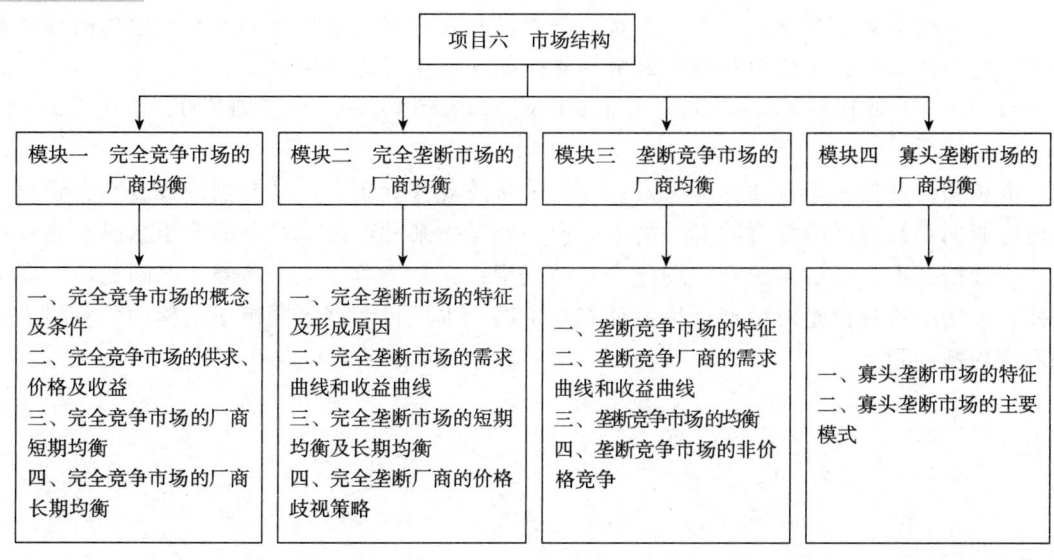

**经济现象引入**

### 一个最需要做广告宣传的市场

打开电视,扑面而来的广告都是垄断竞争市场的产品。通过这种大众媒体做广告的大多数是化妆品、洗涤用品、牙膏、药品、家电等轻工业产品。从来没有看到过石油、煤炭、钢铁等企业做广告。更很少看到过大米、白面、水、电(不包括公益广告)等企业做广告。这是为什么呢?

大米、白面最接近完全竞争市场。在这个市场上有很多的消费者也有很多的生产者;在这个市场上产品是没有差别的。打开电视经常映入你眼帘的一般都是轻工业产品的广告。这个市场就是垄断竞争市场。

引起这个市场存在的基本条件是产品有差别,如自行车,消费者的个人偏好不同,每一款自行车都可以以自己的产品特色在一部分消费者中形成垄断地位。但这种垄断又是垄断不住的。因为不同品牌的自行车是可以互相替代的。这就形成一种垄断竞争的状态,这也正是为什么生产轻工业产品的厂商不惜血本大做广告的目的。不仅如此,在这个市场上各个商家的定价决策也要充分考虑同类产品的价格,正确估计自己的商品在市场上的地位,定价过高会被同类产品替代,失去本来属于自己的市场份额。有差别的产品需要做广告,就是把自己产品的特色告诉消费者。

如"农夫山泉有点甜"突出了它的特色在于口感与其他矿泉水的不同,从而赢得了市场。创造品牌是企业重要的营销策略。品牌的创造是产品质量和广告宣传结合的产物。二者缺一不可。"好酒也怕巷子深"是说好酒也需要吆喝着卖,但没有好酒,再吆喝也没有用。美国保洁公司成功的广告宣传使它的"海飞丝"、"飘柔"、"沙宣"等产品家喻户晓,占领了洗发水80%的市场,这就是产品质量和广告宣传有机结合的典型范例。西方人认为销售如果不做广告,就如同在黑暗中向情人暗送秋波,别人根本就不知道你在干什么。

什么是完全竞争市场?什么是垄断竞争市场?还有哪些市场结构类型?它们的特征是什么?它们又如何在市场中获胜?本项目将和你一起探讨这些问题。

资料来源:根据 http://blog.sina.com.cn/s/blog_ b3afca550101gqlt.html 整理所得。

市场结构是指一个行业内部买卖双方的数量及规模分布、产品差别的程度和新企业进入该行业的难易程度的综合状态。简单来说,就是指某种产品或服务的竞争状况和竞争程度。一般情况下,经济学家把市场分为四种类型:完全竞争、完全垄断、垄断竞争、寡头垄断。市场结构理论是对生产理论的补充和发展。本项目考察不同市场结构中的价格决定和厂商均衡问题。

## 模块一
## 完全竞争市场的厂商均衡

### 一、完全竞争市场的概念及条件

完全竞争又叫纯粹竞争,是一种竞争不受任何阻碍和干预的市场结构。

完全竞争市场必须具备以下条件:

(1) 市场上有无数的买者和卖者。由于市场上有为数众多的商品需求者和供给者,单个的需求者和供给者都只占很小的市场份额,其供求能力对整个市场而言是微不足道的。因此,需求者和供给者都无法左右市场价格,或者说他们是价格的接受者。

(2) 同一行业中的每一个厂商生产的产品是完全无差别的。这里的完全无差别的商品,不仅指商品之间的质量完全一样,还包括在销售条件、商标、包装等方面是完全相同的。因此,消费者无需考虑是谁生产的产品;生产者没有任何市场优势,只能以可能的市场价格出售自己的产品。

(3) 厂商进入或退出一个行业是完全自由的。厂商进出一个行业不存在任何障碍,所有的资源都可以在各行业之间自由流动。

(4) 市场中每一个买者和卖者都掌握与自己的经济决策有关的商品和市场的全部信息。这样,市场上的每一个消费者或生产者都可以根据自己所掌握的全部信息,确定自己的最优购买量或最优生产量,从而获得最大的经济利益

具有上述条件的市场就是完全竞争市场。显然,在现实经济中没有一个市场真正具备这些条件。完全竞争市场作为一个理想的经济模型,有助于我们了解经济活动和资源配置的一些基本原理,解释或预测现实经济中厂商和消费者的行为。

### 二、完全竞争市场的供求、价格及收益

#### (一) 完全竞争市场的供给与需求

在完全竞争市场条件下,对整个行业来说,需求曲线是一条向右下方倾斜的曲线,供给曲线是一条向右上方倾斜的曲线。整个行业产品价格是由这种需求与供给决定的,如图6-1 (a) 所示。但对个别厂商来说情况就不一样了,当市场价格确定之后,对个别厂商而言,这一价格就是既定的,无论它如何增加产量都不能影响市场价格。因此,市场对个别厂商产品的需求曲线就表现为一条与横轴平行的水平线,如图6-1 (b) 所示。

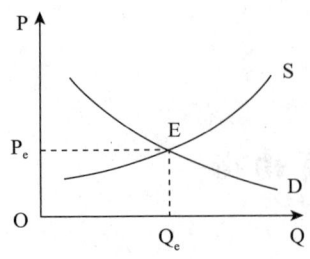
图 6-1（a） 完全竞争市场的供需和均衡

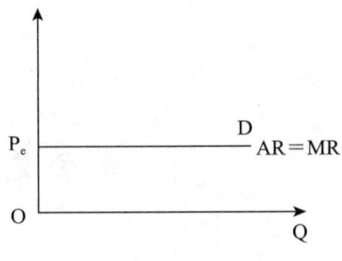
图 6-1（b） 厂商的需求曲线

在图 6-1（b）中，需求曲线的需求价格弹性系数为无限大，即在市场价格既定时，对个别厂商产品的需求是无限的。在完全竞争市场上，厂商需求曲线 D 与平均收益曲线 AR 和边际收益曲线 MR 三条线重合在一起。

（二）收益

在各种类型的市场上，平均收益与价格都是相等的，即 AR＝P。因为每单位产品的售价就是其平均收益。但只有在完全竞争市场上，对个别厂商来说，平均收益、边际收益与价格才相等，即 AR＝P＝MR，因为只有在这种情况下，个别厂商销售量的增加才不影响价格。在完全竞争市场上，厂商每增加一单位产品的销售，市场价格仍然不变，从而每增加一单位产品销售的边际收益 MR 也不变，边际收益也等于价格。

### 三、完全竞争市场的厂商短期均衡

当厂商获得最大利润时，它既不增加生产也不减少生产，所以，它处于均衡状态。前面已经证明，边际收益等于边际成本，即 MR＝MC 是利润最大化的条件。短期均衡是指厂商不能根据市场行情调整其生产规模，也不能变换某一行业时的均衡。在完全竞争条件下，MR＝AR＝P，所以，完全竞争厂商短期均衡即取得最大利润的必要条件是 MC＝MR＝AR＝P。完全竞争厂商的短期均衡随着均衡价格的变化大致可能发生五种状态。

（一）盈余状态

对个别厂商来说，其需求曲线 D 是从行业市场价格 OP 引出来的一条平行线，该曲线同时也是平均收益曲线 AR 和边际收益曲线 MR。SMC 为短期边际成本曲线，SAC 为短期平均成本曲线。如图 6-2 所示。

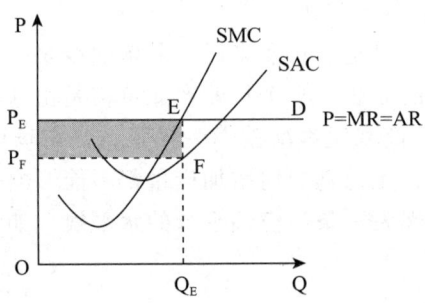
图 6-2 完全竞争厂商短期均衡——盈余状态

在供不应求的情况下,由于行业市场价格 $OP_E$ 在短期平均成本与短期边际成本交点的上方,即市场价格大于个别厂商的平均成本,从而 AR > AC,则厂商存在利润。

厂商为了实现利润最大化,就必须满足于边际收益 = 边际成本,即 MR = MC。由边际收益曲线 MR 与边际成本曲线 MC 的交点 E 就决定了厂商利润最大化的产量为 $OQ_E$。这时厂商的总收益(TR) = 平均收益(AR)×产量($OQ_E$),即图 6-2 中的 $OQ_EEP_E$;总成本(TC) = 平均成本(AC)×产量($OQ_E$),即图 6-2 中的 $OQ_EFP_F$。由于 TR > TC,这时,该厂商可获得超额利润 $P_FFEP_E$(TR - TC)。

由于超额利润的存在会吸引更多的厂商进入,其结果使整个行业的投资增加,生产规模扩大,产出增加,使整个行业出现了供过于求的状况,引起市场价格下降,导致部分厂商出现亏损。

### (二)盈亏平衡状态

在供求平衡状况下,即价格或平均收益等于平均总成本,从而 P = AR = AC = MR = MC,此时厂商总收益(TR) = 平均收益×产量 = AR × $OQ_E$ = 总成本 = 平均成本×产量,即 TC = AC × $OQ_E$。因此,总收益(TR)与总成本(TC)相等。可见,厂商没有超额利润,可以获得正常利润,处于盈亏平衡状态。此时,现有的厂商不会离开,新的厂商也不愿意进入。如图 6-3 所示。

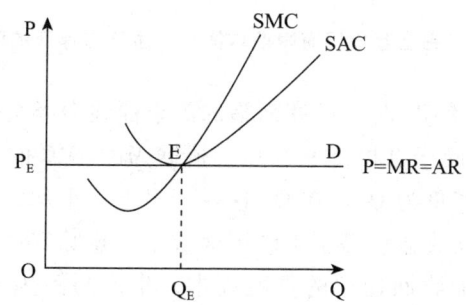

图 6-3 完全竞争厂商短期均衡——盈亏平衡状态

### (三)亏损状态

在供过于求的状况下,价格或平均收益小于平均总成本,但仍大于平均可变成本,即 SAVC < AR < AC 时,厂商处于亏损状态。厂商为了最大限度减少亏损,应满足边际收益(MR)等于边际成本(MC),因此决定了产量为 $Q_E$。此时,厂商的总收益(TR)为图 6-4 中的 $OQ_EEP_E$,总成本(TC)为图 6-4 中的 $OQ_EFP_F$。可见 TR < TC,这时,该厂商的亏损额为 TR - TC = $P_EEFP_F$。

### (四)短期生产与停产的临界点

当价格或平均收益等于平均可变成本,即 P = AR = SAVC 时,厂商处于亏损状态,且处于生产与停产的临界点,如图 6-5 所示。

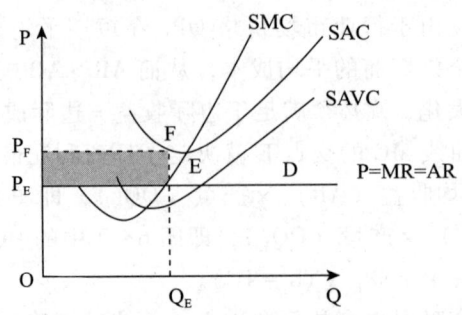

图 6-4 完全竞争厂商短期均衡——亏损状态

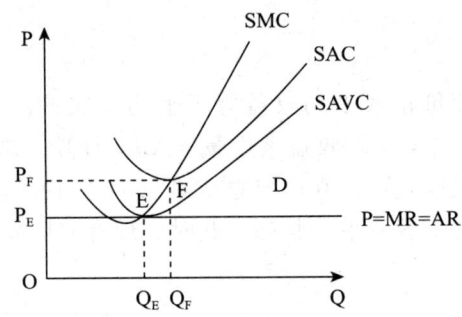

图 6-5 完全竞争厂商短期均衡——生产与停产的临界点

在图 6-5 中，当价格为 $P_E$ 时，厂商面临的需求曲线 D 恰好与平均可变成本 SAVC 曲线的最低点相切，与 SMC 曲线也相交于 E 点。根据 MR = MC 的利润最大化原则，则 E 点为厂商短期均衡点，决定产量为 $Q_E$。在 $Q_E$ 这一产量上，平均收益小于平均总成本，厂商肯定是亏损的。同时，平均收益仅等于平均可变成本，意味着厂商进行生产所获得的收益只能弥补可变成本，而不能收回任何的不变成本，生产与不生产对厂商来说结果是一样的。因此，此时的 E 点是厂商生产与停产的临界点，也可称为"停止营业点"。

（五）停止生产状态

当价格或平均收益小于平均可变成本，即 AR < SAVC 时，厂商处于亏损状态，且停止生产。

## 四、完全竞争市场的厂商长期均衡

在完全竞争市场条件下厂商的短期均衡分析中，厂商在短期内来不及调整全部生产要素的数量，只能调整可变要素的数量，因此，厂商只能在生产规模既定的条件下通过变动产量所引起的短期可变成本的变动来实现 MR = MC 的利润最大化原则。而在长期中厂商可以调整全部生产要素的数量。具体地说，可以进行两个方面的调整：一方面，厂商对工厂规模和产量水平的调整；另一方面，行业内企业数量的调整，即厂商进入或退出某一行业。厂商的长期均衡就是通过这两个方面的调整实现的。

（1）厂商对工厂规模和产量水平的调整。在长期内，厂商为使其利润最大化，必然会调整其工厂规模和产量水平。在某一生产规模和产量水平上,如果市场价格高于厂商的长期边际成本时,厂商便会增加产量,扩大规模;而当市场价格低于厂商的长期边际成本时,厂商便会减少产量,缩小规模。

(2)行业长期调整。在完全竞争市场中,企业可以自由进入或退出某一行业。因此,只要一个行业有利可图,新厂商便会进入,增加供给,使市场价格降低,直至长期利润为零;若行业中有亏损,一些厂商便会退出,减少供给,提高价格,直至行业亏损为零。

在长期内,厂商在上述两个方面的调整是同时进行的,在长期均衡状态下,厂商的超额利润为零。完全竞争厂商长期均衡条件为:MR = LMC = SMC = LAC = SAC,如图 6-6 所示。

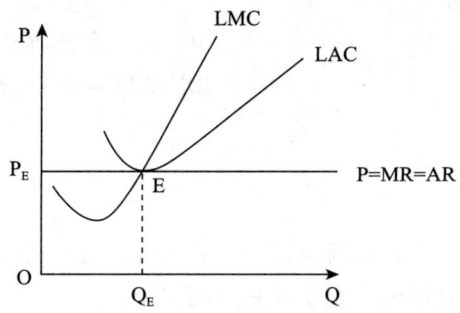

图 6-6 完全竞争厂商长期均衡

### 一、单项选择题

1. 价格接受的含义是企业( )。
   A. 如果想多销售自己的产品就要降价      B. 要接受垄断者所确定的价格
   C. 不能影响其产品的价格              D. 自己定价
2. 在完全竞争市场条件下,如果某行业厂商的商品价格等于平均成本,那么( )。
   A. 原有厂商退出这个行业              B. 既没厂商进入也没厂商退出这个行业
   C. 新的厂商进入这个行业              D. 无法确定
3. 在完全竞争的市场上,从长期来说,厂商的产量处于均衡状态的条件是( )。
   A. MR = MC                        B. AR = AC
   C. MR = MC = AR = AC              D. MR = AR
4. 下列接近完全竞争市场的是( )。
   A. 原油                           B. 电影
   C. 服装                           D. 小麦

### 二、多项选择题

1. 在厂商的停止营业点上,下列说法中正确的有( )。

A. AR = SAVC  B. 总亏损等于 STFC
C. P = SAVC  D. P > SAC

2. 对一个完全竞争企业来说，平均收益曲线与企业需求曲线的关系中，下列说法中错误的有（    ）。
A. 和企业的需求曲线一样，边际收益曲线在企业的需求曲线之下
B. 在企业的需求曲线之上，边际收益曲线在企业的需求曲线之下
C. 在企业的需求曲线之上，边际收益曲线与企业的需求曲线相同
D. 和边际收益曲线一样，都与企业的需求曲线相同

3. 市场结构的基本类型有（    ）。
A. 完全垄断市场  B. 寡头垄断市场
C. 生产要素市场  D. 垄断竞争市场
E. 完全竞争市场

### 三、判断题

1. 在完全竞争条件下，厂商所面临的需求曲线是一条水平线。            （    ）
2. 完全竞争厂商只能被动地接受既定的市场价格。                （    ）
3. 在厂商短期均衡产量上，AR < SAC，但 AR > SAVC，则厂商亏损，应停止生产。
                                                （    ）

# 模块二
# 完全垄断市场的厂商均衡

## 一、完全垄断市场的特征及形成原因

完全垄断市场是指整个行业只有唯一供给者的市场结构。

### （一）完全垄断市场的特征

（1）厂商数目唯一，一家厂商控制了某种产品的全部供给。完全垄断市场上垄断企业排斥其他竞争对手，独自控制了一个行业的供给。由于整个行业仅存在唯一的供给者，企业就是行业。

（2）完全垄断企业是市场价格的制定者。由于垄断企业控制了整个行业的供给，也就控制了整个行业的价格，成为价格制定者。完全垄断企业可以有两种经营决策：以较高价格出售较少产量，或以较低价格出售较多产量。

（3）完全垄断企业的产品不存在任何相近的替代品。否则，其他企业可生产替代品来代替垄断企业产品，完全垄断企业就不可能成为市场上唯一的供给者。因此消费者无其他选择。

（4）其他任何厂商进入该行业都极为困难或不可能，要素资源难以流动。完全垄断

市场存在进入障碍,其他厂商难以参与生产。

完全垄断市场和完全竞争市场一样,都只是一种理论假定,是对实际中某些产品的一种抽象,现实中绝大多数产品都具有不同程度的替代性。

(二) 完全垄断市场的形成原因

完全垄断市场形成的原因很多,最根本的一个原因就是为了建立和维护一个合法的或经济的壁垒。从而阻止其他企业进入该市场,以便巩固垄断企业的垄断地位。垄断企业作为市场唯一的供给者,很容易控制市场某一种产品的数量及其市场价格,从而可连续获得垄断利润。具体地说,完全垄断市场形成的原因主要包括:①对资源的独家控制;②政府的特许权;③保护专利的需要;④规模经济的要求形成自然垄断。

## 二、完全垄断市场的需求曲线和收益曲线

(一) 完全垄断厂商的需求曲线

在完全垄断情况下,一家厂商就是整个行业,消费者消费的商品全部来自于垄断企业。因此,整个行业的需求曲线也就是一家厂商的需求曲线。其是一条表明需求量与价格呈反方向变动的向右下方倾斜的曲线。

(二) 完全垄断厂商的收益曲线

在完全垄断市场上,每一单位产品的售价就是它的平均收益,也就是它的价格。即:

$$AR = \frac{TP}{Q} = \frac{P \times Q}{Q} = P \qquad (6-1)$$

可见 $AR = P$。因此,平均收益曲线 AR 仍然与需求曲线 D 重合。

但是,在完全垄断市场上,当销售量增加时,产品的价格会下降,从而边际收益减少,边际收益曲线 MR 不会与需求曲线 D 重合,而是位于需求曲线下方,并且随着产量的增加,边际收益曲线与需求曲线的距离越来越大,表示边际收益比价格下降得更快。如表 6-1 所示。

表 6-1　　　　总收益、平均收益、边际收益、价格与销售量的关系

| 价格 P | 销售量 Q | 总收益 TR | 平均收益 AR | 边际收益 MR |
|---|---|---|---|---|
| 6 | 2 | 12 | 6 | — |
| 5 | 4 | 20 | 5 | 4 |
| 4 | 6 | 24 | 4 | 2 |
| 3 | 8 | 24 | 3 | 0 |
| 2 | 10 | 20 | 2 | -2 |
| 1 | 12 | 12 | 1 | -4 |

注:$TR = P \times Q$;$AR = TR/Q$;$MR = \Delta TR/\Delta Q$。

根据表 6-1 可以画出完全垄断市场的需求曲线和收益曲线。如图 6-7 所示。

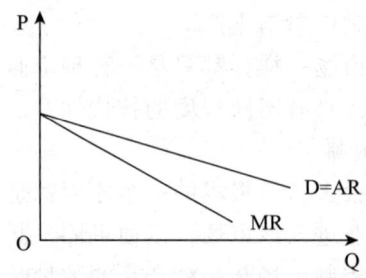

图 6-7 完全垄断市场的需求曲线和收益曲线

从图 6-7 可以看出,边际收益曲线 MR、需求曲线 D 和平均收益曲线 AR 都是向右下方倾斜,并且边际收益曲线 MR 在平均收益曲线 AR 的左下方。

## 三、完全垄断市场的短期均衡及长期均衡

### (一)完全垄断市场的短期均衡

完全垄断厂商为了获得最大利润,也必须遵循 MR = MC 原则。在短期内,垄断厂商无法改变不变要素投入量,它是在生产规模既定的条件下通过对产量和价格的同时调整来实现 MR = MC 的利润最大化原则。利润最大化的充分条件是:P > MR = MC。

垄断厂商根据边际原则确定最佳产量及价格之后是否有盈利取决于市场需求状况。短期中,垄断厂商可能出现盈利、获得正常利润或存在亏损三种情况。

1. 厂商获得超额利润

在供不应求的状况下,边际收益曲线 MR 与边际成本曲线 MC 的交点 E 决定了厂商的产量为 $OQ_E$,从 $Q_E$ 点向上的垂线与需求曲线 D 相交于 F 点,从而决定了价格水平 $OP_1$。这时,厂商的总收益(TR)= 平均收益×产量,即 $OQ_EFP_1$;总成本(TC)= 平均成本×产量,即 $OQ_EGH$。可见,TR > TC,该厂商可获得超额利润 $HGFP_1$。如图 6-8 所示。

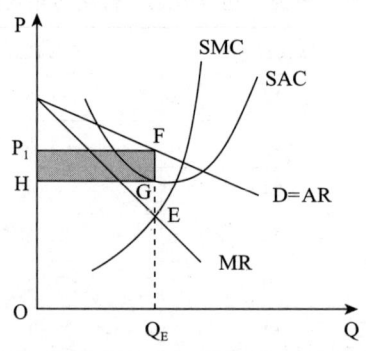

图 6-8 完全垄断市场的短期均衡——获得超额利润

2. 厂商获得正常利润

在供求平衡的状况下,总收益与总成本相等,都为 $OQ_EFP_1$,所以收支相抵,只有正常利润。如图 6-9 所示。

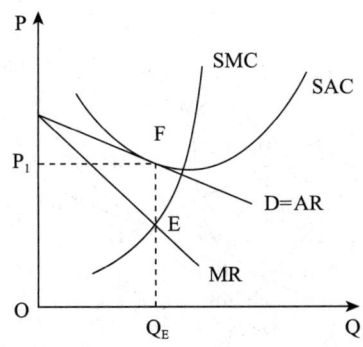

图 6-9 完全垄断市场的短期均衡——获得正常利润

**3. 厂商遭受亏损**

在供过于求的状况下,厂商的总收益(TR)<厂商总成本(TC),这时,厂商亏损额为 $P_1HFG$(即阴影部分)。由于平均可变成本曲线 SAVC 与 H 点相切,可以维持产量 $OQ_E$。H 点为停止营业点,如果价格再低就无法生产了,如图 6-10 所示。

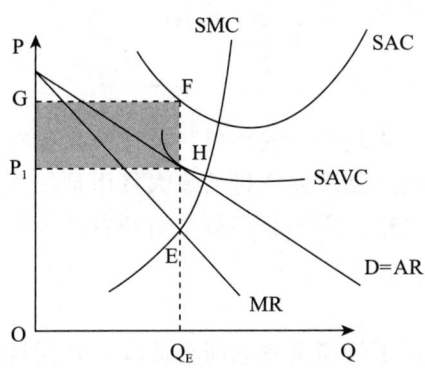

图 6-10 完全垄断市场的短期均衡——亏损状态

因此,完全垄断市场的短期均衡条件是:MR = MC。

### (二) 完全垄断市场的长期均衡

垄断厂商的长期均衡是指厂商根据市场需求的变化不断调整生产规模,在长期内实现利润最大化的均衡生产状态。在长期生产过程中,由于完全垄断市场上只有一家厂商,没有对手,厂商有能力、也有条件把价格和产量调整到最有利于自己的位置上,从而实现利润最大化。所以,完全垄断市场的长期均衡条件是:MR = LMC = SMC。如图 6-11 所示。

## 四、完全垄断厂商的价格歧视策略

### (一) 价格歧视

价格歧视是指企业为了获取更大的利润,对同一产品规定的不同价格。价格歧视既可以是对不同购买者索取不同价格,也可以是对同一个购买者的不同购买数量收取不同价格。实行价格歧视的条件有两个:

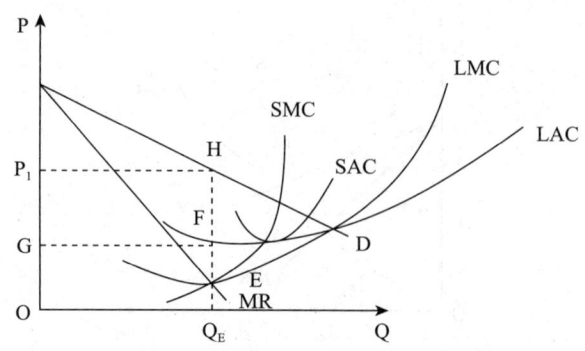

图 6-11 完全垄断市场的长期均衡

第一，必须有可能根据不同的需求价格弹性划分出两组或两组以上的不同购买者。

第二，市场必须是能够有效地隔离开的，同一产品不能在不同市场之间流动。

能够满足以上两个条件，那么，垄断企业就可以通过对缺乏弹性的市场规定较高的价格，而对富有弹性的市场规定较低的价格，以增加总收益。企业实行价格歧视的基本原则是，不同市场的边际收益相等并且等于边际成本。

（二）价格歧视的类型

1. 一级价格歧视

一级价格歧视又称完全价格歧视，就是每一单位产品都有不同的价格，即假定垄断者知道每个消费者对任何数量的产品所要支付的最大货币量，并以此决定其价格，所确定的价格正好等于对产品的需求价格，因而获得每个消费者的全部消费剩余。这是一种极端的情况，现实中很少发生。

2. 二级价格歧视

二级价格歧视即垄断厂商了解消费者的需求曲线，并把这种需求曲线分为不同段，根据不同购买量确定不同价格，垄断厂商获得一部分而不是全部买主的消费剩余。公用事业中的差别价格就是典型的二级价格歧视。

3. 三级价格歧视

三级价格歧视是指垄断厂商对不同市场的不同消费者实行不同的价格，在实行高价格的市场上获得超额利润。

价格歧视作为一种垄断价格，它既是垄断者获取最大垄断利润的一种手段，又会导致不公平竞争，理所当然地应该加以限制。但是，限制价格歧视并非要取消一切价格歧视。在具有自然垄断性的公用事业中，对一些不能贮存的劳务，采用高峰时期和非高峰时期的差别价格，将某些高峰需求调向低峰时期，可以更充分地利用其设备资源，这对社会是有积极意义的。

## 随堂练习

### 一、单项选择题

1. 完全垄断厂商处于长期均衡的条件是（　　）。
   A. MR = MC
   B. MR = SMC = LMC
   C. MR = SMC = LMC = SAC
   D. MR = SMC = LMC = SAC = LAC

2. 完全垄断厂商的最优产量处（　　）。
   A. P = AC
   B. P = SAC 的最低点的值
   C. P 最高
   D. MR = MC

3. 完全垄断市场的厂商面临的需求曲线是（　　）。
   A. 向下倾斜的
   B. 向上倾斜的
   C. 垂直的
   D. 水平的

4. 企业实行价格歧视的基本原则是（　　）。
   A. 不同市场的平均收益相等并且等于边际成本
   B. 不同市场的边际收益相等并且大于边际成本
   C. 不同市场的边际收益相等并且等于边际成本
   D. 不同市场的平均收益相等并且小于边际成本

### 二、多项选择题

1. 形成垄断的因素主要包括（　　）。
   A. 独家厂商控制了生产某种商品的全部资源或基本资源的供给
   B. 独家厂商拥有生产某种商品的专利权
   C. 政府许可的行业
   D. 规模经济的要求

2. 价格歧视的类型主要包括（　　）。
   A. 多级价格歧视
   B. 二级价格歧视
   C. 三级价格歧视
   D. 一级价格歧视

3. 在短期，完全垄断厂商可能（　　）。
   A. 收支相抵
   B. 发生亏损
   C. 取得最大利润
   D. 只有获利

### 三、判断题

1. 垄断厂商出现亏损是不可能的。　（　　）
2. 价格歧视就是价格差别。　（　　）
3. 垄断厂商的平均收益曲线与边际收益曲线是一致的。　（　　）

# 模块三
# 垄断竞争市场的厂商均衡

## 一、垄断竞争市场的特征

垄断竞争市场是指一种既有垄断又有竞争，既不是完全竞争又不是完全垄断的市场，是处于完全竞争和完全垄断之间的一种市场。与完全竞争市场的厂商和完全垄断市场的厂商不同，垄断竞争市场的厂商均衡一般要受价格、产品质量和销售方法等因素的影响。与此相适应，垄断竞争市场的厂商除采取价格竞争手段外，还可以通过改变产品的品质以及调整产品推销方法等非价格竞争手段实现利润最大化。

垄断竞争市场的主要特征有：

（1）市场中存在着较多数目的厂商，彼此之间存在着较为激烈的竞争。由于每个厂商都认为自己的产量在整个市场中只占有一个很小的比例，因而厂商会认为自己改变产量和价格不会招致其竞争对手相应行动的报复。

（2）厂商所生产的产品是有差别的，或称"异质商品"。产品差别是指同一产品在价格、外观、性能、质量、构造、颜色、包装、形象、品牌、服务及商标广告等方面的差别以及消费者想象为基础的虚幻的差别。由于存在着这些差别，使得产品成了带有自身特点的"唯一"产品，也使得消费者有了选择的必然，这使得厂商对自己独特产品的生产销售量和价格具有控制力，即具有一定的垄断能力，而垄断能力的大小则取决于它的产品区别于其他厂商的程度。产品差别程度越大，垄断程度越高。

（3）厂商进入或退出该行业都比较容易，资源流动性较强。垄断竞争市场是常见的一种市场结构，例如，肥皂、洗发水、毛巾、服装、布匹等日用品市场；餐馆、旅馆、商店等服务业市场；牛奶、火腿等食品类市场；书籍、药品等市场大都属于此类。

## 二、垄断竞争厂商的需求曲线和收益曲线

### （一）需求曲线

垄断竞争厂商可以控制生产，供给增加，价格下降，需求就会增加；供给减少，价格上升，需求就会减少。供给影响着价格，价格与需求成反比，因此需求曲线是一条向右下方倾斜的曲线。该需求曲线相对于完全竞争厂商而言更为陡峭（即更缺乏弹性），而相对于垄断厂商而言需求曲线则更平坦（即更富有弹性）。

垄断竞争厂商面临的需求曲线有两条，将其分为 D 曲线和 d 曲线。d 曲线表示主观需求曲线，是指垄断竞争生产集团内某一厂商变动其产品的价格，而其他厂商价格不随之调整价格时，该厂商面对的需求曲线。D 曲线表示客观需求曲线，是指垄断竞争生产集团内

某一厂商变动其产品的价格，而其他厂商相应做出价格调整时，该厂商面对的需求曲线。生产集团的需求曲线 D 更不具有价格弹性，显得更为陡峭。因为它代表着人们对一种类型物品的需求，不能通过替换厂商来代替。如图 6 – 12 所示。

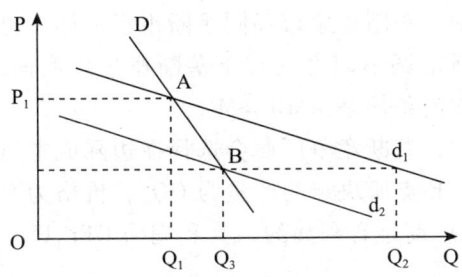

图 6 – 12　垄断竞争厂商的需求曲线

在图 6 – 12 中，垄断竞争厂商的主观需求曲线为 $d_1$，厂商最初的产量为 $Q_1$，最初的价格为 $P_1$，因而厂商位于主观需求曲线的 A 点。当厂商将产品的价格由 $P_1$ 下调至 $P_2$，按主观需求曲线 $d_1$ 的变化趋势，厂商预期其销售量将提高至 $Q_2$，但是由于该厂商降价时，其他厂商也将采取同样的措施，以维护自己的市场容量，因此，该厂商的销售量实际只有 $Q_3$，即介于 $Q_1$ 和 $Q_2$ 之间，厂商实际只能移动到 B 点。当厂商意识到这些后，厂商的主观需求曲线就会做出相应的调整，即为通过 B 点的 $d_2$。

（二）收益曲线

平均收益曲线 AR 与主观需求曲线 d 是重合的。因为垄断厂商的平均收益 = 总收益/总产量 = 价格×产量/产量 = 价格，即 AR = TR（Q）/Q = P（Q）×Q/Q = P（Q）。因此，平均收益始终等于价格 P，其曲线向右下方倾斜。

平均收益递减，则边际收益 MR 必定也是递减的，并且小于平均收益。因此，MR 曲线是在 AR 曲线下方的直线，且与需求曲线的截距一致，向右下方倾斜，与 AR 曲线的差距随着产量的增加逐渐增大，意味着随着产量增加，边际收益下降得比平均收益要快。如图 6 – 13 所示。

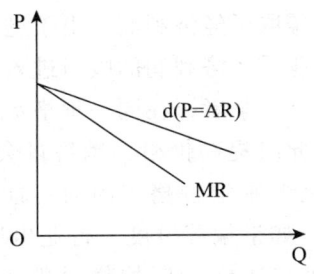

图 6 – 13　垄断竞争厂商的收益曲线

### 三、垄断竞争市场的均衡

#### (一) 垄断竞争市场的短期均衡

在短期均衡实现过程中,垄断竞争市场同垄断市场一样,也会出现超额利润、收支相抵、亏损三种情况。与垄断市场不同之处在于垄断竞争厂商面对的市场需求曲线斜率较小。垄断竞争市场的短期均衡条件是:MR = MC。

在考虑生产成本因素后,垄断竞争厂商会选择在边际成本与边际收益相等的条件下生产,即图 6-14 中的 E 点。E 点所决定的产量为 $OQ_E$,价格为 $OP_1$。由于此时的短期平均成本为 OH,所以垄断竞争厂商是有利润的,其利润为 $GFP_1H$。

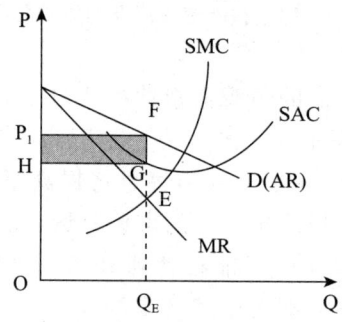

图 6-14 垄断竞争市场的短期均衡

垄断竞争厂商在决定产量和价格的方式时与垄断厂商完全相同。另外,垄断竞争厂商也可能会有损失出现。在图 6-14 的产量 $OQ_E$ 下,如果短期平均收益低于短期平均成本,厂商就会亏损。但无论是有利润还是亏损,在短期内都不会吸引其他厂商加入或使原有厂商退出。长期的情形则不同,因为在垄断竞争市场下,每家厂商的规模都不大,而且厂商数目很多,厂商进出市场都非常自由。所以,当厂商在短期内有利润存在时,就会吸引新的厂商加入,当厂商有亏损时,就会有厂商退出。

#### (二) 垄断竞争市场的长期均衡

垄断竞争市场中,有的企业赚取了经济利润。由于进入壁垒不高,这就会吸引一批新企业进入这一市场。如果新的企业受经济利润的吸引进入这个产业,那么产业中原有企业面临的需求曲线会左移,因为多了竞争者,在同一价格水平下出售产品的数量会减少,同时需求曲线变得更有弹性。如果此时提高价格,销售量会下降得更多。在短期,企业由于缺少竞争,可以在平均成本之上制定价格,因而可能获得经济利润。随着新企业的进入,使得需求曲线不断左移。如果偏移过度,行业出现超额亏损,会通过原有厂商退出,最终使超额亏损消失,从而在达到长期均衡时整个行业的利润为零。如图 6-15 所示。

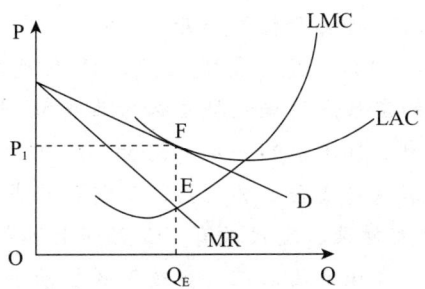

图 6-15 垄断竞争市场的长期均衡

长期内垄断竞争厂商仍然会维持在边际收益（MR）等于长期边际成本（LMC）条件下生产，即图 6-15 中的 E 点。E 点所决定的产量为 $OQ_E$，价格为 $OP_1$。此时不会有新的厂商加入，也不会有旧的厂商退出，利润恰好为零。即平均收益等于平均成本。虽然，此时长期平均成本曲线（LAC）与单个企业的需求曲线（也是平均收益曲线 AR）相切，但此时长期平均成本不是最低点。

垄断竞争市场的长期均衡条件是：MR = LMC = SMC；P = AR = LAC = SAC。

## 四、垄断竞争市场的非价格竞争

垄断竞争企业为实现利润的最大化，除了可以调整产品价格改变其销售量外，还可以通过改变产品特征以及销售费用来调整销售量，这就是非价格竞争手段。非价格竞争的手段主要有产品差别、变异和广告等。

（一）产品变异策略

产品变异是厂商通过提高质量、改进包装、增加分量、更新设计、改善销售条件等方式来形成产品差别。其目的是企图摆脱激烈的竞争，但每个厂商都实行产品变异策略又加剧了厂商之间的竞争。

（二）广告宣传促销策略

广告则是通过宣传来扩大产品影响、引起消费者注意、培养消费者对其产品产生偏好的一种手段。

*拓展阅读——知识拓展*

### 康佳助力深圳建设社会主义先行示范区

2019 年 8 月 18 日，《中共中央国务院关于支持深圳建设中国特色社会主义先行示范区的意见》（以下简称《意见》）发布，深圳将在未来承担众多重大发展任务。

对此，康佳集团总裁周彬表示："改革开放 40 余年，伴随着深圳的发展，康佳也为对外开放做出了重要贡献。作为与深圳特区共同成长起来的科技创新驱动平台型企业，康佳已迅速成长为深圳最具创新能力的企业之一。"在《意见》中，涉及科技创新领域的相关举措，包括建设国际科技信息中心、境外人才引进、未来通信和高端器件、国企综合改革试验等，康佳集团均已经或即将展开相关经营。

高新技术方面，2019年1月份，康佳集团荣获2018年度国家科学技术进步奖，这是中国科学技术奖中最高等级的奖项。康佳还携手咪咕共建5G超高清联合实验室，向5G+超高清视频产业融合发展迈出了标志性的一步。同时，康佳之星计划通过华侨城创意园基地，打造华侨城集团旗下国家级科技企业孵化器，目前已正式启动招募工作，招募专注于5G与新一代信息技术、医疗大健康、现代教育产业领域且具备一定市场竞争力的项目。

国企综合改革试验方面，康佳集团已在国企改革的推动下实行了混改，将国有资本做强做大做优，积极引入战略投资者、员工持股，还包括对民营企业的投资。经过卓有成效的混改，康佳集团通过投资、合资等多种方式先后进入环保、新材料和半导体领域。康佳集团以消费电子业务（彩电、白电、手机）为基础，逐步向战略性新兴产业升级、向科技产业园业务拓展、向互联网及工贸科技服务业务延伸，成功转型为以科技创新为驱动的平台型公司。

发展数字文化产业和创意文化产业方面，康佳集团已经联合华侨城文化集团，并邀请优酷、腾讯、爱奇艺、哔哩哔哩、全民K歌、咪咕、芒果TV等生态合作伙伴共计8大IP展开合作。其中，康佳集团与华侨城文化集团将利用各自渠道、内容制作等优质资源，面向社会共同孵化系列IP形象，同时加大双方IP周边衍生产品的宣传力度，超级文化IP《小凉帽》成为重点推广内容之一。

康佳集团在建设国际科技信息中心、境外人才引进、未来通信和高端器件、国企综合改革试验等相关举措中不断增加自身竞争力。

资料来源：证券日报网（http://www.zqrb.cn/gscy/gongsi/2019-08-21/A1566365900577.html）。

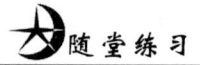

## 随堂练习

### 一、单项选择题

1. 在垄断竞争中（   ）。
A. 只有为数很少几个厂商生产有差异的产品
B. 有许多厂商生产同质产品
C. 只有为数很少几个厂商生产同质产品
D. 有许多厂商生产有差异的产品

2. 如果垄断竞争行业存在正的利润，那么（   ）。
A. 新企业将进入该行业　　　　　　B. 现存企业将提高它们的价格
C. 生产成本将上升　　　　　　　　D. 产品不再存在

3. 同行业的不同企业产品之间存在着微小差别这一事实被称为（   ）。
A. 产品歧视　　　　　　　　　　　B. 价格歧视
C. 产品替代　　　　　　　　　　　D. 产品差异

4. 垄断竞争厂商短期均衡的条件是（   ）。
A. AR = AC　　　　　　　　　　　B. MR = MC

C. TR = TC　　　　　　　　　　D. P = AR

## 二、多项选择题

1. 下列不属于垄断竞争行业特征的有（　　）。
   A. 企业规模相同，数量较少　　　　B. 不存在产品差异
   C. 企业规模较大，数量很少　　　　D. 进出该行业相对容易
2. 垄断竞争厂商短期均衡时，（　　）。
   A. 厂商可能获得超额利润　　　　　B. 厂商可能得到正常利润
   C. 只能得到正常利润　　　　　　　D. 厂商可能发生亏损
3. 下列属于非价格竞争手段的有（　　）。
   A. 广告竞争　　　　　　　　　　　B. 品牌竞争
   C. 设计更新　　　　　　　　　　　D. 产品降价

## 三、判断题

1. 产品差别程度越大，垄断程度越高。（　　）
2. 垄断竞争企业短期内不一定存在利润，长期中一定不存在利润。（　　）
3. 垄断竞争厂商的短期均衡的位置只能是它刚好获得正常利润。（　　）

# 模块四　寡头垄断市场的厂商均衡

## 一、寡头垄断市场的特征

### （一）寡头垄断市场概述

寡头垄断市场是指少数几个企业控制一个行业的供给的市场结构。每个大企业在相应的市场中占有相当大的份额，对市场的影响举足轻重。

一般来说，寡头垄断市场形成的原因主要有：

（1）该行业产品的生产经营是建立在规模经济基础上的。

（2）该行业产品的生产技术不容易被一般中小型厂商所掌握和模仿。

（3）政府对寡头厂商的扶植和支持。

（4）寡头厂商所采取的各种排他性措施。

寡头垄断市场按照市场上产品的差别程度划分为无差别寡头和有差别寡头两类。

（1）无差别寡头（纯粹寡头）。无差别寡头厂商生产的产品无差别，如石油、钢铁等行业寡头所生产的产品完全无差别。

（2）有差别寡头。有差别寡头生产的产品有差别，如飞机、机械、汽车、香烟等行

业寡头所生产的产品是有差别的。

（二）寡头垄断市场的特征

（1）厂商极少。市场上的厂商只有一个以上的少数几个（当厂商为两个时，叫双头垄断），每个厂商在市场中都具有举足轻重的地位，对其产品价格具有相当的影响力。

（2）相互依存。任一厂商进行决策时，必须把竞争者的反应考虑在内，因而其既不是价格的制定者，更不是价格的接受者，而是价格的寻求者。

（3）产品同质或异质。产品没有差别，彼此依存的程度很高，叫纯粹寡头，如钢铁、尼龙、水泥等产业；产品有差别，彼此依存关系较低，叫差别寡头，如汽车、重型机械、石油产品、电气用具、香烟等产业。

（4）进出不易。其他厂商进入相当困难，甚至极其困难。因为不仅在规模、资金、信誉、市场、原料、专利等方面，其他厂商难以与原有厂商匹敌，而且由于原有厂商相互依存，休戚相关，其他厂商不仅难以进入，原有厂商也难以退出。

## 二、寡头垄断市场的主要模式

（一）突点需求曲线

理解寡头的需求曲线突点的关键在于理解寡头价格变动的相互影响。因为寡头市场被若干寡头分割，一家寡头涨价，别的寡头价格不变，这家寡头的消费者都去购买别的寡头的商品，其需求量就会大幅度减少；反过来，一家寡头降价，别的寡头则要跟着降价，然后部分抵消这个寡头降价的效应，使得这个寡头的需求量增加有限。需求曲线的突点折断了边际收益曲线，这是由需求曲线、平均收益曲线与边际收益曲线三者之间的关系决定的。边际成本曲线与此折断处相交，既不影响价格也不影响产出。

（二）市场份额模式

理解市场份额的关键就是遵循 MR = MC 原则，确定市场份额的分配。在成本不同，而需求曲线和边际收益曲线相同的情况下，边际成本低的企业市场份额大，价格也低；而边际成本高的企业市场份额小，价格高。

（三）价格领头模式

上述两种情况是寡头企业各自确定自己的价格，实际上，在很多情况下，都是一家寡头定价，其他寡头只是价格的接受者。

（四）博弈论模式

寡头垄断企业间的竞争实际上是一种博弈，也就是竞争各方都充分考虑各方在现有条件下可能做出的选择，然后做出对自己最为有利的决策。

*拓展阅读——理论研究*

### 古诺模型

古诺模型又称古诺双寡头模型（Cournot Duopoly Model）或双寡头模型（Duopoly Model），古诺模型是早期的寡头模型。它是由法国经济学家古诺于1838年提出的。

古诺模型的假定：

两个生产者的产品完全相同；生产成本为零（如矿泉水的取得）；需求曲线为线性，且双方对需求状况了如指掌；每一方都根据对方的行动来做出自己的决策，并都通过调整产量来实现最大利润。

如图 6-16 所示。

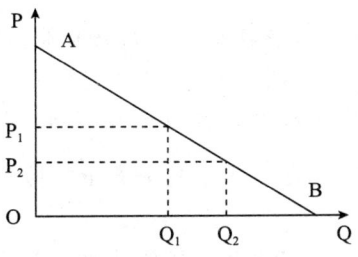

图 6-16 古诺模型

AB 为产品的需求曲线，总产量为 OB，开始时假定 A 厂商是唯一的生产者，为使利润最大，其产量 $Q_1 = \frac{1}{2} OB$（按 MC = 0 假设，OB 中点的产量使得 MR = MC = 0），价格为 $P_1$。当 B 厂商进入该行业时，认为 A 将继续生产 $Q_1$ 的产量，市场剩余销售量为 $\frac{1}{2} OB$，为求利润最大化，B 厂商的产量 $Q_1Q_2$ 将等于 $\frac{1}{2} \times \frac{1}{2} OB = \frac{1}{4} OB$，价格下降到 $P_2$。B 厂商进入该行业后，A 厂商发现市场剩余销售量只剩下 $OB - \frac{1}{4} OB = \frac{3}{4} OB$，为求利润最大化，它将把产量调整到 $\frac{1}{2} \times \frac{3}{4} OB = \frac{3}{8} OB$。A 厂商调整产量后，B 厂商将再把产量调整到 $\frac{1}{2} (OB - \frac{3}{8} OB) = \frac{5}{16} OB$。这样，两个寡头将不断地调整各自的产量，为使利润最大化，每次调整，都将产量定为对方产量确定后剩下的市场容量的 $\frac{1}{2}$。

这样，A 厂商产量调整序列为 $\frac{1}{2} OB$、$\frac{1}{2} (OB - \frac{1}{4} OB)$、$\frac{1}{2} (OB - \frac{1}{4} OB - \frac{1}{16} OB)$……B 厂商产量调整序列为 $\frac{1}{4} OB$、$\frac{1}{4} OB + \frac{1}{16} OB$、$\frac{1}{4} OB + \frac{1}{16} OB + \frac{1}{64} OB$……则 A 厂商的均衡产量为 $OB [\frac{1}{2} - (\frac{1}{2^3} + \frac{1}{2^5} + \cdots)]$，B 厂商的均衡产量为 $OB [\frac{1}{2^2} + \frac{1}{2^4} + \frac{1}{2^6} + \cdots]$。根据无穷几何级数和的公式 $S = \frac{1}{1-r}$ （$0 < r < 1$），我们得到：

A 的均衡产销量 = $OB (\frac{1}{2} - \frac{\frac{1}{2^3}}{1 - \frac{1}{2^2}}) = \frac{1}{3} OB$

$$B \text{ 的均衡产销量} = OB \left( \frac{\frac{1}{2^2}}{1-\frac{1}{2^2}} \right) = \frac{1}{3}OB$$

如果寡头垄断市场内有 n 个厂商，我们可求出每个厂商的均衡产量为 $\frac{1}{n+1}OB$，总产量为 $\frac{n}{(1+n)}OB$。若是完全竞争的市场结构，厂商数目越多，单个厂商的产销量越小，而总产量 $\frac{n}{(1+n)}OB$ 就越大；如果是完全垄断的市场结构，厂商的产销量则为 $\frac{1}{2}OB$。故寡头市场的总产量大于垄断市场的产量，小于完全竞争市场的总产量。

古诺模型结论的推广：

令寡头厂商的数量为 m，则可以得到一般的结论如下：

每个寡头厂商的均衡产量 = 市场总容量/(m+1)

行业的均衡总产量 = 市场总容量·m/(m+1)

古诺模型的缺陷是假定了厂商以竞争对手不改变产量为条件。

资料来源：根据百度文库整理。

## 随堂练习

### 一、单项选择题

1. 寡头垄断厂商的产品是（　　）。
   A. 同质的　　　　　　　　　　B. 有差异的
   C. 既可以是同质的，也可以是有差异的　　D. 以上都不对

2. 下列选项中，属于无差别寡头产品的是（　　）。
   A. 飞机　　　　　　　　　　　B. 汽车
   C. 香烟　　　　　　　　　　　D. 石油

3. 古诺模型是由（　　）提出来的。
   A. 曼昆　　　　　　　　　　　B. 萨缪尔森
   C. 古诺　　　　　　　　　　　D. 费雪

4. 假设古诺模型中如果有 n 个寡头市场，需求量为 a，那么达到均衡时各寡头的产量为（　　）。
   A. a/(n-1)　　　　　　　　　B. a/n
   C. a/(n+1)　　　　　　　　　D. n/a

### 二、多项选择题

1. 寡头垄断市场按照市场上产品的差别程度，主要分为（　　）。
   A. 有差别寡头　　　　　　　　B. 合作寡头

C. 非合作寡头          D. 无差别寡头

2. 寡头垄断市场的主要模式包括（　　）。

A. 突点需求曲线        B. 市场份额模式

C. 价格领头模式        D. 博弈论模式

3. 古诺模型的假定主要有（　　）。

A. 两个生产者的产品完全相同

B. 生产成本为零

C. 需求曲线为线性，且双方对需求状况了如指掌

D. 通过调整产量来实现最大利润

### 三、判断题

1. 寡头垄断市场中的厂商进出不易。（　　）
2. 寡头之间因可以进行勾结而不存在竞争。（　　）
3. 寡头垄断市场中厂商只有一个以上的少数几个。（　　）

## 本项目小结

市场结构是指市场在组织和构成方面的特点，它影响着企业的行为和活动，与企业竞争的力度有关。一般情况下，经济学家把市场分为四种类型：完全竞争、完全垄断、垄断竞争、寡头垄断。

完全竞争市场（Perfect Competition Market）是指竞争充分而不受任何阻碍和干扰的一种市场结构。完全竞争厂商是价格的接受者，所以它的收益与产量是同比例的。其短期均衡条件是 $MC = MR = AR = P$，长期均衡条件是 $P = MR = SMC = SAC = LMC = LAC$。

完全垄断市场（Monopoly Market）又称独占，或纯粹垄断，与完全竞争市场相反，是指一家厂商控制了某种产品全部供给的市场结构。其所面临的需求曲线向右下方倾斜，短期均衡条件是 $MR = MC$，长期均衡条件是 $MR = LAC = SMC$。垄断者可以采取价格歧视策略，既可对不同购买者索取不同价格，也可以对同一个购买者的不同购买数量收取不同价格。价格歧视分为一级价格歧视、二级价格歧视和三级价格歧视。

垄断竞争市场（Monopolistic Competition Market）是介于完全竞争和完全垄断之间的市场结构。其短期均衡条件是 $MR = MC$，长期均衡条件是 $MR = LMC = SMC$，$P = AR = LAC = SAC$。在垄断竞争市场中，企业之间不仅存在着价格竞争，而且存在着非价格竞争。

寡头垄断市场（Oligopoly Market）是介于完全垄断和垄断竞争之间的一种市场模式，是指某种产品的绝大部分由少数几家大企业控制的市场。其主要有无差别寡头和有差别寡头两种类型。

## 项目思考题

1. 假设完全竞争市场的需求函数和供给函数分别为 $Q_D = 60000 - 3000P$ 和 $Q_S = 40000$

$+2000P$。

试求：

(1) 市场均衡价格和均衡产量。

(2) 厂商的需求函数。

2. 简要分析厂商实现最大利润的均衡条件。

3. 试比较完全竞争市场和垄断竞争市场。

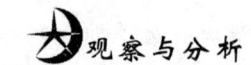

### 调研市场结构

3~5人一组，运用所学知识，就学校所在区域的市场结构进行调研，以实际企业和产品为例来分析四大市场结构的特征。撰写500字左右的调研报告。

# 项目七 Project 7
## 市场失灵与政府干预

**知识点**

**知识目标：**
◇ 掌握市场失灵的概念及其产生的原因；
◇ 理解市场失灵后政府的干预政策；
◇ 领会斯科定理、搭便车、逆向选择等概念的内涵与外延。

**能力目标：**
◇ 能够解释公共物品、信息不对称所引起的市场失灵；
◇ 能够运用道德风险、逆向选择分析现实生活中的经济问题。

**重点难点：**
◇ 市场机制；
◇ 市场失灵；
◇ 产权界定；
◇ 逆向选择。

**思维导图**

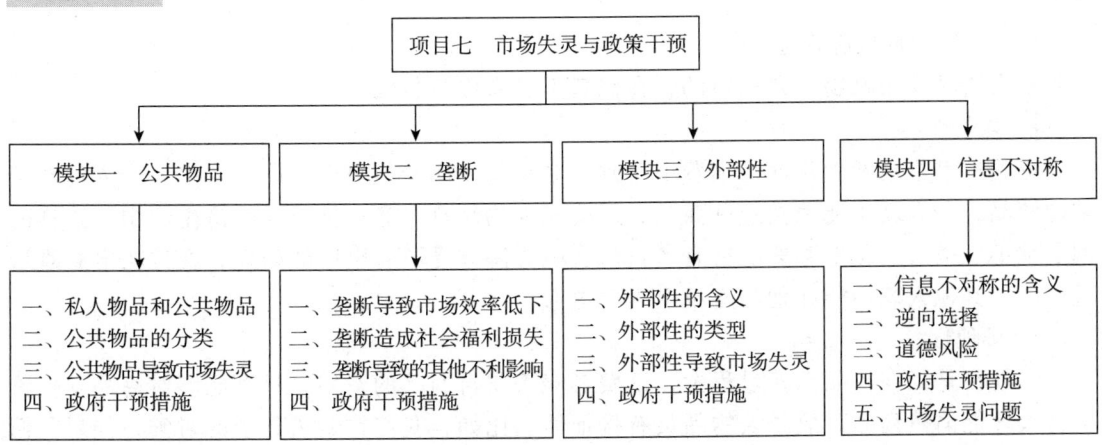

> **经济现象引入**

百辆共享单车遭"活埋",公共设施为啥得不到爱护?

共享单车作为一种新型的出行方式,为我们的生活提供了巨大的便利,但就是这样绿色环保并为我们提供方便的出行工具,却遭到人为的破坏。2018年5月7日,在成都市武侯区武兴路附近有上百辆共享单车被埋,这让共享单车的工作人员心痛不已。

其实不只是共享单车,如果我们再观察一下一些其他的公共设施的使用情况就会发现,街边的垃圾桶、便利的公共卫生间、公共区域的健身器材等也被恶意破坏,当垃圾桶、卫生间作为我们家里的私人物品时,我们在使用过程中一定会十分爱护,并且时常保持清洁,而当这些物品贴上"公共"二字的时候,便难以得到爱护。

什么是公共物品?什么是私人物品?公共设施为什么得不到爱护?本项目将和你一起探讨相关问题。

资料来源:候艳艳:《驱动中国》,2018年5月8日。

## 模块一 公共物品

### 一、私人物品和公共物品

(一)私人物品的概念

私人物品(Private Goods)是指一般生产要素供给者通过市场经济所提供的产品和服务,由私人或厂商提供。在生活中,大多数的商品都是私人物品,比如,我们购买的水果、牛奶、衣服;我们出游乘坐飞机的机票;我们自己的手机、平板、电脑等都是私人物品。

(二)私人物品的特征

私人物品与公共物品是相对的,在消费上具有以下特征:

1. 竞争性

竞争性是指消费者从商品消费中得到的享受仅仅属于他自己,即,如果一个人消费了某种商品,别人就不能消费这种商品,因此私人物品具有竞争性。在经济生活中,这样的例子举不胜举。一张电影票的持有者自己去电影院享受了看电影的乐趣,在这场电影观看过程中,其他人就不能在他的座位上观看电影。

2. 排他性

排他性是指在商品消费过程中,消费者能否支付商品的费用,只有能够对商品支付价格的人才能消费商品,故私人物品具有排他性。比如,我们在购买鞋子的时候,如果我们看中了唯一的一双适合自己尺码的鞋子并且付了账，那么我们就取得了这双鞋子的所有权，而将其他消费者排除在外。

（三）公共物品的概念

经济生活中，还存在许多商品不具有私人物品的特点，我们把它们称为公共物品。公共物品是指增加一个人对该物品的消费，并不同时减少其他人对该物品消费的那类物品。例如，一国的国防、公共气象服务、公共卫生、消防、空间研究、教育等都属于公共物品。

（四）公共物品的特征

一种物品是否是公共物品，主要从以下两个特征进行判断：

1. 非竞争性

非竞争性是指任何人对某一种物品的消费都不会影响他人对该商品的消费，即，某一个人加入到某一种物品的消费中不会减少他人对该商品消费的数量和质量，同时提供该种商品的边际成本为零，这种商品就具有非竞争性。比如，在公共气象服务中，播报了当日气象后，其成本已经产生，有多少消费者接收气象服务对成本没有区别，每个人都可以接收公共气象服务的信息。

2. 非排他性

非排他性是指即便存在"不支付便消费"的消费者，也无法排除其对物品的消费。公共物品不仅具有非排他性，还具有非拒绝性。比如，当我们出生于一个国家，不管我们愿不愿意，我们都已经受到了国防系统的保护，对于这种保护我们无法拒绝，并且这种保护是对所有公民的，也不会因为新生婴儿的出生而减少受国防保护的数量和质量。

## 二、公共物品的分类

公共物品根据是否具有完全的非竞争性和完全的非排他性，可以再进一步划分为纯公共物品和准公共物品两大类。

（一）纯公共物品

纯公共物品是指既具有完全的非竞争性也具有完全的非排他性这两种特征的物品。例如，路灯、公园、广场、车站、码头等基础设施，政府提供的警察（治安）、消防、公共卫生、基础教育等公共服务。

（二）准公共物品

准公共物品是指具有有限的非竞争性和非排他性的物品。根据有限性程度不同，准公共物品可分为公共资源和俱乐部物品。

1. 公共资源

公共资源是指具有竞争性但无排他性的物品。比如，公海里可以任意捕捞的鱼、拥挤的不收费公路等。以公海的鱼为例，公海的鱼是一种竞争性产品，因为鱼的数量是一定的，当一部分鱼被捕捞后留给其他人可以捕捉的鱼就少了，但是，既然在公海，就表明不具有排他性，所以公海的鱼是一种准公共物品。

2. 俱乐部物品

俱乐部物品是指具有排他性但无竞争性的物品。比如，社区绿化、有线电视、不拥挤的收费公路等。以社区绿化为例，社区绿化不具有竞争性，住在这个社区的每个人都能够享受绿色植物带来的舒适环境，但是具有排他性，如果你没有购买这个社区的楼盘，你没有居住在这个小区，那么就不能无时无刻享受绿化环境，所以社区绿化是一种不纯粹的公共物品。

综上所述，我们将私人物品与公共物品的分类比较用图7-1表示。

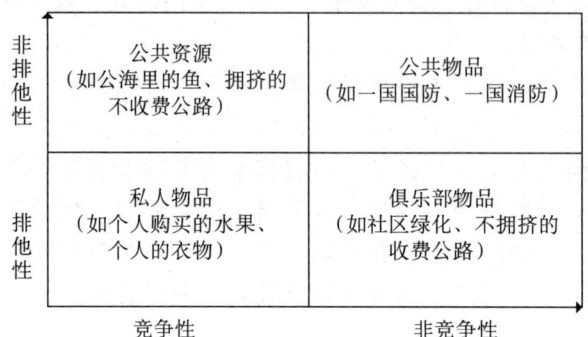

图7-1 私人物品与公共物品的比较图

### 拓展阅读——小故事

#### "搭便车"问题

美国一个小镇的居民喜欢在每年的7月4日这天观看烟火表演。全镇500个居民中每个人对观看烟火表演的代价都是10美元，总利益为5000美元。放烟火的成本为1000美元。由于5000美元的利益大于1000美元的成本，小镇居民在7月4日观看烟火表演是有效率的。

私人市场能提供这种有效率的结果吗？也许不能。设想这个小镇的企业家Ellen决定举行一场烟火表演。Ellen肯定会在卖这场表演的门票时遇到麻烦，因为她的潜在顾客很快就会想到，他们即使不买票也能看见烟火表演。搭便车者（Free Rider）是得到一种物品的利益但避免为此付费的人。由于人们有成为搭便车者而不是成为买票者的机会，市场就不能提供有效率的结果。

这种市场失灵的产生是由于外部性的存在。如果Ellen举行烟火表演，她就给那些不交钱看表演的人提供了一种外部性利益。然而，当Ellen决定是否举行烟火表演时，她并不会将这种外部利益考虑在内。尽管从社会来看举行烟火表演是有效率的，但这对Ellen而言却是无利可图的。结果，Ellen做出了不举行烟火表演这种从社会来看无效率的决策。

尽管私人市场不能提供小镇居民需要的烟火表演，但解决这个问题的方法是显而易见的：当地政府可以赞助7月4日的庆祝活动。镇委员会可以向每个人征收2美元的税收，并用这些收入雇用Ellen提供烟火表演。小镇上每个人的福利都增加了8美元——观看烟火的代价10美元减去税收2美元。尽管Ellen作为一个私人企业家不能做这件事，但作为政府雇员，她可以帮助小镇达到有效率的结果。

小镇的这个故事是简化的,但却是现实的。实际上,美国许多地方政府都在7月4日放烟火。而且,这个故事说明了公共物品的一个一般性结论:由于公共物品没有排他性,"搭便车"问题的存在就使私人市场无法提供公共物品。但是,政府可以潜在地解决这个问题。如果政府确信一种公共物品的总利益大于成本,它就可以提供该公共物品,并用税收收入对其进行支付,从而可以使每个人的状况变好。

资料来源:余丰慧:《经济学100个有趣故事》,2017年4月。

### 三、公共物品导致市场失灵

(一)市场失灵

市场失灵是指由于市场机制不能充分地发挥作用而导致的资源配置缺乏效率或资源配置失当的情况。

(二)市场失灵分析

公共物品具有非竞争性和非排他性两种特征,使得任何私人部门都不愿意或充分提供物品。因此,公共物品的产量大大低于合理水平,即达不到资源配置的最优状态,造成社会福利的流失和资源的浪费。公共物品不能排除消费者的消费,所以当产品生产出来后,消费者就可能"搭便车"。"搭便车"是指不支付任何成本而获得某种收益或享受某种好处的行为。公共物品的特征为"搭便车"提供了可能。在无法排除其他人使用,又无法向其收取费用的情况是市场机制无法解决的问题,致使市场机制不能充分发挥作用而失灵,与此同时,任何私人部门不愿意也无力免费提供公共物品,最终使得公共物品的供给量为零。

从社会效率角度看,公共物品的产出能为零吗?国防是每个国家必需的,公共设施如路灯、广场等也是必需的,公共物品的产出不能为零。可是公共物品的生产无法获利,私人企业在市场经济中以利润最大化为经营目标,在这种情况下,私人部门就不会生产公共物品,即供给为零。这时候政府必须采取干预手段来扭转市场失灵。

### 四、政府干预措施

(一)政府对公共物品供给

政府供给公共物品可以采取直接提供和间接提供两种方式。具体有以下方法:一是由中央政府或者地方政府直接经营生产公共物品。如军工、医院、学校、图书馆、博物馆等。二是政府与私人部门签订合同,共同提供公共物品。如自然垄断产品、公共服务行业的基础设施等。三是政府以授权、许可的方式委托私人部门提供公共物品。如一些公共项目电视台、广播电台、报刊杂志等。四是政府对私人部门提供的公共物品给予补贴。如卫生、教育、图书馆等享受政府财政补贴。

(二)政府对公共资源保护

公共资源具有竞争性但不具有排他性,这个特征决定了一些人使用公共资源会使得另一些人减少甚至无法享用公共资源。由此常常会出现"公地悲剧"现象。例如,工厂肆无忌惮地将污水排放到公共河流中,使得河水受污染,导致公共河流悲剧。公海里的鱼被大肆捕捞,使得鱼类资源越来越少。政府对公共资源的保护可以采取的措施有:一是限制河流两边的工厂建造数量;二是制定排污标准、对企业征收排污税;三是规定休渔期,促使鱼类良性成长;四是通过规定渔网网眼大小、保护鱼苗等方式,使公共资源可持续发展。

### 知识链接——概念理解

#### 什么是公地悲剧?

公地悲剧(Tragedy of the commons),也译为公共地悲剧、共同悲剧,1968 年,英国加勒特·哈丁教授(Garrett Hardin)在《The tragedy of the commons》一文中首先提出"公地悲剧"理论模型。他说,作为理性人,每个牧羊者都希望自己的收益最大化。在公共草地上,每增加一只羊会有两种结果:一是获得增加一只羊的收入;二是加重草地的负担,并有可能因过度放牧导致草地退化。经过思考,牧羊者决定不顾草地的承受能力而增加羊群数量。于是他便会因羊数量的增加而收益增多。看到有利可图,许多牧羊者也纷纷加入这一行列。由于羊群的进入不受限制,所以草地被过度放牧,导致草地状况迅速恶化,悲剧就这样发生了。

公地作为一项资源或财产有许多拥有者,他们中的每一个都有使用权,但没有权利阻止其他人使用,从而造成资源过度使用和枯竭。过度砍伐的森林、过度捕捞的渔业资源及污染严重的河流和空气,都是"公地悲剧"的典型例子。之所以叫悲剧,是因为每个当事人都知道资源将由于过度使用而枯竭,但每个人对阻止事态的继续恶化都感到无能为力。而且都抱着"及时捞一把"的心态,从而加剧事态的恶化。公共物品因产权难以界定(界定产权的交易成本太高)而被竞争性地过度使用或侵占是必然的结果。

资料来源:MBA 智库百科。

### 一、单项选择题

1. "搭便车"现象来源于(　　)问题。
   A. 私人物品　　　　　　　　　B. 公共物品
   C. 外部性　　　　　　　　　　D. 信息不对称

2. 公共物品具有(　　)特征。
   A. 增值性　　　　　　　　　　B. 共享性
   C. 非排他性　　　　　　　　　D. 竞争性

3. 下列物品属于俱乐部物品的是(　　)。
   A. 国防　　　　　　　　　　　B. 天气预报
   C. 公海里的鱼资源　　　　　　D. 社区绿化

4. 某人享用公共物品 A 不影响另外一个人对公共物品 A 的享用，这说明公共物品具有（　　）。
   A. 非可分割性　　　　　　　　　　B. 非竞争性
   C. 多用途性　　　　　　　　　　　D. 公用性

二、多项选择题

1. 关于公共物品的说法中正确的有（　　）。
   A. 公共物品必须由政府提供
   B. 公共物品的消费可能产生"搭便车"现象
   C. 市场无法供给公共物品
   D. 公共物品包括纯公共物品和准公共物品
2. 私人物品的特征有（　　）。
   A. 竞争性　　　　　　　　　　　　B. 非竞争性
   C. 排他性　　　　　　　　　　　　D. 非排他性
3. 政府对公共资源的保护可以采取的措施有（　　）。
   A. 限制河流两边的工厂建造数量　　B. 制定排污标准
   C. 对企业征收排污税　　　　　　　D. 规定渔网网眼比较小、比较密

三、判断题

1. 搭便车是指支付一点成本就能够获得某种收益或享受某种好处的行为。（　　）
2. 俱乐部物品是指具有非排他性但有竞争性的物品，如拥挤的收费公路。（　　）
3. 市场失灵是指由于公共物品、垄断、外部性及信息不对称等原因，导致市场价格机制在某些领域不能或无法完全有效地发挥作用，使得社会资源无法达到有效配置状态。
（　　）

## 模块二　垄断

由于资源的稀缺性和规模经济的作用，市场由一个或数个卖者垄断。这是一种由于规模报酬递增的特点所决定的天然垄断，从而排斥充分竞争，破坏帕累托效率的资源配置（帕累托效率，也称为帕累托最优，是指资源分配的一种理想状态，假定固有的一群人和可分配的资源从一种分配状态到另一种状态的变化中，在没有使任何人境况变坏的前提下，使得至少一个人变得更好）。相对于完全竞争市场而言，垄断市场是一个价格比较高而产量较低的市场。因此，垄断的存在造成资源浪费和市场效率低下，同时使得社会福利流失和减少。

## 一、垄断导致市场效率低下

市场机制要有效发挥作用，需要以充分的市场竞争为前提条件。但现实的市场经济中，有许多因素如产品之间的不同质，使得产品之间存在不同程度的不可替代性等；交通费用等交易成本也阻碍资源的自由转移，这些因素往往会增强个别厂商影响市场的能力，而减弱市场的竞争性。

对于一些自然垄断行业，如供水、供电行业，垄断者可以凭借垄断优势而将产品价格和产出水平偏离社会资源配置的要求，影响市场机制本身自动调节经济的功能，从而降低了资源的配置效率。

在垄断市场条件下，垄断厂商为实现利润最大化，会在价格大于边际收益（边际成本）时组织生产。因为垄断厂商是价格的制定者，可以在既定的成本水平上加上垄断利润形成垄断价格，从而导致垄断市场的价格比竞争市场高，产量比竞争市场低，最终导致市场效率低下。

## 二、垄断造成社会福利损失

垄断对社会福利造成的损失不仅表现在使消费者剩余（消费者剩余是指消费者愿意为某种商品或服务支付的最高价与他实际支付的价格之差）大大减少，也使生产者的生产剩余大大减少，最终使得整个社会福利下降，导致整个社会没有达到资源最优配置。

### 知识链接——经典案例

**Intel 与欧盟 8 年反垄断案将出结果：欧盟或败诉**

英特尔与欧盟 8 年前因为芯片定价而发生的冲突已经过去了很久，以至于高达 10.6 亿欧元（12.6 亿美元）的创纪录罚款似乎早已成为遥远的记忆。

但如果欧盟法院本周三（2017 年 9 月 6 日）对本案做出的裁决能够终结欧盟委员会长期以来在反垄断案件上的连胜纪录，那就可能全面唤醒人们的记忆。

布鲁塞尔律师事务所 Baker Botts 律师乔治·贝利奇（Georg Berrisch）认为，英特尔获胜将会鼓励其他公司"切换成战斗模式"。这些企业可能拒绝接受欧盟的反垄断和解协议，转而向法院提起上诉。

20 多年来，欧盟委员会从未在重大反垄断官司中败诉。由于知道可能面临失败，所以多数遭到反垄断调查的公司都会认输。他们同意通过约束性条款改变自己的行为，让欧盟尽早终止调查，因此避开或减轻处罚。

欧盟委员会 2009 年决定对英特尔进行处罚，原因是该公司通过折扣排挤竞争对手 AMD。这一裁决也得到了欧洲第二最高法院的支持。但令英特尔看到希望的是，欧洲最高法院顾问尼尔斯·沃尔（Nils Wahl）2016 年 10 月表示，早先的裁决错误地否认了监管者的一项义务：他们需要证明英特尔向购买其芯片的厂商支付回扣的做法属于非法行为。

本案是欧盟委员会历史上遭遇反抗时间最长的官司之一,也是少数几家最终打到欧洲最高法院的反垄断官司之一。由于牵扯最常见的回扣问题,而且事关当今热门的反垄断问题,所以本案备受关注。

资料来源:书聿:《新浪科技》(节选),2017年9月4日。

### 三、垄断导致的其他不利影响

(一) 扭曲市场价格

垄断厂商凭借垄断优势可以自己制定价格,为了获得高额利润,垄断厂商必然会抬高垄断价格,当垄断价格成为市场价格后,就会扭曲正常的市场价格,从而破坏原有的市场资源配置,形成产品供不应求的假象,导致更多资源向无效率的企业流动,造成资源浪费。

(二) 阻碍技术进步

在完全竞争市场下,企业要获得更多的利润,只能通过技术改进和高效的管理降低成本以及提高产品质量来实现,而垄断厂商可以凭借其垄断地位获得垄断利润。并且垄断在一定情况下会人为地阻碍技术进步,比如,当新技术设备使垄断价格难以维持时;或者当新技术设备的使用使原有机器设备发生重大无形损耗时;甚至当新技术设备的使用使垄断利润下降时,垄断企业从自身利益出发会阻碍新技术的进步。

(三) 寻租行为泛滥

为获得垄断权力,往往需要依靠政府有关部门的特许,一些垄断企业为维护自己的垄断地位,获得垄断利润,而采取一些非正当行为。经济学中将通过不正当手段搞权钱交易去获取高额利润的非生产性行为称为寻租行为。寻租行为的存在破坏了正常的市场秩序和社会的公平性,同时造成经济资源的浪费。

**知识链接——人物导读**

**戈登·图洛克(Gordon Tullock)——寻租理论创始人、公共选择理论之父**

戈登·图洛克(Gordon Tullock)是国际上最为重要的公共选择经济学家,著述丰富。他致力于将经济学的理性分析方法引入政治决策过程的研究,研究领域覆盖国家起源理论、官僚主义、独裁、民主和法庭内部的决策行为等。他最近一个职位是在乔治·梅森大学(George Mason University)法和经济学研究中心担任教授。

图洛克1922年出生于美国伊利诺斯州,1947年获得芝加哥大学法学博士学位,1992年获芝加哥大学法学荣誉博士学位。1949~1956年任职于美国外交部,曾先后在中国天津、香港和韩国从事外交服务工作,其间开始转向对经济学的研究。1957年在费城第一次与布坎南相遇,他关于官僚政治的经济学分析引起了布坎南的重视。

1958年被邀请作为博士后人员加盟由布坎南和沃伦·纳特在弗吉尼亚大学创办的杰菲逊政治经济学研究中心(1969年更名为公共选择研究中心)

1962年,他和布坎南合著的《同意的计算》(中国社会科学出版社,1999年)为公共选择学派奠定了理论基础，并标志着公共选择作为一门独立的学科得以产生。从此，图洛克的名字与布坎南和公共选择联系在一起。

图洛克还是《新帕尔格雷夫经济学大辞典》中"公共选择"、"寻租"和"经济学在生物学中的运用"等辞条的撰写人，这在相当程度上也反映了他在这些领域的贡献。

### 四、政府干预措施

垄断导致资源配置低效率，其获得的高额垄断利润也不公平，因此，需要政府的干预，而政府主要通过采取价格管制、立法及实行公有化等措施解决这一问题。

#### （一）价格管制

对于自然垄断行业来讲，一般采用降低产量提高价格的形式进行经济活动，以获得垄断利润。政府实施价格管制是为了提高社会经济效率，降低消费者的使用成本。因此政府通常会采用最高限价的方式实施管制。通过最高限价使垄断厂商制定的价格等于或接近于边际成本。通过价格管制将垄断造成的社会福利损失减少到最低限度，以实现资源优化配置。

#### （二）反垄断法

垄断存在弊端，世界各国政府大多采取立法措施来保护竞争，反对垄断。美国在1890年通过了《谢尔曼法》，规定"实行任何类型的垄断"或"企图实行垄断"都是非法的，1914年又制定《克莱顿法》弥补《谢尔曼法》中的不足，而后1936年的《罗宾逊—帕特曼法》、1950年的《塞勒—凯弗维尔兼并法》对《克莱顿法》做了更加完善的补充，美国的反垄断法日趋完善。我国自2008年8月1日开始施行《中华人民共和国反垄断法》，该法第3条规定，垄断行为具体包括：垄断协议；滥用市场支配地位；具有或者可能具有排除、限制竞争效果的经营者集中；滥用行政权力排除、限制竞争等。

#### （三）实行公有化

政府还可以通过国家经营私人垄断行业来解决垄断问题，这种方法称为公有化。把私人企业公有化的现象在欧洲国家比较常见。英国和法国对本国的自来水公司、电话公司、电力公司以及煤气公司等公共事业部门实施公有化制度，以解决这些部门的垄断问题。不过不可忽视的是，将私人企业转为政府经营，其效率也并不高。

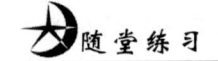

### 一、单项选择题

1. 在垄断市场条件下，垄断厂商为实现利润最大化，会在（　　）点上组织生产。
   A. 价格大于边际收益      B. 价格小于边际收益
   C. 价格等于边际收益      D. 价格小于边际成本

2. 垄断对社会福利造成的损失主要表现在消费者剩余减少、（　　）减少、社会福利下降。

A. 社会资源                      B. 生产者剩余
C. 消费者收入                D. 生产者利润

3. 政府通过国家经营私人垄断行业来解决垄断问题，这种方法称为（　　）。
A. 政府管制                     B. 外部性内部化
C. 内部私有化                D. 公有化

4. （　　）是指资源分配的一种理想状态，假定固有的一群人和可分配的资源从一种分配状态到另一种状态变化中，在没有使任何人境况变坏的前提下，使得至少一个人变得更好。
A. 资源最佳                     B. 资源配置
C. 帕累托最优                D. 资源效率

## 二、多项选择题

1. 垄断在一定情况下会人为地阻碍技术进步的原因在于（　　）。
A. 当新技术设备的使用引起激烈竞争时
B. 当新技术设备使垄断价格难以维持时
C. 当新技术设备的使用使原有机器设备发生重大无形损耗时
D. 当新技术设备的使用使垄断利润下降时

2. 政府对垄断采取的干预措施有（　　）。
A. 制定法律                     B. 实施公有化
C. 实施最高限价             D. 实施最低限价

3. 垄断对市场经济造成的影响有（　　）。
A. 造成寻租行为              B. 市场效率低下
C. 扭曲市场价格              D. 社会福利流失

## 三、判断题

1. 相对于完全竞争市场而言，垄断市场是一个价格低而产量高的市场。（　　）
2. 消费者剩余是指消费者愿意为某种商品或服务支付的最高价与他实际支付价格之差。（　　）
3. 垄断企业可以自己定价，不会使整个社会福利下降，能使资源配置实现最优。（　　）

# 模块三 外部性

人与人之间或人与经济体之间的行为会相互影响，各个参与方都在特定的约束条件下追求自己利益最大化。完全竞争市场理论的一个基本假设是：单个消费者或者生产者的行为对社会上其他人的福利没有影响。一个消费者的私人成本等于社会成本；私人收益等于社会收益。但是在实际生活中该假设基本不成立，市场上存在未被交易的额外成本和收益，即外部性。

## 一、外部性的含义

外部性（Externalities），也称"溢出效应"或外部效应，是指一个人（或经济体）在某种经济活动中给另一个人（或经济体）产生的没有通过货币（或市场交易）反映出来的影响。作为经济主体的交易双方在经济活动中会产生一种有利或不利的影响，并带来一定的利益或损害，这种利益或损害不是由经济主体自身而是由第三方或社会来获得或承担，第三方因此获得的收益或付出的成本在交易双方的决策中都未予以考虑。比如，你的邻居栽种了非常漂亮的鲜花，你能够得到一种美好的享受，但是却无须付费给你的邻居；再如，你行走在公路上，忍受着过往的汽车所排放出来的尾气，但是你却不能向车主收取任何补偿。

## 二、外部性的类型

不同的角度对外部性的划分方式不同，从对他人（或另外的经济体）所造成的影响可以将外部性分为正外部性或负外部性（也称为正效应或负效应）；从外部性发生的领域来看，又可以分为消费外部性和生产外部性。

### （一）消费正外部性

消费正外部性是指当某个消费者的行为给他人带来好的影响，即带来收益，而自己却不能从中获得任何好处，即产生了消费正外部性。比如，某人接种流感疫苗，不但可以使自己减少感染流感的机会，也减少了使他人患流行性感冒的概率，有利于他人的身体健康；再如，一个企业家出钱修一条公路，公路两边的村民由此获得一定的收益，但是村民不会向企业家支付使用公路的费用，企业家也没有从所修的公路中获得好处。

### （二）消费负外部性

消费负外部性是指当某个消费者的行为给他人产生不利的影响，即造成损失，而消费者没有给他人补偿，即产生了消费负外部性。比如，某人抽烟，他对不抽烟的人造成了伤害，但是抽烟的人并没有给不抽烟的人提供补偿，并且吸收二手烟的人也没有向抽烟的人索取补偿；再如，在社会高速发展的今天，汽车的使用已经非常的广泛，但是开车的人并没有因汽车排放的尾气对自然环境造成的损失支付任何费用。

### （三）生产正外部性

生产正外部性是指某个厂商的经营活动给其他厂商或个人带来好的影响，即带来收益，而该厂商却不能从中获得任何好处，即产生了生产正外部性。比如，某个养蜂场的蜜蜂在农田里放养，使得附近农民的果园收成增加，养蜂场没有因为果树收益增加而获得相应的收益，农民也没有支付报酬给养蜂场，这是生产的正外部性。

### （四）生产负外部性

生产负外部性是指某个厂商的经营活动给其他厂商或个人带来不好的影响，即造成损失，而该厂商却没有给其他厂商或个人补偿，即产生了生产负外部性。比如，企业在生产过程中排放出来的有毒有害气体、液体、产生噪音，对周围的居民生活、身体造成损害，但是该企业却没有给周围的居民提供补偿，这是生产的负外部性。

### 知识链接——人物导读

#### 马歇尔和庇古笔下的外部性理论

阿尔弗雷德·马歇尔（Alfred Marshall，1842~1924）是近代英国最著名的经济学家，新古典学派的创始人，剑桥大学经济学教授，19世纪末和20世纪初英国经济学界最重要的人物。在马歇尔的努力下，经济学从仅仅是人文科学和历史学科的一门必修课发展成为一门独立的学科，具有与物理学相似的科学性。剑桥大学在他的影响下建立了世界上第一个经济学系。马歇尔于1861年进入剑桥大学学习数学，毕业后在剑桥大学教数学，后转向研究经济学。1877年至1884年先后在布里斯托尔大学和牛津大学讲授政治经济学，1885年任剑桥大学政治经济学教授。《经济学原理》是他的主要著作，这本书在1890年出版之后，曾被资产阶级经济学界看成是划时代的著作。一般认为，外部性的概念最早是由马歇尔（Alfred Marshall）提出的。在《经济学原理》一书中，马歇尔首次提出了"外部经济"的概念。

阿瑟·塞西尔·庇古（Arthur Cecil Pigou，1877~1959），出生在英国一个军人家庭。他是英国著名的经济学家，剑桥学派马歇尔的学生，被视为剑桥学派正统人物及主要代表人物。庇古在他的《福利经济学》（1920/1932）一书中，对外部性问题做了进一步分析，并对"外部经济"（正外部性）和"外部不经济"（负外部性）做出了区分。庇古的创新之处在于提出了"社会净边际产品"和"私人净边际产品"这两个重要的概念。

庇古的伟大之处在于他挑战了亚当·斯密的权威，对"看不见的手"提出了批评。庇古的理论逐渐成为了经济学的正统，然而几十年之后，另一位来自英国的经济学家科斯又对庇古的理论提出了挑战。经济学在一次又一次对权威的挑战中不断成长与完善。

资料来源：百度百科。

## 三、外部性导致市场失灵

当经济活动主体的活动产生正外部性或负外部性的时候，外部性所带来的收益或者成本并不为市场所承认，该经济主体并不为此获得相应的收益或承担相应的成本。一般情况下，产生正外部性时，私人成本大于社会成本，社会收益大于私人收益；反之，产生负外部性时，私人成本小于社会成本，社会收益小于私人收益。由于"不以市场为媒介"，具有外部性的产品市场价格是不完全的市场价格，是扭曲的市场价格，会导致成本转嫁、无辜受害、公共资源过度利用等问题。从整个社会角度看，该项经济活动的全部收益或者成本没有得到充分的体现，资源配置是不合理的，市场机制无效，导致整个社会福利下降。

## 四、政府干预措施

经济行为主体的经济活动对其他主体产生影响后,在相互价格为基础的交换中没有得到补偿,或者说补偿不能实现而导致了外部性的产生,外部性的类型多种多样,影响大小不一,因此政府会根据不同情况制定相应的政策,具体措施如下:

### (一)采取直接管制

直接管制是指政府出台相关政策直接禁止某些行为来解决外部性问题。比如,汽车尾气排放问题,国家通过规定汽车尾气排放量标准来解决;禁止工厂排放有毒有害的液体在生活区、禁止在大气中排放有害气体等,都是消除外部性的办法。

直接管制简单、容易实施,见效也较快,但是也存在不足的地方:一是直接管制往往治标不治本,往往是表面缓解,但是没有实质性解决问题。二是政府部门制定有效法律法规需要掌握某些技术细节等问题,但有时候具有一定难度。三是直接管制的规章制度往往得不到有效实施,常常是上有政策,下有对策,被管制单位想方设法逃避,加大了管制成本,影响实施效果。

### (二)税收与补贴政策

无论是正外部性还是负外部性,都会使私人成本与社会成本、私人收益与社会收益不对等,因此,政府可以通过实施税收与补贴政策对个体的经济行为进行限制或补偿,促使私人成本和私人利益与相应的社会成本和社会收益相等,从而矫正市场失灵,合理配置资源。

政府可以对产生正外部性的经济体进行补贴,以弥补其带给其他经济体或他人的无偿收益,使其私人收益等于社会收益。比如,政府在教育的扶持上,对公立学校给予资金的资助,对于私立学校给予免税或者给予奖学金、助学金或免息贷款等。

政府对产生负外部性的企业征税,税金应等于该企业对社会其他成员所造成的损失,使其私人成本等于社会成本。比如,政府对企业生产过程中产生废气、废水、废渣进行征税,税额等于其治理污染的成本。

### (三)实行"内部化"政策

"内部化"政策是指将两个或两个以上相互联系、彼此相关的企业合并成为一个企业,将外部的收益或成本内部化,从而减少外部性的影响。比如,养蜂场将周围的果园内部化可以获得更大的收益;上游的工厂把下游的鱼塘内部化后就会考虑减少对水资源的污染。

### (四)明晰产权界定

很多时候,外部性使得资源配置不合理是因为产权不明确,如果财产权明晰,外部性就可能不会发生。由此罗纳德·科斯(Ronald Coase)提出了一种观点,认为在某些条件下,经济的外部性或者说非效率可以通过当事人的谈判而得到纠正,从而达到社会效益最大化。即,只要财产权是明确的,并且交易成本为零或者很小,那么无论开始时将财产权赋予谁,市场均衡的最终结果都是有效率的,能够实现资源最优配置,这就是我们常说的科斯定理(Coase theorem)。

从科斯定理中可以看出，要发挥科斯定理的作用需要两个条件：一是能够清晰界定产权；二是界定产权的交易成本为零或者很小。在现实生活中，有时候要能够真正满足这两个条件不太容易。因为在界定产权时，参与人可能很多，难以达成各方都认同的解决方案，同时在界定产权时会产生谈判成本、交易成本、防止交易诈骗成本、监督成本等，这些成本往往很大。不过科斯定理仍然具有深远意义，为外部性问题提供了一种解决思路。

**知识链接——经济学理论**

### 产权理论

1991年诺贝尔经济学奖得主科斯是现代产权理论的奠基者和主要代表，被西方经济学家认为是产权理论的创始人，他一生所致力考察的不是经济运行过程本身（这是正统微观经济学所研究的核心问题），而是经济运行背后的财产权利结构，即运行的制度基础。

没有产权的社会是一个效率绝对低下、资源配置绝对无效的社会。能够保证经济高效率的产权应该具有以下的特征：①明确性。它是一个包括财产所有者的各种权利及对限制和破坏这些权利时的处罚的完整体系。②专有性。它使因一种行为而产生的所有报酬和损失都可以直接与有权采取这一行动的人相联系。③可转让性。这些权利可以被引到最有价值的用途上去。④可操作性。清晰的产权同样可以很好的解决外部不经济（指某项活动使得社会成本高于个体成本的情形，即某项事务或活动对周围环境造成不良影响，而行为人并未因此而付出任何补偿）。美国芝加哥大学教授科斯提出的"确定产权法"认为在协议成本较小的情况下，无论最初的权利如何界定，都可以通过市场交易达到资源的最佳配置，因而在解决外部侵害问题时可以采用市场交易形式。

资料来源：根据百度百科整理。

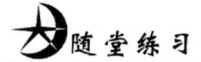

### 一、单项选择题

1. 关于科斯定理，比较流行的说法是：只要财产权是明确的，并且交易成本为零或者很小，那么无论开始时将财产权赋予谁，市场均衡的最终结果都是有效率的，能够实现资源最优配置。科斯定理提供了一种通过市场机制解决外部性问题的新思路，美国和一些国家先后达成了污染物排放权或排放指标的交易。由此可见（　　）。
①市场的外部性问题必须由国家宏观调控解决
②市场主体需要遵循市场交易规则
③市场对资源配置起决定性作用
④明确产权是通过市场实现资源配置的基础
A. ①②　　　　　B. ①③　　　　　C. ③④　　　　　D. ②④

2. 当某人在一个拥挤的城区买了一辆汽车，这引起了（　　）。

A. 有效率的市场结果      B. 技术溢出效应
C. 正外部性      D. 负外部性

3. 科斯定理的含义是（    ）。

A. 只要财产权是明确的，那么无论在开始时将财产权赋予谁，市场均衡的最终结果都是有效率的，就能实现资源配置最优配置

B. 只要财产权是明确的，并且交易成本为零或者最小，那么无论开始时将财产权赋予谁，市场均衡的最终结果都是有效的，就能实现资源最优配置

C. 只要交易成本为零或者很小，市场均衡的最终结果都是有效的，就能实现资源最优

D. 无论财产权是否明确，只要交易成本为零或者很小，就能实现资源配置最优

4. 一个富有的校友向母校提供捐助，以减少现在学生学费的支付，这属于（    ）。

A. 把正外部性内在化      B. 矫正税
C. 把负外部性内在化      D. 直接管制

## 二、多项选择题

1. 下列属于正外部效应的有（    ）。

A. 张女士家的花园不仅给自己带来了赏心悦目的享受，也使邻居在不花费成本的条件下享受美景带来的愉悦

B. 李先生建了一个蜜蜂场，村子里村民的果树收成很好

C. 某化工厂排放的污水污染了当地的水源，对当地的居民和河中的鱼虾造成了损害

D. 学生小王学会了运用四则运算法则解答数学题，在课余时间教他的表弟运用运算法则

2. 当一个经济主体产生负外部性时，下列说法中错误的有（    ）。

A. 私人成本大于社会成本；社会收益大于私人收益
B. 私人成本小于社会成本；社会收益大于私人收益
C. 私人成本小于社会成本；社会收益小于私人收益
D. 私人成本等于社会成本；社会收益等于私人收益

3. 当一个经济体的行为产生外部性导致市场失灵时，政府采取的措施有（    ）。

A. 直接管制      B. 补贴或征税
C. 产权明晰      D. 实行公有化

## 三、判断题

1. 森林的过度砍伐、氟利昂的大量使用都是外部不经济的表现。（    ）

2. 无论是正外部效应还是负外部效应，私人成本与社会成本、私人收益与社会收益都是不对等的。（    ）

3. 政府干预措施中的直接管制可以达到根治市场失灵的目的。（    ）

# 模块四
# 信息不对称

在经济活动或者交易中，每个人拥有的信息是不相同的。一些人可能在资源优势下拥有别人无法拥有的信息，导致信息不对称。同时人们对信息的了解程度也存在差异性。对于掌握信息比较充分的人来说，常常处于优势地位，相对来讲，掌握信息匮乏的人显然处于劣势地位。

## 一、信息不对称的含义

传统经济学构建的完全竞争模型的基本假设是生产者和消费者拥有充分信息，所有与产品有关的信息都是完全公开的，生产者和消费者据此做出正确的决策。然而，在实际经济活动中，人们对信息的掌握却是不完全的。信息不对称是指在某项经济活动中，某一参与者比对方拥有更多的影响其决策的信息，这就是信息不对称现象。由于存在信息不对称使资源帕累托最优配置功能的实现受到影响，进而导致市场失灵。

比如，我们在购买商品的时候，卖方对商品的来源、成本、功能、性价比等信息往往大大地超过买方所获得的信息，也就有了我们在生活中常听到的"卖家比买家精"的说法。由于交易各方对于商品质量、性能、价格等信息占有的不对称性，市场交易中的一方会利用自身的信息优势侵害另一方的利益，破坏资源最优配置状态，导致市场失灵。信息不对称导致的市场失灵主要表现在两个方面：逆向选择和道德风险。

### 知识链接——小故事

#### 邻人献玉

从前魏国有这样一对邻居——其中一家人都不认识玉，而另一家则可以识别玉，因此就发生了这样的故事。农耕时节到了，有一天不认识玉的农夫赶牛来到了自家的田里开始耕地。地才犁了一会儿，突然他听到"嘎吱"一声。于是他喝住耕牛，来到犁旁边，刨开土层一看，原来是犁铧碰到了一块石头。农夫将石头捡起来，抹去表面的泥土，发现这石头竟有一尺多宽而且有光泽，他从来没有见过这样的石头，也不知为何物，农夫很是奇怪。农夫抱着这块石头找到了邻居，准备让邻居辨认一下，看看究竟是什么。邻居不愧是行家，一眼就看出这"石头"是美玉，但他又不想说出实情，于是便想欺骗农夫。他随口编了一句谎言："这石头是鬼怪变成的不祥之物，迟早会给你带来麻烦的，趁早扔掉得了。"农夫一听这话，还真有点犹豫，只是觉得如此好看的石头，扔了怪可惜的，最后还是将信将疑地把石头抱回家。回到家里，家人看到如此美丽的石头后都认为这明明是很好的一块石头啊，怎么会是鬼怪变成的呢？就这样，农夫决定留着石头，并把石头放在家中。

夜幕降临，"石头"开始发光，而且随着夜色越变越黑，"石头"发出的光也越来越显眼，最后把整个屋子都照亮了。农夫全家人都不知道是怎么回事，第二天清早就去问邻居。邻居故弄玄虚地说："昨天不是告诉你这块石头是鬼怪变的，肯定是它在作祟。"农夫一听就吓坏了，立刻扔掉石头。过了几天，认识玉的邻居捡回了"石头"。

不久，邻居就抱着玉石去献给魏国国王。魏王招来工匠，让其评估玉石的价值。工匠一见玉石，为之一震，立刻向魏王说道："恭喜大王，贺喜大王！"魏王奇怪地说："何喜之有？"工匠继续说："大王您得到的是一件价值连城的稀世珍宝啊！""那你看看值多少钱啊？"魏王继续问道。"这个东西是没有办法用金钱来衡量的，大王。"工匠继续说。魏王听后，立刻就赏给邻居许多金银财宝。

邻居献玉这个故事很简单，从经济学的角度思考两个问题：第一，邻居凭什么能够"骗取"农夫手中的玉石；第二，工匠为何就认定这块玉石价值连城。其实邻居就是利用了农夫对玉石的信息不对称而轻而易举地获得了玉石。与农夫相反的是，邻居和工匠对玉石的信息是对称的，从而导致了两种完全不同的结果。

资料来源：http://www.kaoyan365.cn/jingjixue/80662.html。

## 二、逆向选择

逆向选择是由于买方和卖方之间信息不对称，市场机制导致某些商品或服务的需求曲线向左下方弯曲，最终结果是劣质商品或服务驱逐优质商品或服务，以致市场萎缩（如旧车、健康保险、劳动力市场等）。以旧货市场为例，由于卖方比买方拥有更多的关于商品质量的信息，买方常常无法识别商品质量的优劣，只愿接受商品的平均质量价格，这就使优质品价格被低估而退出市场交易，结果只有劣质产品成交，进而导致交易的停止。逆向选择最典型的现象是"劣币逐良币"。

**知识链接——经济学理论**

### 劣币驱逐良币还是被良币驱逐？

在完全的市场机制下，劣币不可能驱逐良币，因此，格雷欣定律的正确表述是：若交换价格相同，则劣币驱逐良币。而良币和劣币交换价格能相同源自政府的强制性规定，后者催生了套利空间，为劣币驱逐良币创造了条件。

格雷欣定律（Gresham's Law）为大多数人所认可的含义就是劣币驱逐良币。即当两种货币（一为良币一为劣币）一起流通时，理性的人们总是倾向于用劣币来支付，而将良币储存起来或用作他途，导致良币趋于从流通中消失，于是出现劣币驱逐良币的结果。

这一定律据说最早是由英国托马斯·格雷欣（Sir Thomas Gresham, 1519-1579）爵士提出的，因而得名。但实际上，早在格雷欣爵士出生 2000 多年前，所谓的格雷欣定律即有了其早期的表述。例如，古希腊喜剧作家阿里斯托芬在其著作《蛙》中就写道："人们不再使用含金十足的铸币……低贱的黄铜铸币却到处泛滥。"

或许因为足够简洁有力,劣币驱逐良币的思想早已超越了货币范畴,而被用于形容一切劣质品淘汰优质品的情形。尽管如此,劣币驱逐良币在逻辑上却是错误的。原因很简单,付出货币的一方固然希望支付劣币,收受货币的一方怎肯收取劣币?付出货币的一方是聪明人,收受货币的一方也不傻,除非存在严重的信息不对称,区分不出良币和劣币。

可事实是,在一般情况下,买家不如卖家精。买家愿意支付劣币,卖家愿意收受良币,僵持不下,不欢而散,交易无法达成。当然这只是局部的情况,从市场整体看,竞争的结果必然是良币良价(低价)劣币劣价(高价)。在这个过程中,劣币不仅没有驱逐良币,反而还可能被良币驱逐——假如卖家坚持收受良币,导致劣币无人问津的话。

资料来源:黄涛:上海证券报(节选),2017年11月1日。

## 三、道德风险

道德风险是由于信息不对称,市场的一方不能观察到另一方的行动,则另一方就可能采取不利于对方的行动(如保险市场、劳动力市场等)。道德风险的存在不仅使得处于信息劣势的一方受到损失,而且会破坏原有的市场均衡,导致资源配置的低效率。以保险市场为例,购买了保险的有车一族,在没有买车险之前,开车可能会非常小心,但是当他们买了车险之后可能就会对自身和车子的安全没有那么关注了,因为他们总是会想到,就算出了事故也有保险公司赔偿,这就是道德风险的表现。表 7-1 列举了在日常生活中信息不对称所带来的道德风险现象。

表 7-1　　　　　　　　各种情况下的道德风险现象

| 类　型 | 信息充分方 | 信息匮乏方 | 道德风险表现 |
|---|---|---|---|
| 人力市场 | 被雇佣者 | 雇佣者 | 被雇佣者偷懒,工作不踏实、不努力 |
| 公共服务 | 公务员 | 政府与民众 | 以权谋私 |
| 项目发包 | 承包方 | 发包方 | 偷工减料、以次充好 |
| 上市公司 | 管理层 | 股东 | 发布虚假信息,用股东的钱谋取私利 |

## 四、政府干预措施

由于信息不对称出现了道德风险和逆向选择问题,导致市场正常运行机制出现诸多问题,面对市场失灵,政府可以通过采取一定的措施,比如,利用市场机制传递和获取信息,实施管制等消除信息不对称带来的影响。

(一)市场机制

1. 发信号进行信息沟通

发信号是指拥有信息者向没有或者信息很少的一方展示自己的私人信息所采取的一种行动。比如,在人力市场中,如何让用人单位识别自己的能力,求职者会向用人单位提供自己的学位、学历证明,在用人单位对求职者的情况不了解的情况下,文凭就是一个非常重要的信号,使得双方都有机会进一步交流。当然,现在的企业也不是唯学历而重用人才，当员工进入企业后，通过工作表现以及员工自己对企业的感受，就会使员工与企业之间的信息基本对称。再如，如何让消费者了解自己的产品，企业会通过各种形式的广告来宣传自己的产品，广告也是一种信号。

2. 甄别和筛选信息

在现实生活中，对信息进行甄别、筛选很常见。比如，企业计算薪酬时常用两种方式：计件工资制和计时工资制。一般而言，技术水平高、劳动生产率高的员工愿意选择计件工资制，而技术水平低、劳动生产率低的员工选择计时工资制则更有利。同样在购买车险的时候，由于司机驾驶车辆的技术水平不同，他们在选择保险时也会根据险种进行筛选。对于车技较好的车主来说，他们会选择保险费率较低的部分险，而车技不太好，特别是新手车主则会选择保险费率较高的全额保险。

（二）反不正当竞争

市场竞争给经济生活带来了活力，推动了生产的发展和社会的进步。但有竞争就会出现不正当竞争。所谓不正当竞争，是指经营者违反法律，损害其他经营者的合法权益，扰乱社会经济秩序的行为。在经济生活中，不正当行为的表现多种多样，如商业贿赂、制售假冒产品、制作发布虚假广告、诋毁竞争对手的商业信誉、擅自使用他人的商标等。政府可通过行政手段，加强对商业广告和产品质量的管制，整治虚假广告，打击假冒伪劣产品；依法制定公共政策，强制生产经营者向市场提供真实信息，政府还可通过《反不正当竞争法》弥补市场失灵缺陷。

## 五、政府失灵问题

（一）政府失灵的含义

市场失灵为政府干预提供了理由，但市场失灵只是政府干预的必要条件而不是充分条件。与市场失灵一样，政府行为也存在失灵的问题。政府失灵是指个人对公共物品的需求在现代化议会制民主政治中得不到很好的满足，公共部门在提供公共物品时趋向于浪费和滥用资源，使公共支出规模过大或者效率降低，政府的活动或干预措施缺乏效率。

（二）政府失灵的表现

1. 政府部门扩张

政府部门的扩张包括政府部门组成人员的增加和政府部门支出水平的增长。政府要履行对市场经济的干预职能，就必须有一定的机构人员和财政预算支持。政府也是理性的经济人，只是他们追求利益的途径更加特殊——通过预算最大化来实现自身利益。这就使得政府不会完全从社会公共利益出发进行公共管理活动。

2. 公共决策失误

公共决策主要是政府决策，政府对经济生活干预的基本手段是制定和实施公共政策。政府决策是一个十分复杂的过程，具有相当程度的不确定性，存在着诸多困难、障碍或制约因素，使政府难以制定并实施好的或合理的公共政策，导致公共决策失误。公共决策失误表现在以下几个方面：

（1）生产短缺或过剩。政府的干预方式是把价格固定在非均衡水平上，导致生产短缺或者过剩。

（2）信息不足。政府不一定知道其政策的全部成本和收益，也不十分清楚其政策的后果，难以进行政策评价。

（3）官僚主义。政府决策过程中也许高度僵化和官僚主义严重，可能存在大量重复劳动和繁文缛节。

（4）缺乏市场激励。政府的干预政策消除了市场的力量，或者冲抵了市场的作用，干预可能消除某些有益的激励。

（5）政府政策的频繁变化。如果政府干预的政策措施变化得太频繁，行业的经济效益就会蒙受损失，因为企业难以规划生产经营活动。

3. 政府机构的效率低下

政府机构的效率低下主要表现在三个方面。

（1）缺乏竞争压力。官僚机构垄断了公共物品的供给，没有竞争对手，导致政府部门的过度投资，生产出多于社会需要的公共物品；另外，受终身雇佣条例的保护，没有足够的压力去努力提高其工作效率。

（2）行政资源浪费。没有降低成本的激励机制，行政资源趋向于浪费。官员花的是纳税人的钱，由于没有产权约束，他们的一切活动根本不必担心成本问题。

（3）监督信息不完备。理论上讲，政治家或政府官员的权力来源于人民的权利让渡，因此他们并不能为所欲为，必须服从公民代表的政治监督。在现实社会中，这种监督作用将会由于监督信息不完全而失去效力。

4. 行政成本高

政府行为的有效性体现在政府干预的效果优于市场机制的效果、收益大于成本。在现实中，政府部门的很多活动缺少成本意识，甚至不计成本。政府运行属于非市场活动，政府部门缺乏成本约束机制。政府运行即使计算成本，也存在难以精确化的问题，因为很难计算政府干预的收益，尤其是社会性收益。

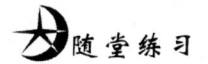
随堂练习

一、单项选择题

1. 在交易过程中，卖方比买方知道更多关于产品信息的情况称为（　　）。
   A. 劣币逐良币　　　　　　　　　B. "搭便车"
   C. 外部性　　　　　　　　　　　D. 信息不对称

2. 下列选项中不属于市场失灵表现的是（　　）。
   A. 公共产品供给不足　　　　　　B. 信息不完全
   C. 负外部效应　　　　　　　　　D. 垄断

3. 次品市场上商品价格下降导致销售数量减少的现象称为（　　）。
   A. 道德风险　　　　　　　　　　B. 信息不对称
   C. 正外部效应　　　　　　　　　D. 逆向选择

4. 下列选项中不属于政府失灵表现的是（　　）。
A. 工作机构的效率低　　　　　　　　B. 政府部门扩张
C. 行政成本低　　　　　　　　　　　D. 公共决策失误

## 二、多项选择题

1. 现实生活中，信息不对称可能表现为（　　）。
A. 买方的信息比卖方的信息多　　　　B. 卖方的信息比买方的信息多
C. 求职者信息比用人单位信息多　　　D. 二手车行的信息比二手车购买者信息多
2. 信息不对称导致的市场失灵主要表现在（　　）。
A. 逆向选择　　　　　　　　　　　　B. 搭便车
C. 柠檬效应　　　　　　　　　　　　D. 道德风险
3. 政府通过行政管理手段对商品广告及产品质量实施管制，弥补市场失灵，具体手段有（　　）。
A. 整治虚假广告　　　　　　　　　　B. 打击假冒伪劣产品
C. 颁布竞争法　　　　　　　　　　　D. 强制生产经营者提供真实信息

## 三、判断题

1. 在经济活动中，市场机制会失灵，但是政府这只"看不见的手"不会失灵。（　　）
2. 逆向选择和道德风险存在的原因是外部性。（　　）
3. 政府可以通过反不正当竞争法弥补市场失灵的缺陷。（　　）

## 本项目小结

使市场失灵的原因有公共物品、垄断、外部性和信息不对称四种情况，政府采取干预措施是市场失灵后的必然选择，但是必须认识到政府也不是万能的，政府也会有失灵的时候。

公共物品具有非排他性和非竞争性，这个特点使得私人部门不愿意提供公共物品，政府通过直接或间接的方式来提供公共物品，弥补市场失灵的缺陷。

垄断是造成市场失灵的另一个主要原因。垄断使得市场效率低下、社会福利减少、寻租泛滥、价格扭曲，而政府主要通过采取价格管制、立法及实行公有化等措施解决这一问题。

外部性分为正外部性和负外部性，也可分为生产正外部性、生产负外部性、消费正外部性和消费负外部性。不管是生产者还是消费者的外部性，给他人带来好处或不利影响时，没有得到好处或没有支付损失带来的收益，同时造成私人成本与社会成本、私人利益与社会利益不相等。政府对于外部性的矫正方式主要有：直接管制、征税、补贴、私有化及明确产权等。

由于信息不对称出现了道德风险和逆向选择问题，导致市场正常运行机制出现诸多问题，面对市场失灵，政府利用市场机制传递和获取信息，通过实施管制等消除信息不对称带来的影响。

## 项目思考题

1. 假设一个商业性梨树园在梨的生长过程中使用了防虫剂，导致有害的防虫剂气味飘向了附近居民区，请回答下列问题：
（1）这是正外部性还是负外部性？请解释。
（2）为了把这种外部性内在化，政府应该征税还是补贴？
（3）当受影响各方努力消除外部性时，会产生哪些成本？
2. 举例说明政府对哪些私人垄断行业采取公有化。
3. 应怎么理解帕累托最优？

## 观察与分析

### 调研市场失灵现象

3~5人为一组，运用所学知识，就学校周边的工厂或店铺的污染问题进行调研，完成市场失灵现象之负外部效应分析，并提出解决方案。（800字左右）

# 项目八 Project 8
# 国民收入核算与国民收入决定

**知识点**

**知识目标：**
◇ 了解国民收入核算理论在宏观经济体系中的重要性；
◇ 理解国内生产总值的含义；
◇ 熟悉国民收入中其他五个总量的概念及其相互关系；
◇ 理解国内生产总值与国民生产总值、经济福利之间的关系；
◇ 理解消费函数、储蓄函数；
◇ 熟悉二部门、三部门、四部门经济中均衡国民收入的决定；
◇ 理解总需求、总供给曲线和总需求—总供给模型下国民收入决定。

**能力目标：**
◇ 能通过网络等手段获取我国国民收入的相关数据；
◇ 能熟练运用简单的国民收入决定模型分析我国的国民收入决定；
◇ 能运用 IS—LM 模型分析我国的国民收入决定；
◇ 能运用总需求—总供给模型分析我国的国民收入决定。

**重点难点：**
◇ GDP 的构成；
◇ GDP 核算方法；
◇ 投资乘数；
◇ IS–LM 模型分析方法。

## 思维导图

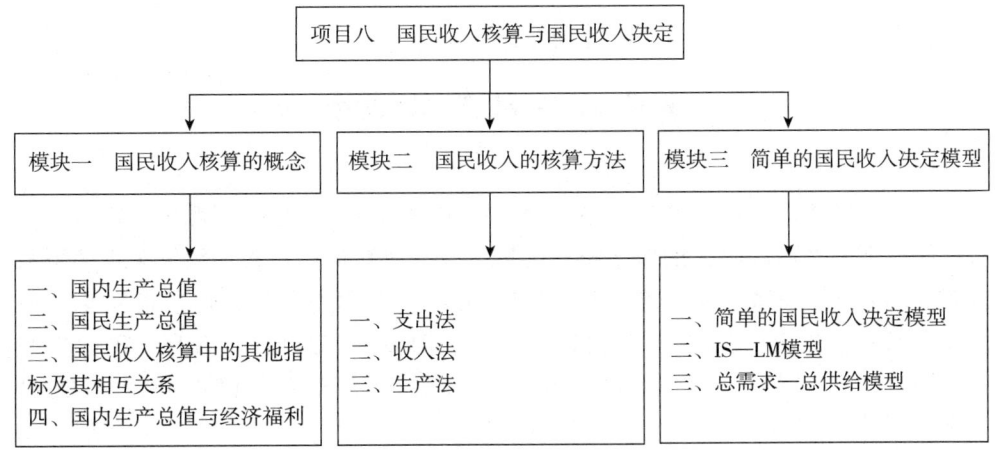

## 经济现象引入

### 什么是绿色 GDP

人类的经济活动包括两个方面的活动：一方面在为社会创造财富，即所谓"正面效应"；另一方面又在以种种形式和手段对社会生产力的发展起着阻碍作用，即所谓"负面效应"。这种负面效应集中表现在两个方面：一是无休止地向生态环境索取资源，使生态资源从绝对量上逐年减少；二是人类通过各种生产活动破坏生态环境，使生态环境日益恶化。现行的国民经济核算制度只反映了经济活动的正面效应，而没有反映负面效应的影响，因此是不完整的，是有局限性的，是不符合可持续发展战略的。

改革现行的国民经济核算体系，对环境资源进行核算，从现行 GDP 中扣除环境资源成本和对环境资源的保护服务费用，其计算结果称之为"绿色 GDP"。绿色 GDP 这个指标实质上代表了国民经济增长的净正效应。绿色 GDP 占 GDP 的比重越高，表明国民经济增长的正面效应越高，负面效应越低，反之亦然。

资料来源：国家统计局网站（http://tjj.zunyi.gov.cn/tjzs/201801/t20180119_731706.html），2019年5月8日。

宏观经济学以整个国民经济为研究对象，它所研究的是整个国家的经济运行情况。例如，就业或失业问题，物价或通货膨胀问题，经济增长与经济周期问题，其中心理论是国民收入决定理论。经济学有一套合理的、科学的计量方法，能够从整体上分析整个国民经济活动，即国民收入核算体系。目前世界上大多数国家均采用 1993 年经联合国修订的"国民经济核算体系"。本项目主要学习国民经济核算体系及国民收入核算方法。

## 模块一
## 国民收入核算的概念

国民收入核算体系是用来衡量一个国家在一定时期投入的生产资源生产出来的产品和劳务的价值或由此形成的收入的数量指标。国民收入核算体系，根据核算采用的资料来源和包含内容的差别，采取了多个各有特定含义的不同名称的指标，每个指标衡量一种事物，这些指标主要包括：国内生产总值（GDP）、国民生产总值（GNP）、国内生产净值（NDP）、国民生产净值（NNP）、国民收入（NI）、个人收入（PI）、个人可支配收入（PDI）等，其中，国内生产总值（GDP）是核心指标。

### 一、国内生产总值

国内生产总值是按市场价格计算的一个国家（或地区）在一定时期内生产活动的最终成果，是目前世界各国（或地区）普遍使用的衡量经济活动总量的基本指标。

理解这个定义应该注意以下几个方面的内容：

（1）GDP 是一个市场价值概念，用货币来衡量。其计算公式为：

市场价值 = 单位价格 × 产量　　　　　　　　　　　　　　　　　　　　　　　(8-1)

（2）避免重复计算，GDP 只计算最终产品价值。最终产品包括有形的物质产品与无形的劳务，而不计算中间产品价值。

最终产品是指最后使用者购买的全部商品和劳务，中间产品是指用于再出售而供生产别种产品用的产品和劳务。但是实际经济中，许多产品既可作为最终产品又可作为中间产品。例如，煤炭用于家庭取暖与做饭的时候是最终产品，但在用于发电与炼钢的原料时就是中间产品。为了解决这个问题，实际计算最终产品价值时采用增值法或最终产品法。

【例 8-1】采用增值法计算 T 恤衫的价值。如表 8-1 所示。

表 8-1　　　　　　　　　　　　最终产品价值的核算

| 生产者 | 开始于 | 结束于 | 增加价值 |
| --- | --- | --- | --- |
| 种棉户 | 棉花农田 | 25 元（种植棉花，卖给纺织厂） | 25 元 |
| 纺织厂 | 25 元的棉花 | 85 元（制成布匹，卖给服装加工厂） | 60 元 |
| 服装加工厂 | 85 元的布匹 | 185 元（制成 T 恤衫，卖给零售商） | 100 元 |
| 零售商 | 185 元的 T 恤衫 | 400 元（把 T 恤衫卖给消费者） | 215 元 |

在此例中，T 恤衫是最终产品，采用增值法计算其价值 = 25 + 60 + 100 + 215 = 400（元），如果不区分最终产品和中间产品，则会得到 695 元的总价值，其中含重复计算的 295 元的产品价值。采用增值法可以有效地避免重复计算问题。

（3）GDP只计算某一个时期（一般为一年）新生产的产品和劳务，不包括过去生产的、当前重复交易的产品。GDP是一个生产概念，比如，2018年某公司的存货价值为20万元，2019年将所有存货出售后，所得到的这20万元不能计入2019年的GDP。

（4）GDP一般仅指市场活动导致的价值。家务劳动、自给自足生产等非市场活动不计入GDP中。

（5）GDP是一国范围内生产的最终产品的市场价值。不管一国国境内的生产要素是不是本国的，GDP侧重衡量一国本土的生产能力。

【讨论】下列应该计入当年国内生产总值的是（　　）。
A. 企业生产面条、面包所用的面粉
B. 粮食加工店为居民加工面条的面粉
C. 居民家里用来制作馒头、包子的面粉
D. 小饭店制作包子、馒头用的面粉

拓展阅读——概念辨析

## 2018年中国、美国、日本的GNP、GDP对比

目前，全球排在前三名的三大经济体分别是美国、中国、日本，并且遥遥领先其他国家和地区。据相关数据统计，在2018年，美国的GDP总量为20.49万亿美元，中国的GDP总量为13.6万亿美元，日本的GDP总量为4.97万亿美元。美国、中国、日本，三个国家的GDP总量之和高达39.06万亿美元，占全球GDP总量的45.5%，在全球的经济体系中起着举足轻重的作用。

2019年已经过去，众多官方网站以及相关部门，已经相继发布了全球各个国家和地区的经济相关数据。

那么，在2019年中，美国、中国、日本这全球三大经济体的表现怎么样呢？

**首先，我们来看看中国的经济表现。**

**中国GDP总量**

据国家统计局数据显示，在2019年，中国GDP的总量达到了14.4万亿美元（按汇率换算，约为99.1万亿元），突破100万亿元人民币指日可待。该数据还显示，2019年中国GDP总量占全球GDP的比重预计将超过16%，中国经济增长对世界经济增长的贡献率预计将达到30%左右。

在2019年，我国第一季度GDP同比增长6.4%，第二季度GDP增长6.2%，第三季度GDP增长6.0%，第四季度增长6.0%，全年GDP增速约为6.1%。

**中国人均GDP**

据国家统计局数据显示，在2019年，中国人均GDP达到了10276美元（按汇率换算，约为7.18万元），突破了一万美元大关。随着我国整体经济水平的提高，经济产能不断扩大，人民的生活水平也在逐年稳步提升。在靓丽的数据背后，更体现出中国人民团结互助、精诚合作的国民精神。

其次，我们再来看看美国的经济表现。

**美国 GDP 总量**

据世界经济信息网数据显示，在 2019 年，美国的 GDP 总量约为 21.02 万亿美元（按汇率换算，约为 146.93 万亿元），比我国的 GDP 总量高出 6.62 万亿美元。漂亮的数据背后，不得不承认的是，美国的经济一直处于下滑的状态。

美国商务部公布的数据显示，美国在 2019 年第一季度 GDP 增长率为 3.1%，第二季度 GDP 增长率为 2%，第三季度 GDP 增长率为 2.3%，第四季度实增长率为 2.1%，全年 GDP 增速平均为 2.3%。

从 GDP 增长率看，美国和众多发展中国家以及新兴国家的差距较大。不过和其他发达国家对比，例如，日本、德国、英国等国家，美国的经济增速还是处在较高的水平。目前为止，很多发达国家 GDP 增速在 1% 以下甚至出现负增长现象。

**美国人均 GDP**

据世界经济信息网数据显示，在 2019 年，美国的人均 GDP 为 63809.64 美元（按汇率换算，约为 44.6 万元）。在人均 GDP 上，美国仅仅排名第 8，排名第一由卢森堡再次蝉联、其次是中国澳门、冰岛、瑞士、爱尔兰、挪威、卡塔尔。

最后，我们来看看日本的经济表现。

**日本 GDP 总量**

据世界经济信息网数据显示，在 2019 年，日本的 GDP 总量约为 5.21 万亿美元（按汇率换算，约为 36.39 万亿元），还不及中国 GDP 总量的一半。而跟 2018 年对比，日本的 GDP 总量还是呈现增长趋势。

多年来，日本接连受金融危机以及劳动力不足等影响，其经济产能已大不如前，甚至出现萎靡状态。在 GDP 总量上，跟美国、中国的差距也越来越大，一不小心，甚至可能被排在第四的德国超越。

**日本人均 GDP**

据世界经济信息网数据显示，在 2019 年，日本的人均 GDP 约为 41314.41 美元（按汇率换算，约为 28.88 万元），排在全球第 24 位。日本总务省统计局数据显示，在 2019 年，日本全国的人口约为 1.26 亿。虽然，日本的人均 GDP 在全球属于中上等水平，可在联合国发布的 2019 年全球幸福指数中显示并不高。

综合上述，在 2019 年，GDP 总量最高的是美国约为 21.02 万亿美元，其次是中国约为 14.4 万亿美元，再次是日本约为 5.21 万亿美元。在人均 GDP 上，美国以 63809.64 美元领先中国（10276 美元）、日本（41314.41 美元）。

BOSS 商业智慧，https：//www.sohu.com/a/373349016_99904276，2020 年 2 月 15 日。

## 二、国民生产总值

国民生产总值（GNP）以本国国民为统计标准，是指一年内本国国民所生产的最终产品的市场价值总和。本国国民包括居住在本国的本国国民、暂居外国的本国国民，不包括居住在本国的外国国民。

国内生产总值与国民生产总值的区别在于二者统计的对象不同，GDP是按照国土原则，GNP按照国民原则。GDP以地理上的国境为统计标准，是指一年内在本国领土所生产的最终产品的市场价值总和。其人口包括居住在本国的本国国民，居住在本国的外国国民，不包括居住在外国的本国国民。

例如，中国宝马汽车公司归德国人所有，所以该公司在中国经营得到的利润，虽是中国GDP的一部分，但并不计入中国GNP，而应归入德国GNP。类似道理，中国格力电器在南非工厂的利润，应作为南非GDP的一部分，但也应被计入中国的GNP。

大多数情况下，任何一个国家都可以核算出GDP和GNP，但这两个数值并不相等。随着国际间经济联系的加强，强调身份区别的GNP相对重要性下降，重视地域范围的GDP相对重要性上升，从而使GDP成为越来越重要的总产出指标。

GDP和GNP二者关系可用以下公式表示：

$$GDP = GNP - 该国国民在国外所创造的最终产品的总价值 + 外国国民在本国所创造的最终产品的总价值 \tag{8-2}$$

### 三、国民收入核算中的其他指标及其相互关系

国民收入核算有许多重要的指标，除国民生产总值、国内生产总值外，还有国内生产净值、国民收入、个人收入和个人可支配收入等相关指标。

#### （一）国内生产净值（NDP）

国内生产净值等于国内生产总值减去折旧。固定资产折旧不是新创造的价值，而是以前创造的价值在生产过程中发生的价值转移，因此需要扣减。假设总产出为200个单位，在生产这200个单位总产出的过程中，固定资产的损耗是5个单位。即：实际总产出应为总产出减去固定资产损耗。相对GDP这个指标，NDP能更好地反映一定时期生产活动最终成果的总量指标。但在习惯中，人们更多地采用GDP，因为折旧占GDP的比例相对稳定，表示经济活动总量变动情况下用GDP与NDP差别不大。GDP与NDP的换算关系公式如下：

$$NDP = GDP - 折旧 \tag{8-3}$$

#### （二）国民收入（NI）

国民收入是指一国一定时期内用于生产的各种生产要素所得到的全部收入。其具体包括工资、租金收入、公司利润和利息等。

(1) 工资。工资是指雇员得到的工资和其他福利津贴。

(2) 租金收入。租金收入是指人们由于将其非货币资产（土地、房子）供他人使用而获得的收入。

(3) 公司利润。公司利润是指由公司股东所挣得的全部收入。

(4) 利息。利息是指家庭和政府所获得的利息收入。

从国内生产净值中扣除间接税和企业转移支付，加上政府补助金就得到国民收入。因为企业在销售产品时已经将所向政府缴纳的间接税和转移支付纳入了产品价格中，不属于生产要素创造的收入，所以计算时需要扣除。相反，政府给企业的补助金不列入产品的价

格，但成为生产要素的收入，因此应当加上。NDP 与 NI 的换算关系公式如下：

$$NI = NDP - 间接税和企业转移支付 + 政府补助金 \tag{8-4}$$

（三）个人收入（PI）

个人收入是指个人从各种来源所获得的全部收入。它与国民收入不同，计算个人收入时，首先，应从国民收入中减去社会保险金；其次，由于国民收入中包括的是全部公司利润，而股东只能分到其中的一部分，因此，必须扣除公司所得税和未分配利润。此外，人们得到的转移支付并不是在本期挣得的，故不属于国民收入，但又是在本期实际得到的，所以必须加到个人收入中。PI 与 NI 的换算关系公式如下：

$$PI = NI - 公司所得税和未分配利润 - 社会保险金 + 转移支付 \tag{8-5}$$

（四）个人可支配收入（PDI）

个人可支配收入是指扣除了个人所得税后可用来消费的收入。PDI 与 PI 的换算关系公式如下：

$$PDI = PI - 个人所得税 \tag{8-6}$$

### 拓展阅读——概念理解

**2018 年俄罗斯的名义 GDP 与实际 GDP 的差异有多大？**

名义 GDP 是指一定时间内所生产的商品与劳务的总量乘以"市价"而得到的数字。因此，如果一国所生产的商品或劳务总产量没有增加，仅价格水平上升，名义 GDP 仍然是上升的。在这种情况下，GDP 总量的上升只是一种假象，所以各国都希望获得剔除了物价上涨因素后的实际 GDP，即用"不变价格"来计算 GDP。

什么是"不变价格"呢？

这里需要引入一个"基准年"的概念，这个基准年是人为设定的。比如，设定 2016 年俄罗斯国内的"物价为不变价格"，以后各年计算实际 GDP 时都采用这一年的价格。也就是说，计算 2017 年的 GDP 用的是"2016 年这个基准年的物价"，计算 2018 年 GDP 也用"2016 年这个基准年的物价"。

这样从 2016 年后，俄罗斯各年的名义 GDP 和实际 GDP 之间的差额就是由于物价上涨得到的 GDP 增值。且由于采用的价格不同，实际 GDP 和名义 GDP 通常是不相等的。由于各国物价基本是上涨的（极少数国家物价是下跌的），所以通常名义 GDP 比实际 GDP 要更高。

2018 年俄罗斯的名义 GDP 和实际 GDP 分别是多少呢？

用 2018 年俄罗斯国内的物价衡量的 2018 年俄罗斯名义 GDP 为 103.63 万亿卢布，而用"不变的价格"——即用 2016 年物价衡量的 2018 年俄罗斯实际 GDP 为 89.41 万亿卢布。对于 2018 年的俄罗斯来说，名义 GDP 比实际 GDP 多的那部分就是"物价上涨带来的 GDP 增值"。

比较各国 GDP 大小用的是名义 GDP 还是实际 GDP？

由于各国采用的基准年并不相同（即便基准年相同，但各国物价和货币的购买力也并不同），所以对比实际 GDP 意义不大。而购买商品（或劳务）是需要按照"市价"来付款的，所以一般各国公开的 GDP 都是各年的名义 GDP。

名义 GDP 的计算公式为：

某年名义 GDP = 当年的价格 × 当年最终产品的数量 (8-7)

实际 GDP 是指用从前某一年作为基期的价格计算出来的全部最终产品的市场价值。

某年实际 GDP = 基年的价格 × 当年的最终产品的数量 (8-8)

实际 GDP（或 GNP）是国际上公认的反映一国一定时期（年）国民产品总量的最好的综合指标。

资料来源：搜狐网站（https://www.sohu.com/a/293925754_100110525），2019 年 2 月 10 日。

### 四、国内生产总值与经济福利

国内生产总值作为国民收入核算体系中最重要、最核心的指标，代表了一国国民在一定时期内可消费的产品和劳务的数量，能从总体上代表一国国民的经济福利水平，但必须认识到 GDP 也并非衡量经济福利的完美指标。究其原因主要有四个方面的因素。

#### （一）GDP 不能完全反映一国居民的真实生活水平

国内生产总值所衡量的实质上是一个国家的产出水平。一方面，产出并不等于消费，有些产品生产出来后却销售不出去进而造成积压，这样的产品尽管生产出来却不能提高人们的生活水平。另一方面，良好的工作条件是人们生活水平的一个重要组成部分，而 GDP 却不能反映这方面的状况。

#### （二）GDP 不能完全反映一国的真实产出

国内生产总值的统计数据是依据市场交换获得的，因此，至少有两个方面的产出得不到反映：一方面，地下经济活动，包括赌博、走私、贩毒、黑市交易等非法活动通过现金交易，避开政府税务系统，存在逃税行为。地下经济活动由于无法公开化和合法化，因而也不能在国内生产总值中得到反映。另一方面，非市场性经济活动，如自给性产品和家务劳动，非市场性经济活动由于不到市场上交换，因而无法在国内生产总值中得到反映。可见，一国国民的总经济福利水平有可能比国内生产总值高。

#### （三）GDP 指标无法反映一国的产品和劳务的分配情况

随着 GDP 的增加，可以推断居民收入增加了，然而这些收入的增加可能仅仅是一部分人的生活水平提高了，而其余人的生活水平并没有提高，显然，GDP 的增加不一定就是全民生活水平的提高。

#### （四）GDP 不能反映经济增长的代价

经济增长必然要付出代价，GDP 无法体现其在经济增长过程中所付出的代价，例如，随着经济水平的提高，汽车消费数量逐渐增多，虽然给人们的出行带来了方便，但却造成了严重的交通拥挤以及噪音污染、尾气污染等日益严峻的环境问题。

由此可见，国内生产总值并不能与一国国民的经济福利水平完全画等号，GDP 存在着上述不足，以至于出现一些比较偏激的看法，如有的人认为国内生产总值就是国民生产总值，但目前尚未发现比国内生产总值更能说明问题的总量指标和核算方法。所以，尽管国内生产总值还存在着诸多不足，国际上还是把 GDP 作为衡量一国经济总体发展水平和经济福利水平的总量指标。

### 拓展阅读——小故事

#### 楼房爆破与GDP

2017年1月21日23时50分，随着一连串巨响，位于武汉汉口某片区的19栋楼房被成功实施爆破，如此大规模的一次性整体爆破拆除工程，也是迄今为止国内外规模最大、环境最为复杂、技术难度最高的拆除爆破工程之一。接下来，整个片区将打造成总面积近300公顷的汉口滨江国际商务区。

近年来，类似的爆破数不胜数，有的建筑才建成几年就被拆除，从GDP的增长来说是值得的，因为拆了再建更为庞大的建筑，就可以为当年GDP的增长做出贡献。但没有人考虑在GDP增长的时候损失了多少价值。依靠这样的GDP增长方式，必然导致不断地拆、不断地建，但等到土地卖完了，拆除成本更大的时候，或许这种增长方式就会失去势头。

【讨论】国家为什么要核算GDP以外的其他经济指标？

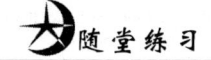

### 一、单项选择题

1. 如果要计算国民收入，不应该从国内生产净值中（ ）。
   A. 减去折旧　　　　　　　　　　B. 加上政府补贴
   C. 减去间接税　　　　　　　　　D. 减去企业转移支付

2. 一国的国内生产总值大于国民生产总值，说明该国公民从外国取得的收入与外国公民从该国取得的收入的关系为（ ）。
   A. 大于　　　　　　　　　　　　B. 小于
   C. 等于　　　　　　　　　　　　D. 不确定

3. 如果个人收入等于570美元，而个人所得税等于90美元，消费等于430美元，利息支付总额为10美元，个人储蓄为40美元，则个人可支配收入等于（ ）。
   A. 500美元　　　　　　　　　　B. 480美元
   C. 470美元　　　　　　　　　　D. 400美元

4. 下列不属于经济学上投资的是（ ）。
   A. 企业增加一笔存货　　　　　　B. 建造一座住宅
   C. 企业购买了100台计算机　　　D. 个人购买股票

5. 已知某国1986年国内生产净值是3600亿美元，从1981年到1986年价格水平上升了20%。如果按1981年的价格计算，1986年的实际国内生产净值是（ ）。
   A. 3200亿美元　　　　　　　　B. 3600亿美元

C. 3000 亿美元　　　　　　　　　　D. 4320 亿美元

6. 以下关于 GDP 含义的解释中错误的是（　　）。
A. 通常核算的是一年内创造的价值　　B. 核算的是最终产品和劳务的价值
C. 将市场活动和非市场活动都核算在内　D. 仅核算流量而不考虑存量

7. 一年内在本国领土所生产的最终产品的市场价值总和被称为（　　）。
A. 国民生产总值　　　　　　　　　　B. 国内生产总值
C. 国内生产净值　　　　　　　　　　D. 实际国内生产总值

## 二、多项选择题

1. 下列项目中属于政府购买的有（　　）。
A. 政府办学校　　　　　　　　　　　B. 政府定购武器
C. 政府给提供低收入者住房补贴　　　D. 政府向公务员支付工资

2. 下列属于中间产品的有（　　）。
A. 二手自行车　　　　　　　　　　　B. 化工厂购买的原油
C. 用于生产面包的面粉　　　　　　　D. 酒精

3. 下列属于要素收入的有（　　）。
A. 总统的薪水　　　　　　　　　　　B. 银行存款者取得的利息
C. 企业家的薪水　　　　　　　　　　D. 公司对灾区的捐献

## 三、判断题

1. 家庭成员进行家务劳动折算成的货币收入应计入国民生产总值。（　　）
2. 国内生产总值和国民生产总值是同一概念。（　　）
3. 社会保险税的增加不仅会影响个人收入和个人可支配收入，还会影响国民生产总值和国民生产净值以及国民收入。（　　）

# 模块二　国民收入的核算方法

国内生产总值的计算方法有支出法、收入法和生产法。目前常用的是支出法和收入法。

## 一、支出法

支出法是指通过核算在一定时期内整个社会购买最终产品的总支出来计量国内生产总值的方法。其理论依据是总产出等于总支出。如何确定谁是最终产品的购买者，主要看谁是产品和劳务的最后使用者。在现实生活中，居民、企业投资、政府购买及出口都是产品和劳务的最后使用者。

用支出法核算 GDP,就是核算经济社会(指一个国家或一个地区)在一定时期内消费、投资、政府购买以及出口等支出的总和。其用公式表示为:

$$GDP = C + I + G + (X - M) \qquad (8-9)$$

公式中每个字母分别代表不同的含义:C 代表消费;I 代表投资;G 代表政府购买;X - M 代表净出口。

1. 消费

消费包括所有家庭对最终商品和劳务的总消费。消费又分为耐用消费品、非耐用消费品和劳务三种。居民用于住宅的支出不包括在内。

2. 投资

投资是指增加或更换资本资产(包括厂房、住宅、机械设备及存货)的支出。

3. 政府购买

政府购买是指各级政府对商品和劳务的购买支出。其主要包括政府在军事设备和物资方面的支出和政府雇员的薪金支出等。不是所有的政府支出都要计入 GDP,例如,属于转移支付,不计入 GDP;政府以失业保险、失业救济、抚恤金、各种困难补助及国债利息等形式对个人的一种单方面的支出等,不计入 GDP。

4. 净出口

净出口是一国商品和服务的出口价值减去商品和服务的进口价值的差额。净出口反映的是国外对本国商品和服务的净购买情况。

表 8-2 所示为 2015~2019 年中国按支出法计算的 GDP 数值。

表 8-2　　　　　　　　　按支出法计算的 GDP 数值　　　　　　　　　单位:亿元

| 年度 | 最终消费 | | 资本形成 | | 净出口 | GDP |
|---|---|---|---|---|---|---|
| | 居民消费 | 政府消费 | 固定资本 | 存货增加 | | |
| 2015 | 260202.4 | 111718.2 | 289970.2 | 7856.3 | 22346.5 | 692093.7 |
| 2016 | 288668.2 | 122138.3 | 310144.8 | 8053.7 | 16975.6 | 745980.5 |
| 2017 | 320689.5 | 135828.7 | 348300.1 | 9586.0 | 14578.4 | 828982.8 |
| 2018 | 354124.4 | 152010.6 | 393847.9 | 8737.3 | 7054.2 | 915774.3 |
| 2019 | 385895.6 | 165599.0 | 422018.8 | 6609.0 | 14805.0 | 994927.4 |

资料来源:《中国统计年鉴(2019)》,中国国家统计局网站(http://www.stats.gov.cn/)。

*拓展阅读——概念理解*

**购买商品房是消费还是投资?**

人们常会讨论这样一个问题:购买住房是消费还是投资?消费是为了获得效用,例如,购买化妆品、服装、汽车都是为了得到最大的消费满足。投资是为了获得利润(或投资收益)。在发达的市场经济中,人们购买商品房不仅是为了居住,还是一种投资,可获得投资收益。住房的收益有两个来源:一是租金收入(自己住时所少交的房租也是自己的租金收入）；二是房产本身的增值。土地是有限的，从总体趋势看，房产会升值的，因此，购买商品房是一种收益高而风险相对较小的不动产投资。

## 二、收入法

收入法是指通过计算一定时期内整个社会所有的生产要素获得的收入来核算国内生产总值的方法。最终产品市场价值除了生产要素收入构成的成本外，还包含间接税、折旧、公司未分配利润等。其计算公式为：

$$GDP = 工资 + 利息 + 租金 + 税前利润 + 折旧 + 间接税和企业转移支付 \quad (8-10)$$

1. 生产要素报酬（工资、利息和租金）

工资包括所有工作的酬金、津贴和福利费，也包括工资收入者必须缴纳的所得税及社会保险税。利息在这里指人们给企业所提供的货币资金获得的利息收入，如银行存款利息、企业债券利息等，但政府公债利息及消费信贷利息不包括在内。租金包括出租土地、房屋等所获得的收入及专利、版权等收入。

2. 税前利润

税前利润是公司销售收入扣除工资、利息、租金后的剩余，包括公司所得税、社会保险税、股东红利及公司未分配利润等。

3. 间接税和企业转移支付

间接税和企业转移支付是指发生在企业经营过程中的税收支出及对非营利组织的社会慈善捐款。这部分会从公司利润中扣除，但属于当期GDP。

4. 折旧

折旧是指在经济活动核算期内损耗的固定资本价值。折旧不属于要素收入，但包含在总投资中，故也要计入GDP。

【讨论】采用收入法和支出法计算的GDP的货币价值一样吗？为什么？

## 三、生产法

生产法（又叫部门法）是依据提供产品与劳务的各部门产值来计算GDP，即计算一个国家一定时期内所有部门和企业生产的全部产品与服务的价值减去生产过程所使用的中间产品的价值差额。这种计算方法从生产角度反映所有企业的产品生产过程中新增加的价值。

从支出法、收入法与部门法所得到的国内生产总值的一致性，可以说明国民经济中的一个基本平衡关系。总支出代表了社会对最终产品的总需求，而总收入和总增值代表了社会对最终产品的总供给。因此，从国内生产总值的核算方法中可以得出一个恒等式：

$$社会总需求 = 社会总供给 \quad (8-11)$$

这种恒等关系在宏观经济学中是十分重要的，它是国民收入核算理论的出发点。当总需求等于总供给时，这时的经济处于均衡状态，也将其称为国民经济均衡条件。

## 随堂练习

### 一、单项选择题

1. 已知某个国家的资本品存量在年初时为 2000 亿美元，它在本年度生产了 500 亿美元的资本品，资本消耗折扣是 300 亿美元。这个国家在本年度的总投资和净投资分别是（　　）。
   A. 500 亿美元和 200 亿美元　　　　B. 2500 亿美元和 2200 亿美元
   C. 500 亿美元和 300 亿美元　　　　D. 2500 亿美元和 2300 亿美元

2. 根据第 1 题条件，该国的资本品存量到年末的时候达到（　　）。
   A. 2300 亿美元　　　　　　　　　　B. 2200 亿美元
   C. 2500 亿美元　　　　　　　　　　D. 2800 亿美元

3. 下列不应列入国内生产总值核算的是（　　）。
   A. 保险公司收到一笔家庭财产保险费　　B. 出口到国外的一批货物
   C. 政府给贫困家庭发放的一笔救济金　　D. 经纪人为一座旧房买卖收取的一笔佣金

### 二、多项选择题

1. 下列项目不能计入 GDP 的有（　　）。
   A. 购买一台设备　　　　　　　　　　B. 购买一辆用过的卡车
   C. 购买一块地产　　　　　　　　　　D. 购买普通股票

2. 下列属于公司间接税的有（　　）。
   A. 公司利润税　　　　　　　　　　　B. 公司财产税
   C. 货物税　　　　　　　　　　　　　D. 周转税

### 三、判断题

1. 股票和债券的交易额构成国内生产总值的一部分。　　　　　　　　　　　（　　）
2. 商品数量和商品价格的变化都会引起实际国内生产总值的变化。　　　　　（　　）
3. 一个国家的总产值、总收入和总支出是相等的。　　　　　　　　　　　　（　　）

## 模块三　简单的国民收入决定模型

凯恩斯从 1928~1933 年的经济大危机和《蜂蜜的寓言》中悟出了需求的重要性，建立了以需求为中心的国民收入决定理论，并在此基础上引发了经济学上著名的"凯恩斯革命"。凯恩斯主义的全部理论涉及四个市场：产品市场、货币市场、劳动市场和国际市场。遵循由简到繁、由浅入深的原则，本模块讨论仅包括产品市场的简单的国民收入决定模型论。

## 一、简单的国民收入决定模型

凯恩斯关于国民收入的来源与去向的分析思路源于两个等式："总收入＝总产出，总产出＝总支出"。从等式"总产出＝总支出"看，产出主要受消费、投资、政府支出、净出口四个因素影响；从等式"总产出＝总收入"看，产出受制于资本、劳动、土地、企业家才能四个因素影响。一定时期的总产出要归属于诸生产要素所有者。与社会由购买力决定的总意愿相一致的总产出——国民收入取决于诸生产要素所有者的总收入，也即总供给。

凯恩斯时代，总需求是制约总产出的关键因素。因此，凯恩斯提出一个社会的总产出与社会由购买力决定的意愿中的产出保持一致的观点，这样就不会出现产品积压与脱销，在这种思路下，国民收入决定于总需求。

宏观经济学可以说是从对国民收入决定的分析（均衡的国民收入分析）开始的。

（一）最简单的经济关系假定

（1）所分析的社会中只有家庭与企业两部门，不存在政府，也不存在对外贸易，只是两部门经济。

（2）不论需求量为多少，经济制度均能以不变的价格提供相应的供给量。即社会总需求变动时，只引起产量变动，不会引起价格变动。

（3）假定折旧和公司未分配利润为零。

（二）均衡产出

根据凯恩斯主义理论，经济社会的总量或者说国民收入决定于总需求。均衡产出是指和总需求相等的产出，也就是经济社会的收入正好等于全体居民和企业想要有的支出，即总需求与总供给相等时的产出水平。

总需求是整个社会对产品与劳务需求总和，包括消费、投资、政府支出与出口四个部分。

消费是指居民户对产品与劳务的需求或支出，包括耐用消费品支出、非耐用消费品支出、住房租金支出以及其他劳务支出。在总需求中消费的需求是比较稳定的。

投资是指厂商对投资品的需求或支出，包括企业固定投资（用于厂房、设备等固定资产的投资）、存货投资（用于原材料、半成品及未销售的成品的投资）以及居民住房投资。投资在经济中波动相当大。

政府支出是政府购买产品与劳务的支出。近年来，总需求中政府支出的比例不断提高。

出口是指净出口，即出口与进口之差。

均衡是指一种不再变动的情况，当产出水平等于总需求水平时，企业生产就会稳定下来。若生产超过需求，企业不愿意有过多的存货，就会减少生产。若生产低于需求，企业库存会减少,则企业就会增加生产。总之,经济社会收入正好等于全体居民和企业想要有的支出(收入代表总供给一方,支出代表总需求一方)。

若用 c 表示支出,y 代表收入,则经济均衡的条件是:

$$c = y \tag{8-12}$$

其可用图 8-1 来表示。

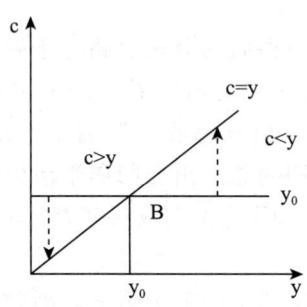

图 8-1 支出决定收入

### (三) 两部门经济中国民收入的决定

从最简单的经济关系假定可以知道,两部门经济是指只有企业和居民两个部门的简单社会,居民的经济行为是消费与储蓄,企业部门的经济行为是投资与生产。

均衡产出条件下,经济社会总收入刚好等于整个社会对产品与劳务的总需求。由于两部门经济中的总需求只包括居民消费需求和企业投资需求,因此,均衡产出用公式可表示为:

$$y = c + i \tag{8-13}$$

对该公式有两点说明:

(1) 公式中的 y 代表经济社会实际的产出,c 和 i 代表居民和企业实际想要有的消费和投资,即意愿的消费和投资量(产出),而不是实际发生的消费和投资(产出)。意愿的消费和投资与实际发生的消费和投资不同。

(2) 公式中的每一个变量均剔除了价格变化因素。c 和 i 分别是居民的意愿消费和企业的意愿投资量,而生产创造的总收入最终分为两个部分,储蓄(s)和消费(c),即 y = c + s,所以均衡产出的条件为 c = y,即:

$$i = s \tag{8-14}$$

上式表示意愿投资等于意愿储蓄。也就是说当企业意愿投资与居民意愿储蓄相等时,国民收入就达到均衡状态。

#### 1. 消费函数与国民收入决定

消费是指一个国家(或地区)一定时期内居民个人(或家庭)为满足消费欲望,而用于购买消费品和劳务的所有支出。影响消费的因素有很多,如收入、消费品价格、消费者预期、消费者偏好、消费信贷利率水平等。其中最重要的是个人收入。

关于收入和消费的关系,凯恩斯认为,随着收入的增加,消费也会增加,但是消费的增加不及收入增加得多,消费和收入的这种关系称为消费函数或消费倾向(如图 8-2 所示)。

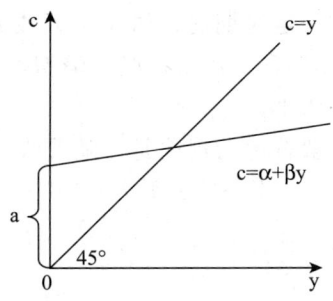

图 8-2 线性消费函数

其用公式表示为:

$$c = c(y) = a + \beta y \tag{8-15}$$

公式中，a 为常数，是收入为零时的基本最低消费支出，称为自发性消费；β 的含义是指增加的每单位收入中用于消费部分的比率，即边际消费中受收入水平影响的部分，被称为收入引致消费。

消费倾向是指消费在收入中所占的比例。消费倾向又可以分为边际消费倾向与平均消费倾向两个指标。

边际消费倾向（MPC）是指消费增量与收入增量之比，即每增减 1 元国民收入所引起的消费变化。其用公式表示为：

$$MPC = \frac{\Delta c}{\Delta y} \tag{8-16}$$

平均消费倾向（APC）是指任一收入水平上消费支出占收入的比例。其用公式表示为：

$$APC = \frac{c}{y} \tag{8-17}$$

在两部门经济社会中，总需求由消费与投资构成，如果假定投资为一个固定的量，不随收入的变动而变动，可依据消费函数来求得均衡国民收入。由：

$$\begin{cases} y = c + i \\ c = \alpha + \beta y \end{cases}$$

可得：

$$y = \frac{\alpha + i}{1 - \beta} \tag{8-18}$$

【例 8-2】假设在两部门经济中，$c = 100 + 0.8y$，$i = 50$（单位：亿元）。

求：(1) 均衡的收入、消费和储蓄。

(2) 若投资增加至 100，求增加的收入。

解：(1) 均衡收入：$y = (100 + 50)/(1 - 0.8) = 750$（亿元）

消费 $c = 100 + 0.8 \times 750 = 700$（亿元）

储蓄 $s = y - c = 750 - 700 = 50$（亿元）

(2) 若投资增加到 100，则收入 $y_1 = (100 + 100)/(1 - 0.8) = 1000$（亿元）。

2. 储蓄函数与国民收入决定

储蓄是指一个国家或地区在一定时期内，居民个人或家庭收入中未用于消费的部分。影响储蓄的因素有很多，如收入水平、分配状况、消费习惯、社会保障体系、利率水平等，但最重要的影响因素是收入水平。

关于收入和储蓄的关系，一般普遍的规律是：随着收入的增加，储蓄也会增加。储蓄和收入的这种关系称为储蓄函数（如图8-3所示）。

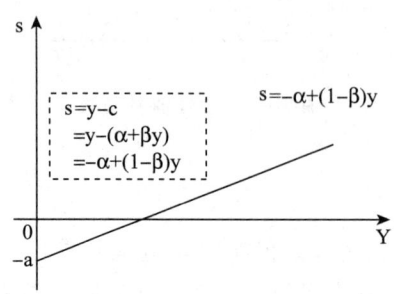

图8-3 线性储蓄函数

假设收入只有两个用途：即消费和储蓄，那么储蓄可以看作是收入与消费之差，即 $s = y - c$，将 $c = \alpha + \beta y$ 代入 $s = y - c$ 得：

$$s = y - (\alpha + \beta y) \tag{8-19}$$

整理得：

$$s = -\alpha + (1 - \beta)y \tag{8-20}$$

储蓄倾向是指储蓄在收入中所占的比例。储蓄倾向又可以分为平均储蓄倾向与边际储蓄倾向两个指标。

边际储蓄倾向（MPS）是指增加或减少的储蓄量与增加或减少的收入之间的比例。其用公式表示为：

$$MPS = \frac{\Delta s}{\Delta y} \tag{8-21}$$

平均储蓄倾向（APS）是指任一收入水平上储蓄支出在收入中的比例。其用公式表示为：

$$APS = \frac{s}{y} = 1 - \frac{c}{y} \tag{8-22}$$

在两部门经济中，当国民收入处于均衡状态时，投资等于储蓄，即可由储蓄函数来求得国民收入。则：

$$\begin{cases} i = s \\ s = -\alpha + (1 - \beta)y \end{cases}$$

整理可得：

$$y = \frac{\alpha + i}{1 - \beta} \tag{8-23}$$

从上面的分析可以看出，通过储蓄函数求出的均衡国民收入与根据消费函数求出的均衡国民收入完全相同。当投资增加或者储蓄减少时，均衡国民收入增加；反之，当投资减少或者储蓄增加时，均衡国民收入减少。由此可以看出，储蓄是影响国民收入增长的反向因素。

> 【讨论】消费函数与储蓄函数之间的关系是什么？

### 拓展阅读——时事关注

#### 警惕居民储蓄存款下降风险

央行发布的2018年4月金融统计数据显示，当月末人民币存款余额169.72万亿元，同比增长8.9%，增速比3月末高0.2个百分点，当月新增存款5352亿元。从存款结构看，4月新增存款主要来自企业部门，居民存款却大降1.32万亿元，为历史单月最大降幅。

存款是银行赖以生存的基础，尤其居民储蓄存款是银行重要信贷资金来源。长期以来，我国居民储蓄增长一直处于较高态势，但近年增长乏力，且占全部存款比重呈下降趋势，原因较为复杂。拿今年4月储蓄存款下降来说，既有人为因素影响，又有客观因素制约。人为因素主要是各商业银行"巧妙"设计理财产品发行期和到期日，资金募集期和产品到期日均卡在季末最后一日，加之首季开门红绩效考核激励，造成季末储蓄存款异常增加，季后出现下降。统计显示，去年前三季度和今年一季度储蓄存款分别下降1.22万亿元、0.75万亿元、0.81万亿元和1.32万亿元。客观因素体现在，一是高收益理财产品及余额宝等"宝宝类"产品销售火爆，分流一部分储蓄存款。二是居民消费快速增长，使储蓄率下降。这一点，从我国消费对经济增长的贡献度提升到77.8%，以及居民储蓄率从2010年以前的16%下降到2017年的7.7%可见一斑。三是房地产调控政策的挤出效应及房价上涨预期的存在，消耗了大量储蓄存款。由于各地通过提高首付比例等加强调控，且限购也让一些炒房者选择全款买房，这些政策让一部分储蓄存款变成了购房款。四是民间借贷活跃，使一部分储蓄游离于银行之外，变成民间借贷资金。

居民储蓄存款下降会加剧揽储竞争，易产生市场乱象。在资源有限的情况下，各银行为争夺市场份额，会千方百计争揽存款，不惜提高利率或采取其他不正当手段。由此增加资金成本，银行势必通过提高贷款利率的方式转嫁给借款人，提升居民和企业的杠杆率，加大实体经济经营成本，不利于防范金融风险。与此同时，储蓄存款下降会导致投资的下降，也会影响银行信贷投放能力，进而对宏观调控政策产生不利影响，影响经济转型和高质量发展。

一方面，要强化对银行揽储行为的监管，维护良好的竞争秩序。对于银行揽储要加强引导，防止绩效考核不当，对通过超范围提高利率或采取贴水、赠送礼品等不正当竞争形式要及时制止，对违反《中华人民共和国商业银行法》规定的行为要依法查处，用强有力的监管努力降低实体经济融资成本。

另一方面，要加强对理财产品的监督。银行发行和销售理财产品要严格执行资管新规要求，监管部门对各银行在理财产品发行期和到期日设计的审核要严格把关，避免资金募集和到期日集中于季末、年末。同时要防止银行设定时点考核指标，防范存款冲时点问题。对存款偏离度过高的银行，要按照原银监会等三部委联合下发的《关于加强商业银行存款偏离度管理有关事项的通知》要求，采取必要措施予以纠正或依法处罚，防止存款波动对银行信贷资金和实体经济发展造成不利影响。

此外，要加大普惠金融工作力度，不断创新金融产品，改善银行服务，增强储蓄存款吸引力。相关部门也要加大对民间借贷引导力度，促使社会资金回归储蓄，壮大银行资金实力，提升对实体经济发展的支持能力。当然，仍须坚持房地产调控政策，落实"房住不炒"要求，严厉打击炒房、非法集资和非法民间借贷等行为，为银行储蓄存款稳步增长创造良好环境。

资料来源：李凤文：上海金融新闻网（http://www.shfinancialnews.com/xww/2009jrb/node5019/node5036/node5038/u1ai204189.html），2018年5月21日。

### （四）三部门经济中国民收入的决定

三部门包括居民、企业和政府三个部门。在三部门经济中增加了政府。政府行为包括征税、购买支出和转移支付。从总需求即总支出的角度看，国民收入由消费、投资、政府购买支出（g）构成；从总收入即总供给的角度看，国民收入由消费、储蓄、税收（t）组成。即：

$$c + i + g = c + s + t \tag{8-24}$$

由于在三部门经济中，决定人们消费支出的收入不再是总收入，而是由税后收入和政府转移支付（tr）组成的可支配收入。因此，消费函数表示为：

$$c = \alpha + \beta(y - t + tr) \tag{8-25}$$

假定政府购买、税收及投资均是常数，则三部门经济中的均衡国民收入为：

$$y = \frac{1}{1-\beta}(\alpha + i + g - \beta t + \beta tr) \tag{8-26}$$

在三部门经济中，除消费、投资之外，政府行为也对国民收入的决定产生重大影响。均衡国民收入随着政府购买增加而增加，随着税收增加而减少。

### （五）四部门经济中国民收入的决定

与三部门经济相比，四部门经济中的总需求中增加了出口（X）、总供给中则增加了进口（M）。其中，出口一般为常量，是国外对本国商品的需求，进口随着收入的变动而变动，是本国对国外商品的需求，记为：

$$m = m_0 + \theta y \tag{8-27}$$

其中，$m_0$ 为自发进口，即不受国民收入变化影响的进口；$\theta$ 为进口率，$\theta = \frac{\Delta m}{\Delta y}$，$\theta y$ 为引致进口。

四部门经济中，国民收入的总需求即总支出包括：消费、投资、政府购买及国外对产品的需求（出口额）；总收入即总供给包括：消费、储蓄、税收及购买进口产品的收入（进口额）。四部门经济的国民收入均衡条件为总收入 = 总支出，即：

$$c + i + g + x = c + s + t + m \tag{8-28}$$

政府购买、税收、投资及出口额为常数，则四部门经济中均衡的国民收入决定模型为：

$$y = \frac{1}{1-\beta+\theta}(\alpha + i + g + x - \beta t + \beta tr - m) \tag{8-29}$$

从模型中可以看出，消费、投资、政府行为和进出口通过不同的方式对均衡的国民收入产生不同的影响。需要指出的是，均衡的国民收入随出口的增加而增加，随进口的增加而减少。

### 知识链接——拓展阅读

### 促使经济增长的"三驾马车"

投资、消费、出口被比喻为拉动 GDP 增长的"三驾马车"，是对经济增长原理比较生动形象的表述。本国居民的消费需求是内部需求，它是经济的主要动力；投资是指财政支出，是辅助性的扩大内需，即政府通过一系列的财政预算包括发行国债，对教育、科技、国防、卫生等事业的支出。出口是指外部需求，即本国企业的产品打入国际市场，参与国际竞争，扩大自己的产品销路。在国家统计局公布的拉动经济增长的总支出中，包括最终消费支出（消费）、资本形成总额（投资）、货币和服务净出口（净出口）三项支出，即拉动我国经济增长的"三驾马车"。自 2009 年以来，"三驾马车"对我国经济增长的贡献率产生了极大影响，其中，最终消费支出的贡献率从 56.1% 上升到 76.2%，投资的贡献率从 86.5% 下降到 32.4%，净出口的贡献率从 -42.6% 上升到 -8.6%。具体数据如表 8-3 所示。

表 8-3　　　　三大需求对国内生产总值增长的贡献率和拉动

| 年份 | 最终消费支出 | | 资本形成总额 | | 货物和服务净出口 | |
| --- | --- | --- | --- | --- | --- | --- |
| | 贡献率（%） | 拉动（百分点） | 贡献率（%） | 拉动（百分点） | 贡献率（%） | 拉动（百分点） |
| 2009 | 56.1 | 5.3 | 86.5 | 8.1 | -42.6 | -4.0 |
| 2010 | 44.9 | 4.8 | 66.3 | 7.1 | -11.2 | -1.3 |
| 2011 | 61.9 | 5.9 | 46.2 | 4.4 | -8.1 | -0.8 |
| 2012 | 54.9 | 4.3 | 43.4 | 3.4 | 1.7 | 0.2 |
| 2013 | 47.0 | 3.6 | 55.3 | 4.3 | -2.3 | -0.1 |
| 2014 | 48.8 | 3.6 | 46.9 | 3.4 | 4.3 | 0.3 |
| 2015 | 59.7 | 4.1 | 41.6 | 2.9 | -1.3 | -0.1 |
| 2016 | 64.6 | 4.3 | 42.2 | 2.8 | -6.8 | -0.4 |
| 2017 | 57.6 | 3.9 | 33.8 | 2.3 | 8.6 | 0.6 |
| 2018 | 76.2 | 5.0 | 32.4 | 2.2 | -8.6 | -0.6 |
| 2019 | 57.8 | 3.5 | 31.2 | 1.9 | 11.0 | 0.7 |

资料来源：国家统计局网站（http://data.stats.gov.cn/easyquery.htm? cn = C01&zb = A020A&sj = 2019）。

### 拓展阅读——经典理论

#### 乘数效应

乘数效应的理论支撑源于约翰·梅纳德·凯恩斯（1883~1946）著名的《就业、利息和货币通论》中收入乘数原理。乘数效应（Multiplier Effect）是一种宏观经济效应，也是一种宏观经济控制手段，是指经济活动中某一变量的增减所引起的经济总量变化的连锁反应程度。

乘数是指每单位外生变量（如政府支出或银行储备）的变化所带来的引致变量的变动情况（如GDP或货币供应）。乘数是简单的收入—支出模型中的一个基本特征。财政乘数是研究财政收支变化对国民经济的影响，是政府支出乘数、税收乘数和平衡预算乘数这三个乘数的统称，乘数就是GDP的变动量与引起这种变动的最初注入量之间的比率。GDP增加或减少的规模取决于乘数的大小，而乘数的大小是由边际消费倾向所决定的，或者说是边际储蓄倾向的倒数。

资料来源：根据百度百科整理。

【例8-3】假设某经济的消费函数为 $c = 100 + 0.8y_d$，$y_d$ 为可支配收入，投资 $i = 50$，政府购买性支出 $g = 200$，政府转移支付 $tr = 62.5$，税收 $t = 250$。（单位均为10亿美元）

求：（1）均衡收入。

（2）试求投资乘数、政府支出乘数、税收乘数、转移支付乘数、平衡预算乘数。

解：（1）均衡收入 $Y = 100 + 0.8(Y - 250 + 62.5) + 50 + 200$，解得 $Y = 1000$。

（2）根据消费函数可知：边际消费倾向 $MPC = 0.8$

则投资乘数 $K1 = 1/(1 - MPC) = 5$

政府支出乘数 $= 1/(1 - 0.8) = 5$

税收乘数 $Kt = -MPC/(1 - MPC) = -4$

转移支付乘数 $= dY/dTr = 0.8/(1 - 0.8) = 4$

平衡预算乘数 $KB = 1$（税收 $t = 250$，定量税，在税收为定量税时平衡预算乘数为1）

## 二、IS—LM 模型

市场经济既有产品市场，又有货币市场，并且这两个市场相互影响，相互依存。产品市场上总产出或总收入增加，需要使用货币的交易量也会增加，在利率不变时，货币需求会增加，如果货币供给量不变，利率会上升，而利率上升会影响投资支出，从而对整个产品市场产生影响。产品市场上的国民收入和货币市场上的利率水平正是在这两个市场的相互影响过程中被共同决定的。

接下来分析描述产品市场和货币市场共同均衡的IS—LM模型。在IS—LM模型中，IS曲线描述了产品市场的均衡，LM曲线描述了货币市场的均衡，在一个包括产品市场和货币市场的宏观经济体系中,只要有一个市场没有实现均衡,国民收入就不会稳定,只有产品市场和货币市场同时实现均衡时的国民收入才是均衡的国民收入。

(一) 产品市场的均衡:IS 曲线

1. 投资函数与利率

投资支出在产品市场上是总需求的重要构成部分,支出的大小取决于市场利率。短期看,当利率水平上升时,人们将会减少投资支出;如果利率下降,就会有更多的投资项目值得投资,投资者就会增加投资量。投资是国民收入、利率等因素的函数,经济学认为投资是利率的减函数。简单的投资函数可以表述为:

$$i = e - d \cdot r \tag{8-30}$$

其中,i 代表投资支出;r 代表市场利率;e 代表自发投资,即利率为零时的投资支出;d 代表利率对投资需求的影响系数,即利率为 1 时的投资变化量。

投资函数可以用几何图形来说明,如图 8-4 所示,纵轴代表利率,横轴代表投资支出,投资需求曲线是一条向右下方倾斜的曲线。

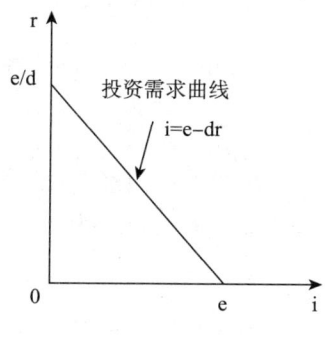

图 8-4 投资函数

2. IS 曲线的推导

IS 曲线是描述产品市场均衡时,利率与国民收入之间关系的曲线,由于在两部门经济中产品市场均衡时 I = S,故称该曲线为 IS 曲线。

(1) 两部门经济的 IS 曲线。在产品市场中,两部门经济的均衡国民收入模型是:

$$y = \frac{\alpha + i}{1 - \beta}$$

在两部门经济中,包括产品市场和货币市场,投资不再是一个既定的量,而是利率的函数,因此,均衡国民收入的决定模型就变为:

$$y = \frac{1}{1 - \beta} (\alpha + e - dr)$$

IS 曲线的方程式为:

$$r = \frac{\alpha + e}{d} - \frac{1 - \beta}{d} y \tag{8-31}$$

由上式可以看出,要使产品市场保持均衡,即投资等于储蓄,则均衡的国民收入和利率之间存在着反向变化的关系。以纵轴代表利率,横轴代表收入,则可得到一条反映利率和收入之间关系的曲线,即 IS 曲线。IS 曲线上任何一点都是一定利率和收入的组合。

IS 曲线是一条向右下方倾斜的曲线（如图 8-5 所示），其经济含义是：在其他条件不变的情况下，利率下降，投资需求增加，总需求增加，均衡国民收入增加；反之，当利率上升后，投资需求下降，总需求减少，均衡国民收入减少。

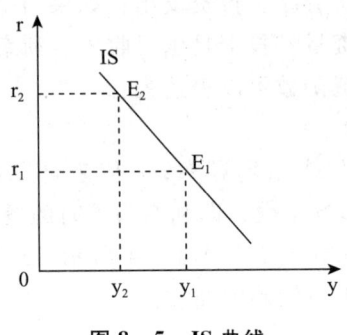

图 8-5 IS 曲线

（2）三部门经济的 IS 曲线。在产品市场中，三部门经济的均衡国民收入是：

$$y = \frac{1}{1-\beta}(\alpha + i + g - \beta t + \beta tr)$$

在一个既有产品市场又有货币市场的三部门经济中，投资支出不能再假定为一个既定的量，这种情况下，均衡国民收入的决定模型就变为：

$$y = \frac{1}{1-\beta}(\alpha + e - dr + g - \beta t + \beta tr)$$

IS 曲线的方程式为：

$$r = \frac{\alpha + e + g - \beta t + \beta tr}{d} - \frac{1-\beta}{d}y \tag{8-32}$$

与两部门经济中的 IS 曲线相比，三部门经济的 IS 曲线比较复杂，但内涵并没有发生实质变化，上式表明在三部门经济中，国民收入和利率之间存在反向变化的关系。

### （二）货币市场的均衡：LM 曲线

**1. 货币需求**

货币需求是指经济主体在既定的收入和财富范围内能够并愿意持有货币的数量。货币需求作为一种经济需求，是由货币需求能力和货币需求愿望共同决定的有效需求。货币需求是一种派生需求，派生于人们对商品的需求。

货币市场是否达到均衡，关键在于货币的供给与需求之间的关系。一般来说，货币的实际供给量（用 M 表示）由国家加以控制，可看作是一个常量。因此，对货币市场的分析关键在于对货币需求的分析。

人们接受货币不是因为货币本身，而是因为用货币能够购买到所需求的商品和服务，货币与其他非货币形态的金融资产（如股票、债券、商业票据）的区别在于其具有使用上的灵活性，即可以直接购买到商品和服务。而其他非货币形态的金融资产不能直接实现和商品、服务的交换，先要变成现金，变现时可能会面临时间的拖延和实际购买力的损失。因此,凯恩斯认为人们对货币有"流动性偏好",即人们宁愿牺牲股息、利息等收入而持有一定量的不生息的货币来保持财富的心理倾向。人们需要货币的动机有三种。

(1) 交易动机(Transaction Motive)。交易动机是指人们为了应付日常的商品交易而需要持有货币的动机。交易动机又分为所得动机和业务动机两种。所得动机主要是指个人存在货币需求动机,业务动机主要是指企业存在货币需求动机。无论是个人还是企业出于交易动机所需要的货币量取决于收入水平及惯例和商业制度等因素,而惯例和商业制度在短期内一般是不变的,因此,出于交易动机的货币需求量主要取决于收入,它随着收入的增加而增加。

(2) 预防动机(Precautionary Motive)。预防动机是指人们为了应付不测之需而持有货币的动机。如公众为应付事故、失业、疾病等意外事件而需要事先持有一定数量的货币。凯恩斯认为出于交易动机而在手中保存的货币,其支出的时间、金额和用途一般事先可以确定。但生活中经常会出现一些未曾预料的、不确定的支出和购物机会。为此,人们也需要保持一定量的货币在手中,这类货币需求可称为货币的预防需求。从整个社会角度看,这一货币需求量大体上也和收入成正比,是收入的函数。

因此,如果用 $M_1$ 表示交易动机和预防性动机所产生的全部实际货币需求量,用 x 表示实际收入,则货币需求量和收入的关系可以表示为:

$$M_1 = k \times x \tag{8-33}$$

其中:k 代表比例关系系数(交易动机和预防性动机所需货币量同实际收入的比例关系);x 代表实际收入。

下面用一个简单的例子来说明这两种动机下的货币需求量的计算。

【例 8-4】假设某人的实际收入为 8000 元,交易动机和预防性动机所需货币量占实际收入的 30%,则根据公式(8-33)可以求出交易动机和预防性动机所产生的全部实际货币需求量为:

$$L_1 = 8000 \times 0.3 = 2400 \ (元)$$

(3) 投机动机(Speculative Motive)。投机动机是指人们根据对市场利率变化的预测需要持有货币以便满足从中投机获利的动机。因为货币是最灵活的流动性资产,具有周转灵活性,持有它可以根据市场行情的变化随时进行金融投机。出于这种动机而产生的货币需求,称之为货币的投机需求。

金融资产包括货币和非货币金融资产两种形式,持有货币没有收益,而持有非货币金融资产如债券可以获得一定收益。一般来说,债券价格高低与利率的高低成反比,即利率上升,债券价格下降;利率下降,债券价格上升。对货币的投机性需求取决于利率,如果用 $M_2$ 表示投机性需求,用 r 代表利率,y 代表利率变动一个百分点时对 $M_2$ 的变动程度,则投机性货币需求量和利率的关系可以表示为:

$$M_2 = -r \times y \tag{8-34}$$

对货币的总投机动机是指由于未来利息率的不确定,人们为避免资本损失或增加资本收益,及时调整资产结构而形成的对货币的需求。需求是人们对货币的交易需求、预防需求和投机需求的总和,货币的交易需求和预防需求决定于收入,而货币的投机需求决定于利率，因此，对货币的总需求函数可以描述为：

$$M = M_1 + M_2 = k \times x - r \times y \tag{8-35}$$

其中，k 和 y 是常数，k 是货币需求关于收入变动的系数，衡量收入增加时货币需求增加多少；y 是货币需求关于利率变动的系数，衡量利率提高时货币需求变动多少。

货币需求函数可用图 8-6 表示，图（a）中垂线 $M_1$ 表示为满足交易动机和预防动机的货币需求曲线，它和利率无关，因而垂直于横轴。$M_2$ 线表示满足投机动机的货币需求曲线，它起初向右下方倾斜，表示货币的投机需求量随利率下降而增加，最后呈水平状，表示"流动性偏好陷阱"。图（b）中的 M 线表示包括 $M_1$ 和 $M_2$ 在内的全部货币需求曲线，其纵轴表示利率，横轴表示货币需求量，这条货币需求曲线表示在一定收入水平上货币需求量和利率的关系，利率上升时，货币需求量减少，利率下降时，货币需求量增加。

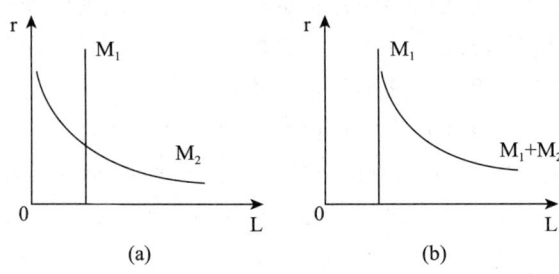

图 8-6 货币需求函数

### 拓展阅读——概念辨析

#### 凯恩斯陷阱

凯恩斯陷阱（Keynes trap）又称流动性偏好陷阱，是指当利率极低，人们会认为这时利率不大可能再下降，或者有价证券市场价格不大可能上升而只会跌落时，人们不管有多少货币都愿意持在手中的情况。

利息是人们在一定时期内放弃流动偏好（指人们想以货币形式保持一部分财富的愿望）的报酬。利率的高低取决于货币的供求，流动偏好代表了货币的需求，货币数量代表了货币的供给。货币数量的多少由中央银行的政策决定，货币数量的增加在一定程度上可以降低利率。但是，由于流动偏好的作用，当利率低于某一点时，人们就不肯储蓄，而宁可把货币保留在手中。

2. 货币供给

货币供给是指个国家在某一时点上所保持的不属政府和银行所有的硬币、纸币和银行存款的综合。货币名义供给量（M）是由国家用货币政策来调节的。其大小与利率高低无关，因此，货币供给曲线是一条垂直于横轴的直线，如图 8-7 所示。

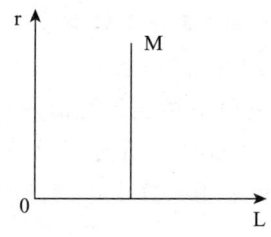

图 8-7 货币供给函数

如果要将名义供给量折算为不变购买力的实际货币量,需要通过价格指数来调整。即用公式 $M^* = \dfrac{M}{P}$ 对名义货币和实际货币进行互换。

其中:M 代表名义货币余额;$M^*$ 代表实际货币余额;P 代表价格水平。

【例 8-5】若名义货币余额 M = 3600 元,价格水平 P = 1.2,则实际货币余额为:

$M^* = \dfrac{M}{p} = 3600/1.2 = 3000$(元)

3. LM 曲线的推导

LM 曲线是描述货币市场达到均衡时,利率与国民收入之间关系的曲线。L 表示货币需求,M 表示货币供应。LM 曲线描述的是货币市场的均衡,是从货币的投机需求与利率的关系、货币的交易需求与收入关系及货币需求与供给相等的关系中推导出来的。即:

$$\begin{cases} M = L \\ M = m \\ L = ky - hr \end{cases}$$

LM 曲线方程式为:

$$r = \dfrac{ky}{h} - \dfrac{m}{h} \tag{8-36}$$

国民收入和利率之间的这种变动关系可以通过图 8-8 表示。以纵轴代表利率,横轴代表国民收入,则可以得到一条反映利率和收入之间关系的曲线,这条曲线上任何一点都代表一定利率和收入的组合。在这样的组合下,货币需求等于货币供给,也就是说货币市场是均衡的,因此这条曲线就是 LM 曲线。

LM 曲线是一条向右上方倾斜的曲线,其经济含义是:在其他条件不变的情况下,利率下降,货币需求将减少,均衡国民收入减少。反之,当利率上升后,货币需求将增加,均衡国民收入增加。

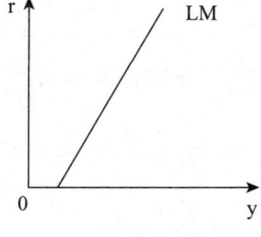

图 8-8 LM 曲线

### (三) 产品市场与货币市场的均衡：IS—LM 曲线

从前面的分析可知，在 IS 曲线上，有一系列利率与相应收入的组合可使产品市场均衡；在 LM 曲线上，又有一系列使货币市场达到均衡的利率和收入的组合。但能够使产品市场和货币市场同时达到均衡的利率和收入组合却只有一个，即 IS 曲线和 LM 曲线的交点，如图 8-9 中的 E 点，表明产品市场和货币市场同时达到均衡，得到均衡利率水平为 $r_e$ 和均衡国民收入为 $y_e$。

如果 IS 曲线与 LM 曲线移动了，则均衡收入和利率就会随 IS 曲线、LM 曲线变动的方向与程度的不同而不同。IS—LM 曲线模型是整个宏观经济的核心，在政策上可以用来解释财政政策与货币政策。

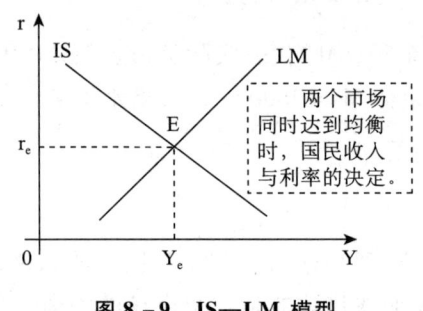

图 8-9 IS—LM 模型

【例 8-6】设两部门经济的消费方程为 $C = 500 + 0.5Y$，投资函数为 $I = 1250 - 250r$。

（1）求该经济的 IS 曲线方程。

（2）在上述经济体中，若货币需求为 $L = 1000 + 0.5Y - 250r$，货币供给为 $M = 1250$，求该经济体的 LM 方程。

解：（1）$C = 500 + 0.5Y$，所以，$\alpha = 500$，$\beta = 0.5$；$I = 1250 - 250r$，所以，$e = 1250$，$d = 250$。

故：

IS = $(\alpha + e)/d + (1 - \beta)/d \times Y = (500 + 1250)/250 + (1 - 0.5)/250Y$

　　 = $7 - 0.002Y$

（2）$L = 1000 + 0.5Y - 250r$

因为，$K = 0.5$，$h = 250$，$m = 1250$。

故：

LM = $(k \times y/h) - m/h = 0.002y - 5$

【讨论】在 IS 模型中，利率是如何影响国民收入的？在 LM 模型中，利率是如何影响国民收入的？

## 拓展阅读——寓言故事

### 蜜蜂的寓言

从 1929 年开始，资本主义世界爆发了空前的大危机。3000 多万人失业，三分之一的工厂停产，整个经济倒退回了第一次世界大战前的水平。经济处于极度混乱之中，传统的经济学无法解释更无法解决这一问题，理论界纷纷进行探讨，这时英国经济学家凯恩斯从一则古老的寓言中得到了启示。这则寓言说：从前有一群蜜蜂，他们在一个蜂王的领导下都过着挥霍、奢侈的生活，整个蜂群兴旺发达，百业昌盛。后来，他们的老蜂王去世了，换了一个新蜂王，他们改变了原有的生活习惯，开始崇尚节俭朴素，结果社会凋敝，经济衰落，终于被敌手打败而逃散。凯恩斯在这则寓言的启示下建立了他的国民收入决定理论，并由此引发了凯恩斯革命，从而建立了宏观经济学。

【讨论】（1）分析凯恩斯从这则寓言中得到了什么启示。
（2）说明凯恩斯国民收入决定理论的基本构架。

### 三、总需求—总供给模型

在西方经济学中，价格和产量是由供求曲线决定的，这一原理在微观经济学和宏观经济学中都适用，而二者不同的地方在于：在微观经济学中，供求所决定的是个别商品的价格和产量，而在宏观经济学中，供求所决定的是整个社会的价格水平和产量，也就是国民收入。

前文关于国民收入的讨论，都是在假定总供给可以自动随总需求的增加而增加，一般价格水平固定不变的假定下进行的，这些讨论都没有说明总供给变动对国民收入决定的影响，以及对价格水平的决定。在现实经济中，总供给不可能总是与总需求同步变化。总需求的变化不仅引起总供给的变化，还会引起价格水平的变化。

总需求—总供给模型将总需求分析与总供给分析结合起来，说明二者的变动如何决定了国民收入与价格水平。

#### （一）总需求曲线

总需求是经济社会在每一社会总价格水平上对产品和劳务的需求总量，社会总需求决定了社会总支出水平。在一个对外开放的经济社会中，经济主体包括居民、厂商、政府和国外，其各自的支出分别为消费支出、投资支出、政府支出和国外支出，如果用 AD 表示总需求，用 P 表示价格，那么需求总量和价格水平之间的关系可以通过函数 $y=f(P)$ 来表示，这个函数称为总需求函数。在以价格水平为纵坐标，产出水平为横坐标的坐标系中，总需求函数又可以表示为总需求曲线（如图 8-10 所示）。

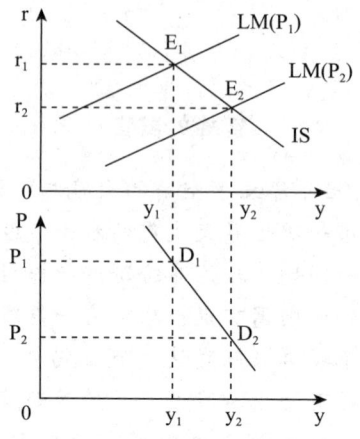

图 8-10 总需求曲线的推导

在其他条件不变的情况下，当价格 P 提高时，均衡国民收入 y 减少；当价格 P 下降时，均衡国民收入 y 增加，二者的变动方向相反。

总需求曲线是表明产品市场和货币市场同时达到均衡时总需求与价格水平之间关系的曲线。

总需求曲线表示社会的需求总量和价格水平之间呈反方向变动，即总需求曲线是向右下方倾斜的。其经济含义为：价格水平越高，需求总量越小；价格水平越低，需求总量越大。

【讨论】影响总需求曲线斜率的因素有哪些？

（二）总供给曲线

总供给是经济社会在每一价格水平上提供的商品和服务的总量，即经济社会投入的基本资源所生产的产量，这些基本资源主要包括劳动力、资本和技术。在资源利用不同的情况下，总供给与价格水平之间的关系是不同的，我们可以利用总供给曲线来加以说明，所谓总供给曲线是表明产品市场和货币市场同时达到均衡时，总供给与价格水平之间关系的曲线。图 8-11 所示为这种关系的三种主要情况。

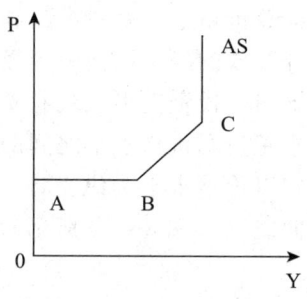

图 8-11 总供给曲线

1. 未充分利用资源阶段

未充分利用资源阶段即 AS 曲线的 AB 段,称为"凯恩斯主义总供给曲线"。总供给曲线是一条与横轴平行的直线。表明在价格水平不变的情况下,由于社会上存在大量的资源闲置,所以可以在不提高价格的情况下增加总供给。

2. 接近充分利用资源阶段

接近充分利用资源阶段即 AS 曲线的 BC 段,称为"短期总供给曲线"。总供给曲线是一条向右上方倾斜的直线,表明总供给与价格水平呈同方向变动,在资源接近充分利用的情况下,产量增加会引起生产要素的价格上升,从而使成本增加,价格水平上升,这种情况是短期中存在的情况,因短期内工资等要素价格保持不变,价格总水平提高引起厂商供给量的增加,从而使得经济中商品和劳务的总额增加。随着价格总水平的提高,由于劳动供给保持不变,而劳动需求量随之增加,因而均衡就业量增加,并最终导致总供给量增加。

3. 充分利用资源阶段

充分利用资源阶段即 AS 曲线上 C 点以上的部分,称为"长期总供给曲线"。总供给曲线是一条垂线,表明无论价格水平如何上升,总供给也不会增加,因为资源已经得到了充分利用,即经济中实现了充分就业,总供给已无法增加,在长期中总是会实现充分就业的均衡状态。

(三) 总需求—总供给模型

总需求—总供给模型是将总需求曲线和总供给曲线结合在一起,说明如何决定均衡国民收入与均衡的价格水平的一个模型,如图 8-12 所示。由于总供给曲线由三个部分组成,所以利用总需求—总供给模型分析国民收入和价格水平时,必须考虑到总供给曲线的三种不同情况。

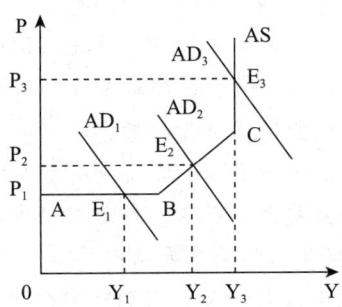

图 8-12 总需求—总供给模型

1. 未充分利用资源阶段

当经济运行处于萧条时期时,大量的资源闲置,总供给曲线的形态是一条平直线,即 AB 段。总需求曲线 $AD_1$ 与总供给曲线 AS 相交于 $E_1$ 点,此时总需求等于总供给,国民经济处于均衡状态,$E_1$ 点所对应的国民收入 $Y_1$ 即为均衡国民收入,所对应的价格 $P_1$ 即为均衡价格水平。

2. 接近充分利用资源阶段

由于资源接近充分利用，总供给曲线是一条向右上方倾斜的线，即 BC 段。总需求的变动引起国民收入与价格水平的同方向变动，总需求曲线 $AD_2$ 与总供给曲线 AS 相交于 $E_2$ 点，此时总需求等于总供给，国民经济处于均衡状态，$E_2$ 点所对应的国民收入 $Y_2$ 即为均衡国民收入，所对应的价格 $P_2$ 即为均衡价格水平。

3. 充分利用资源阶段

由于资源已得到了充分利用，总供给曲线是一条垂直于横轴的直线，即 C 点以上部分。总需求曲线 $AD_3$ 与总供给曲线 AS 相交于 $E_3$ 点，此时总需求等于总供给，国民经济处于均衡状态，$E_3$ 点所对应的国民收入 $Y_3$ 即为均衡国民收入，所对应的价格 $P_3$ 即为均衡价格水平。

总需求—总供给模型综合考虑了产品市场、货币市场和劳动市场这三个市场的均衡，同时也分析了国外对于本国的需求情况，更加接近现代宏观经济体系的实际运行情况。

**拓展阅读——时事关注**

### 《中国经济增长报告（2017～2018）》正式发布

2018 年 9 月 19 日，由中国社会科学院经济研究所与社会科学文献出版社共同主办的《经济蓝皮书夏季号：中国经济增长报告（2017～2018）》发布会在京举行。

中国社会科学院经济研究所研究员张平主持发布会，中国社会科学院经济研究所增长室主任、研究员袁富华，中国社会科学院经济研究所研究员张自然先后作主题报告《宏观经济形势分析》与《中国经济增长报告 2018》。会议就 2017～2018 年中国经济增长情况进行了研讨，对 2018 年中国经济进行了展望，并发布了《经济蓝皮书夏季号：中国经济增长报告（2017～2018）》。

蓝皮书认为，中国经济已由高速增长阶段转向高质量发展阶段。中国过去 30 多年的工业化走的是依托要素投入、消费压抑和出口拉动的路子，而转向高质量发展的本质是要从"物质"生产体系转向"以人民为中心"的消费升级、创新、高效、包容的可持续发展轨道，这也对转变发展方式、优化经济结构、转换增长动力提出了根本要求和严峻挑战。高质量发展要求经济发展方式的转变，要通过持续的效率改进，实现向中高端协调发展模式的转变。随着资本和劳动贡献份额的进一步下降，需要提高资本使用效率和资本回报率，提高劳动生产率，尤其需要提高 TFP（全要素生产率）增长对经济的贡献率。高质量发展的本质是"以人民为中心"的发展，其指标体系的构建要从以 GDP 为核心的评价标准转向以劳动生产率与 TFP 增长为基准对创新和效率进行评估，强调可持续性和包容性的增长。

本报告主要从经济增长、创新效率、政府效率、生活质量和环境质量 5 个方面对高质量发展进行考量，并进一步细分为 67 个二级指标。通过国际比较发现，有 3 个指标在世界各国中处于第一位：市场规模、科技论文发表数量、人均垃圾生产量。中国超过 1/5 的指标排名在全球 30% 之前；与前沿国家差距小于 50% 的指标比例接近 1/2，经济增长、创新效率、政府效率、生活质量和环境质量等诸多指标仍有很大的改善空间。

蓝皮书指出，中国各省区市发展前景指数有所改善，同时面临一些新状况。报告通过对 1990～2018 年中国各省区市发展前景进行分析，得出了中国 30 个省区市 1990～2018 年的发展前景，以及经济增长、增长潜力、政府效率、人民生活和环境质量 5 个一级指标的指数、分级和排名情况。

分析发现，上海市、浙江省、江苏省多年来处于发展前景的第一级，广东省2018年开始进入第一级，而北京市2018年开始由多年处于发展前景的第一级下降为第二级。除了发展前景方面和人民生活方面，西部地区改善优于东部地区和中部地区外，经济增长、增长潜力、政府效率和环境质量4个方面均是东部地区改善优于中部地区和西部地区。

资料来源：中国社会科学网（http://ex.cssn.cn/zx/bwyc/201809/t20180919_4563597.shtml），2018年9月19日。

## 随堂练习

### 一、单项选择题

1. 在凯恩斯的理论体系中，货币需求和货币供给函数决定（　　）。

A. 名义利率　　　　　　　　　　B. 实际利率

C. 价格水平　　　　　　　　　　D. 消费水平

2. 若资本边际效率低于市场利率，则企业投资（　　）。

A. 过多　　　　　　　　　　　　B. 过少

C. 正好　　　　　　　　　　　　D. 都不对

3. （　　），LM曲线向右移动。

A. 名义利率下降　　　　　　　　B. 总产量增加

C. 货币需求增加　　　　　　　　D. 货币供给增加

4. IS曲线右上方、LM曲线右下方的组合表示（　　）。

A. 产品供大于求、货币供大于求　　B. 产品供大于求、货币求大于供

C. 产品求大于供、货币供大于求　　D. 产品求大于供、货币求大于供

5. 假定IS曲线和LM曲线的交点所表示的均衡国民收入低于充分就业的国民收入。根据IS—LM模型，如果不让利率上升，则政府应该（　　）。

A. 增加投资　　　　　　　　　　B. 在增加投资的同时增加货币供给

C. 减少货币供给量　　　　　　　D. 减少投资的同时减少货币供给量

6. 自发投资支出增加10亿美元，会使IS曲线（　　）。

A. 右移10亿美元　　　　　　　　B. 左移10亿美元

C. 右移支出乘数乘以10亿美元　　D. 左移支出乘数乘以10亿美元

### 二、多项选择题

1. IS曲线表示（　　）。

A. 产品市场均衡时收入与利率的组合

B. 产品市场总需求等于总供给时，收入与利率的组合

C. 产品市场投资等于储蓄时收入与利率的组合

D. 货币市场均衡时收入与利率的组合

2. 以下关于 IS 曲线斜率的判断中不正确的有（　　）。

A. 投资需求对利率变化的反应程度敏感，IS 曲线较为平缓

B. 投资需求对利率变化的反应程度敏感，IS 曲线较为陡峭

C. 边际消费倾向越大，IS 曲线越平缓

D. 边际消费倾向越大，IS 曲线越陡峭

3. 引起 IS 曲线向左移动的因素有（　　）。

A. 投资需求增加　　　　　　　　B. 政府购买减少

C. 政府税收增加　　　　　　　　D. 政府税收减少

4. 在其他条件不变的情况下，引起 LM 曲线向右移动的原因可以有（　　）。

A. 投资需求曲线右移　　　　　　B. 货币交易需求曲线右移

C. 货币投机需求曲线右移　　　　D. 货币供给量增加

5. 下列关于 LM 曲线的判断中正确的有（　　）。

A. 在凯恩斯区域，LM 曲线水平　　B. 在中间区域，LM 曲线向右上方倾斜

C. 在中间区域，LM 曲线向右下方倾斜　　D. 在古典区域，LM 曲线垂直

6. 不属于 IS—LM 模型假定条件的有（　　）。

A. 投资是个外生变量　　　　　　B. 总供给不变

C. 价格水平不变　　　　　　　　D. 经济处于充分就业状态

### 三、判断题

1. 货币弹性系数 h 发生变化时，IS 曲线与横轴的交点不动，在 h 变小时，顺时针旋转；在 h 变大时，逆时针旋转。（　　）

2. 公司提取更多的未分配利润将促使社会消费曲线向上移动。（　　）

3. 增加自发性消费将使储蓄增加。（　　）

4. 资本边际效率随着投资量的增加而递增。（　　）

5. 如果利率上升速度与通胀率相等，资本需求将下降。（　　）

6. 若不存在闲置未用的过剩生产能力，加速原理一定起作用。（　　）

## 本项目小结

国民收入核算体系是一套用来定义和计量总产出或总收入的方法。其最主要、最核心的指标是国内生产总值，国内生产总值是指一国或一地区在一定时期内运用生产要素所生产的全部最终产品（商品和劳务）的市场价值总和。

常用的国内生产总值的核算方法有两种，即支出法和收入法。

支出法通过核算在一定时期内整个社会购买最终产品的总支出，即以最终产品的总卖价来计量 GDP；收入法通过计算一定时期内整个社会所有的生产要素获得的收入来核算国内生产总值。

在整个国民收入核算体系中，还有国民生产总值、国内生产净值、国民收入、个人收入和个人可支配收入等国民经济总量。

在一个只有产品市场而没有货币市场的宏观经济中，均衡国民收入受到了消费、投资、政府行为和进出口等诸多因素的影响。IS 曲线是用来描述产品市场均衡的曲线；LM 曲线是用来描述货币市场均衡的曲线。IS—LM 模型说明了在均衡国民收入决定中，产品市场与货币市场是互相影响的，二者共同决定了均衡的国民收入水平，这就是 IS—LM 模型的核心思想。

总需求—总供给模型综合考虑了产品市场、货币市场和劳动市场这三个市场的均衡，同时也分析了国外对于本国的需求情况，因而更加接近现代宏观经济体系的实际运行情况，对于一个对外开放的国家的经济运行情况也更有解释能力。

宏观经济学认为存在着三种不同形态的总供给曲线：水平阶段的凯恩斯主义总供给曲线、向右上方倾斜的短期总供给曲线、垂直于横轴的长期总供给曲线。总需求的变动在总供给曲线的不同阶段会产生不同的影响。

## 项目思考题

1. 假设一个只有家庭和企业的两部门经济中，消费 $c = 100 + 0.8y$，投资 $i = 150 - 6r$，货币供给 $M = 150$，货币需求 $L = 0.2y - 4r$。（单位都是亿元）

（1）求 IS 和 LM 曲线。

（2）求商品市场和货币市场同时均衡时的利率和收入。

（3）若上述两部门为三部门经济，其中，税收 $T = 0.25y$，政府支出 $g = 100$，货币需求 $L = 0.2y - 2r$，实际货币供给为 150 亿元，求 IS 和 LM 曲线以及均衡时的利率和收入。

2. 如果在一国的经济中，自发性消费 $\alpha = 250$，边际消费倾向 $\beta = 0.75$，$i = 500$，政府购买 $g = 500$。（单位：亿美元）

试求：

（1）均衡国民收入、消费、储蓄各是多少？投资乘数是多少？

（2）如果当时实际产出（即收入）为 6000，国民收入将如何变化？为什么？

（3）如果投资 $i$ 是利率 $r$ 的函数：$i = 1250 - 50r$（$r$ 的单位:%）；货币供给是价格水平 $P$ 的函数：$M/P = 1000/P$；货币需求是收入 $y$ 和利率 $r$ 的函数：$L = 0.25y - 100r$。那么，①求价格水平 $P = 1$ 时的 IS、LM 曲线及均衡利率和收入。②在价格水平是变动的情况下，导出总需求曲线，并说明其含义。

## 观察与分析

将班级同学 5~6 人分为一组，每组从以下三个选题中任选一个选题，结合我国经济发展现状展开讨论，讨论完毕选派代表陈述选题的答案。

（1）试述流动性陷阱产生的原因。

（2）简要分析货币需求的动机。

（3）什么是 LM 曲线的三个区域，其经济含义是什么？

# 项目九 Project 9
## 失业与通货膨胀

**知识点**

**知识目标：**
◇ 熟悉失业的含义、种类及原因，理解失业对经济的影响；
◇ 熟悉通货膨胀的含义、类型及原因，理解通货膨胀对经济的影响；
◇ 理解（长、短期）菲利普斯曲线的含义。

**能力目标：**
◇ 能正确运用失业理论和通货膨胀理论判断宏观经济运行情况；
◇ 能正确运用菲利普斯曲线判断宏观经济政策的有效性。

**重点难点：**
◇ 通货膨胀对经济的影响；
◇ 通货膨胀的形成原因与对策；
◇ 菲利普斯曲线。

**思维导图**

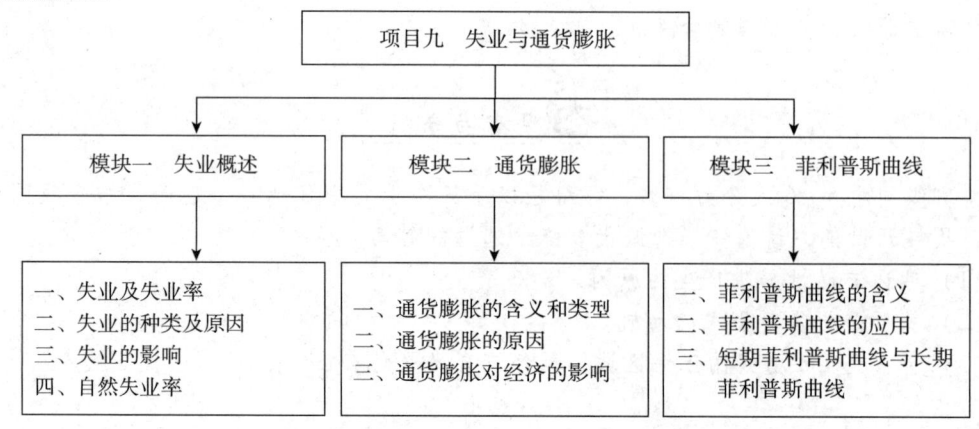

> **经济现象引入**

## 数读中国经济半年报：物价稳 信心足

**物价稳不稳，关乎经济运行大盘，关系千家万户小日子。**

2019年上半年，全国居民消费价格同比上涨2.2%、全国工业生产者出厂价格同比上涨0.3%。6月份，全国居民消费价格涨幅与上月持平，物价运行总体上保持了平稳态势。专家指出，中国经济自我循环能力强，工农业产品供给充足，物价平稳运行具有较强的基础，预计2019年下半年价格总水平有望保持总体稳定，完成全年物价涨幅在3%以内的任务没有问题。

### 2.2%：CPI止升回稳、温和上涨

物价怎么样，老百姓有着最直观的感受。"这两个月鸡蛋价格下降了将近一块多。"近日，记者走进北京市朝阳区和平里街道社区超市，超市工作人员王阿姨一边整理货架上的鸡蛋一边对记者说："之前普通鸡蛋最贵的时候达到一斤5.5元，现在稳定在一斤4.5元左右。"王阿姨向记者介绍，猪肉、鸡蛋价格在近期虽有所回涨，但这两个月来蔬菜、鲜果价格都有不同程度的下降。

上半年，全国居民消费价格同比上涨2.2%，涨幅比一季度扩大0.4个百分点。其中，6月份涨幅为2.7%，与5月份相同，止升回稳，总体上属于温和上涨。

随着供应增加，5月份和6月份价格已有所回落，预计涨幅不会继续扩大。

### 0.3%：PPI由涨转平、微幅波动

上半年，全国工业生产者出厂价格指数同比上涨0.3%，涨幅比去年同期回落3.6个百分点。其中，生产资料价格上涨0.2%，涨幅比去年同期回落4.9个百分点；生活资料价格上涨0.7%，涨幅比去年同期扩大0.4个百分点。从环比看，6月份PPI涨幅由升转降，下降0.3%。从同比看，1月份和2月份PPI的涨幅均为0.1%，3月份涨幅有所扩大，至4月份上涨0.9%，为上半年的最高点，5月份回落至0.6%，6月份则由涨转平，总体上微幅波动。

国家统计局国民经济综合统计司司长、新闻发言人毛盛勇分析，工业生产者出厂价格一方面受供求关系的影响，另一方面和国际环境，包括大宗商品的价格变化高度相关。"下一阶段PPI的走势还需要进一步观察，总的来看，小幅波动的可能性更大一些。"

### 3%以内：完成全年目标有信心

2019年政府工作报告提出，要将全年物价涨幅控制在3%以内。"完成这个目标是没有问题的。"国务院发展研究中心宏观经济研究部研究员张立群说，"预计下半年物价将继续保持平稳态势，全年涨幅在3%以内这个数字是可期的。"

信心来自于供给充足。考察供给侧，当前工业生产平稳，工业消费品市场总体供大于求的基本面没有改变，上半年全国规模以上工业增加值同比增长6%，其中制造业增加值同比增长6.4%；上半年全国夏粮总产量14174万吨，比上年增加293万吨，增长2.1%，农产品产销两旺，禽肉、奶制品、水产品供应充足。

资料来源：中国经济网（节选）（http://www.ce.cn/macro/more/201908/09/t20190809_32860079.

shtml），2019 年 8 月 9 日。

失业和通货膨胀现象存在的普遍性已引起了各国的注意。本项目将介绍有关失业与通货膨胀的基本知识、菲利普斯曲线以及对通货膨胀的治理等内容。

# 模块一 失业概述

失业是一个人们普遍关注的社会现象，在许多国家中，人们认为，失业是比政治风波、环境污染、战争、犯罪等更重要的问题，并要求政府能采取有效措施予以解决。

## 一、失业及失业率

失业是一种社会经济现象，是劳动力失去工作的状态。无论是发达国家，还是发展中国家，都不同程度地存在着失业问题。

宏观经济学有四大目标，即充分就业、经济增长、物价稳定和国际收支平衡。其中，充分就业是宏观经济学的首要目标，可见宏观经济学对于就业问题的重视程度。这其中涉及三个有关概念。

（一）充分就业

充分就业，广义的理解是指所有的生产要素都参与生产的状态，即所有的生产要素都就业才是充分就业；狭义的理解专指劳动这种生产要素，即经济中消灭周期性失业的就业状态。由于衡量资本和自然资源的就业比较困难，所以通常所说的充分就业是指劳动这种生产要素参与生产的状态。

（二）失业

失业是指有劳动能力的人找不到工作。把握失业的含义必须注意两点：一是符合法定工作条件。失业者是相对于具有某种工作条件来说的人，如达到法定的劳动年龄、具有劳动能力和劳动技能等。二是有工作的愿望且接受现行的工资。如果没有工作的愿望，或虽然有工作愿望但不接受现行的工资水平而没有工作的人，不属于失业者。符合工作条件但不按现行工资寻找工作的人叫作自愿失业者。

（三）失业率

失业率是指失业人口占劳动人口的比重。失业人口与就业人口之和即是劳动人口。

**拓展阅读——概念理解**

**我国的城镇登记失业人员与城镇登记失业率**

根据《中国统计年鉴2019》有关资料，在我国，城镇登记失业人员是指有非农业户口，在一定的劳动年龄内（16 周岁至退休年龄），有劳动能力，无业而要求就业，并在当地就业服务机构进行求职登记的人员；城镇登记失业率是指城镇登记失业人员与城镇单位就业人员（扣除使用的农村劳动力、聘用的离退休人员、港澳台地区及外方人员）、城镇单位中的不在岗职工、城镇私营业主、个体户主、城镇私营企业和个体就业人员、城镇登记失业人员之和的比。城镇登记失业率的计算公式为：

城镇登记失业率 = 城镇登记失业人数 ÷ ［城镇单位就业人员 − 使用的农村劳动力 − 聘用的离退休人员 − 聘用的港澳台及外方人员）+ 不在岗职工 + 城镇私营业主 + 城镇个体户主 + 城镇私营企业数及个体就业人员 + 城市登记失业人数］× 100%。

表 9-1 所示为 2010~2019 年我国城镇登记失业人数与城镇登记失业率。

表 9-1　　　　2010~2019 年我国城镇登记失业人数与城镇登记失业率

| 年份 | 城镇失业人口（万人） | 城镇登记失业率（%） |
| --- | --- | --- |
| 2010 | 908 | 4.1 |
| 2011 | 922 | 4.1 |
| 2012 | 917 | 4.1 |
| 2013 | 926 | 4.1 |
| 2014 | 952 | 4.1 |
| 2015 | 966 | 4.1 |
| 2016 | 982 | 4.0 |
| 2017 | 972 | 3.9 |
| 2018 | 974 | 3.8 |
| 2019 | 945 | 3.6 |

资料来源：《中国统计年鉴（2019）》。

## 二、失业的种类及原因

一般来说，失业按其原因可分为五大类。

### （一）摩擦性失业

摩擦性失业是指劳动力在部门、地区、企业之间的正常流动过程中暂时处于的无工作状态。例如，尚未找到工作的大学毕业生、从原单位离职暂未找到新工作的人员。在劳动力市场上，由于劳动供求双方的自由竞争，总有一小部分劳动者想要变换工作的地点、行业和企业，以寻找更好或更合适的工作岗位。当这些人处于寻找工作的过程中时，即暂时处于失业状态。摩擦性失业被认为是一种正常的或自然的失业。

### （二）季节性失业

季节性失业是指随着季节变化而变化的失业。如农业、旅游业和农产品加工业对劳动的需求有季节性，在需求淡季就会存在失业。季节性失业也被看作是一种"正常"的失业。

### (三) 结构性失业

结构性失业是指由于劳动者缺乏新工作岗位所要求的技能而产生的失业。像产业衰落、技术进步所引起的失业都属于结构性失业。例如，由于国家为治理环境污染而被迫关闭的污染源企业的失业工人、由于机器工业发展而被取代的手工劳动工人。通常存在结构性失业的同时也存在很多工作空缺。

### (四) 自愿失业

自愿失业是指工人所要求得到的实际工资超过了其边际生产率，或不愿意接受现行的工作条件而未被雇佣而造成的失业。非自愿失业是指具有劳动能力并愿意按现行工资率就业，但由于有效需求不足而得不到工作造成的失业。经济学中所讲的失业是指非自愿失业。

### (五) 周期性失业

周期性失业是指经济发展处于经济周期中的衰退或萧条时，因社会总需求下降而造成的失业。当经济发展处于一个周期中的衰退期时，社会总需求不足，因而厂商的生产规模也缩小，从而导致较为普遍的失业现象。周期性失业对于不同行业的影响是不同的，一般来说，需求的收入弹性越大的行业，周期性失业的影响越严重。也就是说，人们收入下降，产品需求大幅度下降的行业，周期性失业情况比较严重。

另外，经济学中常说的失业类型还包括隐藏性失业，所谓隐藏性失业是指表面上有工作，但实际上对产出并没有做出贡献的人，即有"职"无"工"的人，也就是说，这些工作人员的边际生产力为零。当经济中减少就业人员而产出水平没有下降时，即存在着隐藏性失业。美国著名经济学家阿瑟·刘易斯曾指出，发展中国家的农业部门存在着严重的隐藏性失业。

## 三、失业的影响

失业会产生诸多影响，一般可以将其分成两种：经济影响和社会影响。

### (一) 失业对经济的影响

#### 1. 失业造成产量损失

国内外经济学家们对失业的影响开展了长期且广泛的跟踪和研究，总结出了失业对经济发展和社会进步的各种影响。其中比较有影响力的是由美国经济学家阿瑟·奥肯（1929~1979）提出来的奥肯定律，该定律主要表述的是失业率上升与经济增长率下降相互关系的原理。奥肯定律指出，在一个社会中，失业率提高1%，可使经济增长率下降2%。那么，如果失业率提高2%，经济增长率就下降4%。当然，未被利用的自然资源是可以留给将来用的，但失业中浪费的劳动力则永远丧失了。

#### 2. 失业导致劳动者损失

失业给失业者本人及家庭造成了损失。他们失去了本来用劳动可以换得的收入。失业会导致个人的尊严受损，会导致家庭关系紧张，会导致生活水平下降和疾病增多，失业还会导致犯罪增多和社会秩序的混乱。失业津贴虽然会减轻一点他们在这方面的损失，然而毕竟弥补不了这种损失。而且对社会来说，失业津贴也是从有工作的家庭和企业所纳税金中筹得的，因而，失业津贴也是加给社会的负担。

3. 对 GDP 的影响

世界上绝大部分国家的经济数据显示，GDP 每下降 2 个百分点，失业率大约上升 1 个百分点。实际 GDP 必须保持与潜在 GDP 同样快的增长，以防止失业率的上升。如果政府想让失业率下降，那么，该经济社会的实际 GDP 的增长必须快于潜在 GDP 的增长。

（二）失业对社会的影响

失业对社会的影响巨大而深刻，失业者失去了本来用劳动可以换得的收入，社会学家的统计表明，在失业率居高不下的时候，社会的犯罪率明显高于低失业率时期。失业工人及其家庭的地位和声望也会因为失业而下降，因而他们身心健康也会受到影响。在失业率很高时，社会秩序同时会受到影响。经济学家和社会学家对经济数据和社会数据的分析表明，在失业问题尖锐时，酒精中毒、心脏病、婴儿死亡、精神错乱，以及虐待儿童和自杀的比率都会上升。

## 四、自然失业率

充分就业是宏观经济学的首要目标，那么如何才算得上是充分就业呢？经济生活中能不能实现充分就业呢？前文的分析让我们认识到现实生活中永远达不到 100% 就业，因为即使有足够的职业空缺，失业率也不会等于零，也仍然会存在摩擦性失业和结构性失业。在一个变化快速的现代社会中，永远存在着职业流动和行业的结构性兴衰，所以，总会有少部分人处于失业的状态。

因此，现代经济学认为，当一个社会中的周期性失业被消灭，只剩下摩擦性失业和结构性失业等失业类型时，这个社会就实现了充分就业。与充分就业相对应的一个概念是自然失业。

自然失业率是指在没有货币因素干扰的情况下，劳动市场和产品市场的自发供求力量起作用时，总需求和总供给处于均衡状态下的失业率。也就是指经济中消灭了周期性失业以后的失业率。即摩擦性失业和结构失业占劳动人口的比重。它并不是一个固定不变的值，而是随着经济社会的发展而变化，一般由政府根据有关调研数据来确定，如中国在一个较长的时期内确认其自然失业率为 8%，也就是说，当中国的失业率在 8% 或以下时，政府就不会采取有关措施来干预劳动市场的运行。因此，如何确定一个符合本国国情的自然失业率是各国政府面临的一个较大的课题。

【讨论】充分就业是 100% 就业吗？

*拓展阅读——时事关注*

2019 年 4 月 30 日，国务院总理李克强主持召开国务院常务会议，确定使用 1000 亿元失业保险基金结余实施职业技能提升行动的措施，提高劳动者素质和就业创业能力；讨论通过高职院校扩招100万人实施方案,加快培养各类技术技能人才促进扩大就业。

会议指出,根据中央经济工作会议和《政府工作报告》部署,就业优先政策是宏观经济政策的重要组成部分。今年保持经济运行在合理区间,就要实现比较充分的就业。稳就业是"六稳"的首要任务。实施大规模职业技能培训和高职扩招,既是保持就业稳定、缓解就业结构性矛盾的关键举措,也是经济转型升级和高质量发展的重要支撑。

会议确定了实施今年《政府工作报告》提出的职业技能提升行动的具体措施:一是大规模开展职业技能培训,今年培训1500万人次以上,三年内培训5000万人次以上。培训重点面向职工,兼顾就业重点群体和贫困劳动力。支持帮助企业特别是小微企业开展职工技能培训和困难企业职工转岗培训。加大高危行业从业人员安全技能培训力度。二是从失业保险基金结余中拿出1000亿元,设立专项账户,统筹用于职业技能提升行动。强化资金监管和使用情况公开,对以虚假培训等套取、骗取资金的依法严惩。三是支持地方调整完善职业培训补贴政策,符合条件的劳动者均可参加培训并获得补贴。四是深化"放管服"改革,推动职业院校扩大培训规模,支持企业、社会培训机构开展技能培训,民办机构在政府购买服务等方面与公办同类机构享受同等待遇。加强培训质量监管,提高培训针对性和实效性。

会议讨论通过了落实《政府工作报告》提出的今年高职扩招100万人任务的方案。主要内容包括:一是高职扩招重点布局在优质高职院校、发展急需和民生领域紧缺专业、贫困地区。加大东部地区院校向中西部地区招生。对退役军人、下岗失业人员、农民工、新型职业农民等单列招生计划。取消高职招收中职毕业生比例限制,在学前教育、护理、家政、养老、现代服务业等领域扩大中高职贯通培养招生规模。二是今年高考前组织一次高职扩招补报名,主要面向普通高中和中职毕业生、退役军人、下岗失业人员、农民工和新型职业农民等。10月份面向今年退役军人再增加一次报名。允许符合条件的往届中职毕业生参加高职招生。三是扩招以高职院校单独考试为主,各地可在高考前后合理安排考试时间。对退役军人、下岗失业人员、农民工和新型职业农民可免予文化素质考试,由学校组织相关职业适应性测试或技能测试。四是落实《国家职业教育改革实施方案》,采取弹性学制和灵活多元教学模式,保证培养质量。加快学历证书和职业技能等级证书互通衔接,推动高职毕业生在落户、就业、晋升等方面与普通高校毕业生享受同等待遇,为更多青年凭一技之长实现人生价值提供舞台。

资料来源:中国政府网(http://www.gov.cn/premier/2019-04/30/content_5387938.htm),2019年4月30日。

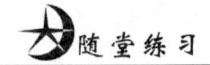

## 一、单项选择题

1. 失业率是指(    )。

A. 失业人口与全部人口之比

B. 失业人口与全部就业人口之比

C. 失业人口与全部劳动人口之比
D. 失业人口占就业人口与失业人口之和的百分比
2. 某人正在等待某项工作，这种情况可归类于（　　）。
   A. 就业                    B. 失业
   C. 非劳动力                D. 就业不足
3. 周期性失业是指（　　）。
   A. 经济中由于正常的劳动力流动而引起的失业
   B. 由于总需求不足而引起的短期失业
   C. 经济中一些难以克服的原因而引起的失业
   D. 经济中一些制度原因而引起的失业
4. 由于经济衰退而形成的失业属于（　　）。
   A. 摩擦性失业              B. 结构性失业
   C. 周期性失业              D. 自然失业
5. 下列人员中不属于失业人员的是（　　）。
   A. 调动工作间歇在家休养者   B. 半日工
   C. 季节工                  D. 对薪水不满意而待业在家的大学毕业生
6. 奥肯定律说明了（　　）。
   A. 失业率和实际国民生产总值之间高度负相关的关系
   B. 失业率和实际国民生产总值之间高度正相关的关系
   C. 失业率和物价水平之间高度负相关的关系
   D. 失业率和物价水平之间高度正相关的关系

## 二、多项选择题

1. 按失业产生的原因可将失业分为（　　）。
   A. 摩擦性失业              B. 结构性失业
   C. 周期性失业              D. 自愿性失业
   E. 季节性失业
2. 长期中存在的失业称为自然失业，以下属于自然失业的有（　　）。
   A. 摩擦性失业              B. 结构性失业
   C. 周期性失业              D. 自愿性失业
   E. 季节性失业
3. 失业对经济的影响主要反映为（　　）。
   A. 浪费劳动力资源          B. 减少国内生产总值
   C. 影响社会安定团结        D. 影响社会福利
   E. 企业减产

## 三、判断题

1. 衡量一个国家经济中失业情况的最基本指标是失业率。　　　　　　　（　　）

2. 在一个国家里,自然失业率是一个固定不变的数。 (    )
3. 只要存在失业工人,就不可能有工作空位。 (    )

# 模块二
# 通货膨胀

## 一、通货膨胀的含义和类型

### (一) 通货膨胀的含义

通货膨胀一般指国家纸币的发行量超过流通中所需要的货币量,引起纸币贬值,物价持续、普遍上涨的现象。它表现为整个经济中的大多数商品和劳务的价格连续在一段时间内普遍上涨。通货膨胀可以通过三个方面进行理解。

1. 通货膨胀是"一般物价水平"的上涨

"一般物价水平"是指全社会所有商品和劳务的平均价格水平。通货膨胀是一般物价水平的上涨,局部性或个别的商品和劳务的价格上涨不能被视为通货膨胀。

2. 通货膨胀反映了商品和劳务的"货币价格"的变化

通货膨胀以商品和劳务的价格为考察对象,关注商品和劳务的价格水平的变化趋势,其目的是为了将商品和劳务的价格与股票、债券和其他金融资产的价格区别开来。

3. 通货膨胀是物价的"持续上涨"

季节性、暂时性或偶然性的物价上涨并不能被视为通货膨胀,只有持续的价格水平上涨才能被称为通货膨胀。

### (二) 通货膨胀的类型

对于通货膨胀,可以从两个不同的角度来进行划分。

1. 按价格上涨幅度进行划分

按价格上涨幅度加以区分,通货膨胀有温和的通货膨胀、奔腾的通货膨胀和超级通货膨胀三种类型。

(1) 温和的通货膨胀,也称为爬行的通货膨胀,是指价格水平在相当长的时间内稳定且以较低的比率持续上涨。一般认为这种温和的通货膨胀不会对经济造成巨大的恶性影响,甚至还有经济学家认为这种缓慢而持续的价格上升对经济和收入的增长有积极的刺激作用。

(2) 奔腾的通货膨胀,也称为加速的通货膨胀,是指通货膨胀率一般为两位数到三位数的情况,而且不断加剧。这时,货币流通速度提高而货币的实际购买力下降,这种通货膨胀对经济具有较大的破坏作用,因为当这种通货膨胀发生以后,由于价格上涨速度快、上涨幅度大,公众预期价格还会进一步上涨,人们便会寻找一切机会抢购商品,从而使得产品市场和劳动力市场的均衡遭到破坏。正常的经济运行秩序被破坏,经济体系受损。

（3）超级通货膨胀，也称为恶性的通货膨胀，是指通货膨胀率在三位数以上，而且完全失控。发生这种通货膨胀时，价格持续猛涨，人们都想尽快地把货币脱手，从而大大加快货币流通速度。其结果是货币完全失去了人们的信任，货币的购买力大幅下降，各种正常的经济联系遭到破坏，致使货币体系和价格体系最后完全崩溃，在严重的情况下，还会出现社会动乱。这种通货膨胀一般只在战争或者国家制度变革的情况下发生，其结果往往是在整个经济体系崩溃的情况下最终导致政府垮台。

2. 按对不同商品的价格影响大小进行划分

按照对不同商品的价格影响大小加以区分，通货膨胀有平衡的通货膨胀、非平衡的通货膨胀两种类型。

（1）平衡的通货膨胀是指每种商品的价格都按相同的比例上升。这里所指的商品价格包括生产要素以及各种服务的价格，如工资率、租金、利率等。

（2）非平衡的通货膨胀是指各种商品价格上升的比例并不完全相同。如近年来，我国房地产价格上升迅速，而一般日用消费品（如家电、计算机、汽车等）的价格反而有下降趋势。

## 二、通货膨胀的原因

### （一）需求拉动型通货膨胀

需求拉动型通货膨胀是指单纯从需求角度来寻求通货膨胀根源的一种理论观点。这种理论产生于20世纪50年代以前，认为通货膨胀是由于总需求过度增长所引起的，是由于"太多的货币追求太少的货物"，从而使包括物资与劳务在内的总需求超过了按现行价格可得到的总供给，因而引起物价上涨。需求拉动型通货膨胀可能通过两种途径产生：一是在货币需求量不变时，货币供给增加过快。这种说法为多数。二是经济体系对货币需求大大减少，即使在货币供给无增长的条件下，原有的货币存量也会相对过多。

### （二）成本推动型通货膨胀

成本推动型通货膨胀是指通货膨胀的根源在于总供给变化的一种理论观点。在总需求曲线不变的情况下，包括工资推动型通货膨胀、原材料成本推动型通货膨账和利润推动型通货膨胀，具体是指由于商品成本上升或追求一定利润水平而使物价水平普遍上涨的一种货币经济现象。

成本推动型通货膨胀可以归纳为三个原因：一是工会力量对工资提高的要求。工资提高引起价格上涨，价格上涨又引起工资提高。这样，工资提高和价格上涨形成了螺旋式的上升运动，形成工资推动型通货膨胀。二是垄断行业中企业为追求利润制定的垄断价格。垄断企业和寡头企业利用市场势力谋取过高利润所导致的一般价格水平的上涨，形成利润推动型通货膨胀。三是厂商生产中所需要的原材料价格上升推动商品和服务的价格上升而形成的原材料成本推动型通货膨胀。

### （三）结构型通货膨胀

结构型通货膨胀是指由于经济结构因素的变动导致的一般价格水平的持续上涨。即物价的上涨是由于对某些部门的产品需求过多，虽然经济的总需求并不过多，但最初由于某些经济部门的压力使物价和工资水平上升，之后其他部门的物价和工资水平由于要向那些经济部门看齐，也都趋于上升，于是便出现了全面的通货膨胀。

当然，通货膨胀是现代经济社会中常见的、复杂的社会经济现象，其产生的根源往往不仅仅是上述三种原因中的某一种，而是由其中的两种或三种原因共同交织在一起，这就需要根据不同的情况进行具体分析。

### 拓展阅读——小故事

#### 亿万富翁最多的国家——津巴布韦

津巴布韦也许是世界上唯一一个亿万富翁与香车、洋房联系不起来的国家。津巴布韦的通货膨胀率达到2200000%，创下世界纪录。自从1980年津巴布韦获得独立以来通货膨胀率持续飙升。2008年初，津巴布韦政府开始发行面额100万津元、500万津元、1000万津元和最高5亿津元的钞票。2009年1月开始发行一套世界上最大面额的新钞：10万亿津元、20万亿津元、50万亿津元和100万亿津元四种。

津巴布韦不断发行大面额新钞是为了应对严峻的经济形势和货币贬值。政治危机加剧了国内的经济危机，目前商品严重短缺，尤其是食品短缺，数百万人口处于饥饿之中。

现在津巴布韦已使用美元，不使用津元发工资了，100万亿津元，贬值到最低时只能买半个面包。

### 拓展阅读——概念理解

#### 神秘的 CPI

CPI 是居民消费价格指数（Consumer Price Index）的简称。居民消费价格指数是一个反映居民家庭一般所购买的消费品和服务项目价格水平变动情况的宏观经济指标。它是在特定时段内度量一组代表性消费商品及服务项目的价格水平随时间而变动的相对数，是用来反映居民家庭购买消费商品及服务的价格水平的变动情况。

居民消费价格统计调查的是社会产品和服务项目的最终价格，一方面同人民群众的生活密切相关，同时在整个国民经济价格体系中也具有重要的地位。它是进行经济分析和决策、价格总水平监测和调控及国民经济核算的重要指标。其变动率在一定程度上反映了通货膨胀或紧缩的程度。

2019年12月份，全国居民消费价格同比上涨4.5%。其中，城市上涨4.2%，农村上涨5.3%；食品价格上涨17.4%，非食品价格上涨1.3%；消费品价格上涨6.4%，服务价格上涨1.2%。12月份，全国居民消费价格环比持平。其中，城市持平，农村下降0.1%；食品价格下降0.4%，非食品价格上涨0.1%；消费品和服务价格均持平。2019年全年，全国居民消费价格比上年上涨2.9%。

资料来源：根据百度百科整理。

### 三、通货膨胀对经济的影响

**(一) 通货膨胀会产生再分配效应**

通货膨胀的再分配效应主要表现在以下几个方面：①那些名义收入增长快于物价水平上升的人会从通货膨胀中获益；②通货膨胀对固定收入者不利；③通货膨胀在债权人与债务人之间发生收入再分配作用；④引起财富的再分配效应。财富可以分为两类：货币资产和非货币资产。如果资产本身或者其收益的名义值是固定的，那么这种资产就是货币资产，如现金、活期存款、定期存款和债券。如果资产本身或者其收益的名义值不是固定的，那么这种资产就是非货币资产，如土地、房产、股票等。

**(二) 通货膨胀影响消费者行为**

通货膨胀预期会改变消费者行为，消费者对价格上涨和通货膨胀的承受力越弱，他们的通货膨胀预期就会越快形成，且非常坚定。抢购、囤积日用消费品的现象和非理性行为更多更快地出现，并且更早地出现在储蓄、收入水平更低的人群中。

**(三) 通货膨胀影响资源配置**

资源的有效配置提高了经济效率，促进经济的增长和正常发展，而一旦发生通货膨胀，由于货币的破坏力导致价格系统紊乱，就会打乱市场机制的有效秩序，干扰市场信号的传递并使信号失真，造成资源配置失调，降低经济效率并使经济陷于不稳定状态。

**(四) 通货膨胀影响就业**

通货膨胀和失业在短期内存在交替关系，而在长期内，通货膨胀对失业基本没有影响。通货膨胀不可能在长期内解救大规模失业。通货膨胀能增加就业的效果是暂时的，一旦通货膨胀结束，或当它不再按足够的比率速度增加时，这些就业将会消失，并将引起新的失业。通货膨胀持续的时间越久，其工作依赖于持续的和加速度的通货膨胀的劳动工人人数就越多。

【讨论】我国目前年进口石油突破4亿吨，请问国际石油价格的上涨有可能形成成本推动型通货膨胀吗？如果形成了，应该采取哪些对策？

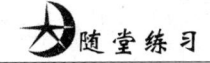

### 一、单项选择题

1. 通货膨胀是（　　）。

A. 一般物价水平普遍、持续的上涨

B. 货币发行量超过流通中的黄金量

C. 货币发行量超过流通中的商品的价值量

D. 以上都不是

2. 温和的通货膨胀是指（　　）。

A. 通货膨胀率在10%以上，并且在加剧的趋势

B. 通货膨胀率以每年5%的速度增长

C. 通货膨胀率一直保持在2%~3%的水平

D. 通货膨胀率每年50%以上

3. 经济中存在着通货膨胀的压力，由于政府实施了严格的价格管制而使物价并没有上升，此时（　　）。

　　A. 不存在通货膨胀　　　　　　　　B. 存在着温和的通货膨胀

　　C. 存在着恶性通货膨胀　　　　　　D. 存在着隐蔽的通货膨胀

4. 下列表述中正确的是（　　）。

　　A. 在任何情况下，通货膨胀对经济的影响都很小

　　B. 在通货膨胀可以预期的情况下，通货膨胀对经济的影响也很大

　　C. 在通货膨胀不能预期的情况下，通货膨胀有利于雇主而不利于工人

　　D. 在任何情况下，通货膨胀对经济的影响都很大

5. 需求拉动型通货膨胀（　　）。

　　A. 通常用于描述某种由供给因素所引起的价格波动

　　B. 通常用于描述某种由总需求的增长所引起的价格波动

　　C. 表示经济制度已调整过的预期通货膨胀率

　　D. 以上均不是

6. 抑制需求拉动型通货膨胀，应该（　　）。

　　A. 控制货币供应量　　　　　　　　B. 降低工资

　　C. 解除托拉斯组织　　　　　　　　D. 减税

7. 由于工资提高而引起的通货膨胀是（　　）。

　　A. 需求拉动型通货膨胀

　　B. 成本推动型通货膨胀

　　C. 需求拉动型通货膨胀和成本推动型通货膨胀

　　D. 结构型通货膨胀

8. （　　）最可能是成本推动通货膨胀的原因。

　　A. 银行贷款的扩张　　　　　　　　B. 预算赤字

　　C. 进口商品价格的上涨　　　　　　D. 投资率下降

9. 成本推动型通货膨胀（　　）。

　　A. 通常用于描述某种由供给因素所引起的价格波动

　　B. 通常用于描述某种由总需求的增长所引起的价格波动

　　C. 表示经济制度已调整过的预期通货膨胀率

　　D. 以上都不是

## 二、多项选择题

1. 下列因素中，可能造成需求拉动型通货膨胀的有（　　）。

　　A. 过度扩张性的财政政策　　　　　B. 过度扩张性的货币政策

　　C. 消费习惯突然的改变　　　　　　D. 农业的歉收

E. 劳动生产率的突然降低

2. 按照价格上涨幅度加以区分,通货膨胀包括（　　）。

A. 温和的通货膨胀 　　　　　　　　B. 奔腾的通货膨胀

C. 平衡的通货膨胀 　　　　　　　　D. 非平衡的通货膨胀

E. 恶性的通货膨胀

### 三、判断题

1. 在任何经济中,只要存在着通货膨胀压力,就会表现为物价水平的上升。（　　）
2. 经济学家认为,引起工资推动型通货膨胀和利润推动型通货膨胀的根源都在于经济中的垄断。（　　）
3. 在总需求不变的情况下,总供给曲线向左上方移动所引起的通货膨胀称为供给推动型通货膨胀。（　　）
4. 所有的经济学家都主张用通货膨胀来刺激经济。（　　）
5. 没有预料到的通货膨胀有利于雇主,而不利于雇工。（　　）

# 模块三
# 菲利普斯曲线

## 一、菲利普斯曲线的含义

1958年,新西兰经济学家菲利普斯根据英国1867~1957年间失业率和货币工资变动率的经验统计资料,提出了一条用以表示失业率和货币工资变动率之间交替关系的曲线。这条曲线表明：当失业率较低时,货币工资增长率较高;反之,当失业率较高时,货币工资增长率较低,甚至是负数。根据成本推动型通货膨胀理论,货币工资率可以表示为通货膨胀率。因此,这条曲线就可以表示失业率与通货膨胀率之间的交替关系。即失业率高表明经济处于萧条阶段,这时工资与物价水平都较高,从而通货膨胀率也高。失业率和通货膨胀率之间存在着反方向变动的关系。

菲利普斯曲线是用来描述失业率与通货膨胀率之间替代关系的曲线：当失业率高时,通货膨胀率就低;当失业率低时,通货膨胀率就高。菲利普斯曲线如图9-1所示。

在图9-1中,横轴表示失业率u,纵轴表示通货膨胀率π,向右下方倾斜的曲线PC即为菲利普斯曲线。菲利普斯曲线说明了失业率与通货膨胀率之间存在着替代关系。菲利普斯曲线的重要观点有：

(1) 通货膨胀是由工资成本推动所引起的,这就是成本推动型通货膨胀理论。正是根据这个理论把货币工资增长率同通货膨胀率联系了起来。

(2) 失业率和通货膨胀率存在着交替的关系,它们是可以并存的,这是对凯恩斯观点的否定。

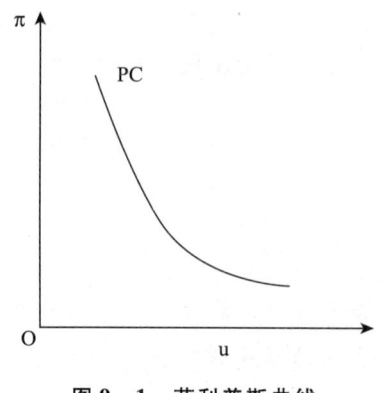

图 9-1 菲利普斯曲线

(3) 当失业率为自然失业率（u）时，通货膨胀率为 0，因此，可以把自然失业率定义为通货膨胀率为 0 时的失业率。

(4) 由于失业率和通货膨胀率之间存在着交替关系，因此，可以运用扩张性的宏观经济政策，用较高的通货膨胀率来换取较低的失业率，也可以运用紧缩性的宏观经济政策，以较高的失业率来换取较低的通货膨胀率。这就为宏观经济政策的选择提供了理论依据。

## 二、菲利普斯曲线的应用

菲利普斯曲线为政府实施经济干预、进行总需求管理提供了一份可供选择的菜单。它意味着可以用较高的通货膨胀率为代价来降低失业率或实现充分就业；而要降低通货膨胀率和物价，就要以较高的失业率为代价。也就是说，失业率与通货膨胀率之间存在着一种"替换关系"，想要降低或增加其中的一个，就要以增加或降低另一个为代价。

具体而言，一个经济社会首先要确定一个临界点，由此确定一个失业率与通货膨胀率的组合区域。如果实际的失业率和通货膨胀率的组合在组合区域内，则政策的制定者不采用调节措施；如果在区域之外，则可根据菲利普斯曲线所表示的关系进行调节。图 9-2 说明了这种调节的过程。

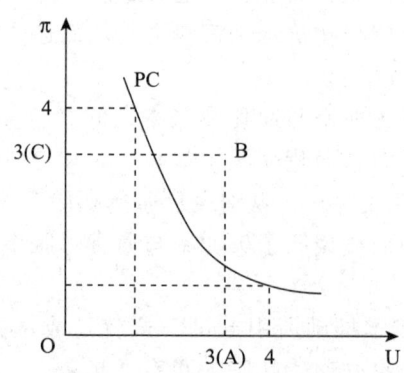

图 9-2 菲利普斯曲线的应用

在图 9-2 中，假定当失业率和通货膨胀率在 3% 以内时，经济社会被认为是安全的或可以容忍的，这时在图中就得到了一个临界点，即 B 点，B 点与 O 点共同形成的一个四边形的区域（OABC），称其为安全区域。如果该经济社会的实际失业率与通货膨胀率组合落在安全区域内，则政策制定者无须采取任何措施进行调节。

如果实际的通货膨胀率高于 3%，如达到 4%，该经济社会的失业率仍在可接受的范围内，政策制定者可以采取紧缩性政策，以提高失业率为代价降低通货膨胀率，从图中可以看到，当通货膨胀率降到 4% 以下时，经济社会的失业率仍然在可以接受的范围内。

如果实际的失业率高于 3% 时，如达到 4%，依据菲利普斯曲线，政策制定者可采取扩张性政策，以提高通货膨胀率为代价降低失业率，从图中可以看出，当失业率降到 4% 以下时，经济社会的通货膨胀率仍然在可接受的范围内。

**拓展阅读——小故事**

### 现代最经典的两次通货膨胀

第一次世界大战后的德国与 1945~1949 年的中国所爆发的恶性通货膨胀，是人类有史以来两例最经典的恶性通货膨胀。

如果 1922 年 1 月的物价指数为 1，那么 1923 年 11 月的物价指数则为 100。如果一个人在 1922 年初持有 3 亿马克债券，两年后，这些债券的票面价值已经买不到一片口香糖了。沃伦教授和皮尔逊教授曾将德国的通货膨胀数字绘成书本大小的直观柱状图，可是限于纸张大小，未能给出 1923 年的数据直观柱状图，结果不得不在脚注中加以说明：如果将该年度的数据画出，其长度将达到 200 万英里。

德国在第一次世界大战败北之后，丧失了 1/7 的领土和 1/10 的人口，各种商行及工业产品均减少，同时按 1921 年金马克赔偿 1320 亿赔款。在实际中，德国不得不靠发行纸币来渡过难关，结果是陷入灾难的深渊。当时政府以极低的利率向工商业者贷款，同时投放巨额纸币，但它们很快就贬值了，从而债务人得以用廉价的马克偿还贷款。"新富"们在通货膨胀中发了大财，"旧富"们面临崩溃。各个经济部门和各个家庭生活在此不公平中受到致命打击。

中国恶性通货膨胀历程与德国如出一辙。抗日战争爆发初期，货币发行呈温和上升态势，1938 年以后以每年翻番的速度增长，至抗日战争结束后的 1945 年底，发行量较 1937 年 6 月增加了 730.8 倍，平均每月增长率为 6.7%。

## 三、短期菲利普斯曲线与长期菲利普斯曲线

菲利普斯曲线所揭示的失业率与通货膨胀率的替换关系，与美国等西方发达国家 20 世纪五六十年代的通货膨胀和失业率的数据较为吻合，但到 20 世纪 70 年代末期，由于滞胀的出现，失业率与通货膨胀率之间的这种替换关系不存在了，于是对失业率与通货膨胀率之间的关系又有了新的解释。

1968 年，美国货币学派代表人物弗里德曼指出了菲利普斯曲线分析的一个严重缺陷，

即它忽略了影响工资变动的一个重要因素,工人对通货膨胀的预期。他认为,企业和工人关注的不是名义工资,而是实际工资,根据这种观点,人们预期通货膨胀率越高,名义工资增加就越快,由此,弗里德曼提出了短期菲利普斯曲线的概念。

短期菲利普斯曲线就是预期通货膨胀保持不变,表示通货膨胀率与失业率之间关系的曲线。在短期(指从预期到需要根据通货膨胀做出调整的时间间隔)中,工人来不及调整通货膨胀预期,预期的通货膨胀率可能低于以后实际发生的通货膨胀率。这样,工人所得到的实际工资可能小于先前预期的实际工资。从而实际利润增加,刺激了投资,就业增加,失业率下降。在这个前提下,通货膨胀率与失业率之间存在着交替关系。也就是说,向右下方倾斜的菲利普斯曲线在短期内是可以成立的,因此,在短期中引起通货膨胀率上升的扩张性财政政策与扩张性货币政策是可以起到减少失业的作用。这就是通常所说的宏观经济政策的短期有效性。

在长期中,工人将根据实际发生的情况不断调整自己的预期,工人预期的通货膨胀率与实际发生的通货膨胀率迟早会一致。这时工人会要求增加名义工资,使实际工资不变,从而通货膨胀就不会起到减少失业的作用。失业率与通货膨胀率之间并不存在替换关系,因此,长期菲利普斯曲线是一条垂直于横轴的直线。在长期中总能实现充分就业,经济社会的失业率将处于自然失业率的水平,因此,通货膨胀率的变化不会影响长期中的失业率水平。

由于人们会根据实际发生的情况不断调整自己的预期,所以短期菲利普斯曲线将不断移动,从而形成长期菲利普斯曲线,如图9-3所示。

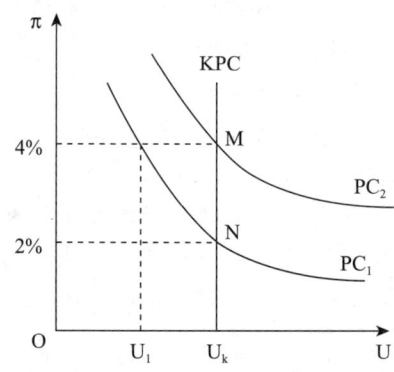

图9-3 从短期到长期的PC

在图9-3中,假定某一经济体系处于自然失业率 $U_k$,通货膨胀率为2%的N点,此时若政府采取扩张性政策,以使失业率降低至 $U_1$,由于扩张性政策的实施,总需求增加,导致价格水平上升,通货膨胀率也上升至4%。由于在N点处工人预期的通货膨胀率为2%,而现在实际的通货膨胀率为4%,高于预期的通货膨胀率,从而工人的实际工资下降,导致厂商生产积极性提高,产出水平和就业率增加,于是失业率下降到 $U_1$。于是就会发生图中短期菲利普斯曲线 $PC_1$ ($P^e=2\%$) 所示的情况,失业率由 $U_k$ 下降到 $U_1$,而通货膨胀率则从2%上升到4%。

当然,这种情况只是短期的,经过一段时间后,工人们会发现价格水平的上升和实际工资的下降,这时他们便会要求提高货币工资,与此同时,工人们会相应地调整其预期,即从原来的 2% 调整到现在的 4%，伴随着这种调整，实际工资回落到原有的水平，相应地，企业生产和就业也都回到原有的水平。失业率又回到了原来的 $U_k$，但此时，经济已经处于具有较高通货膨胀率预期（即 4%）的 M 点。

以上过程重复下去，在短期内，由于工人不能及时改变预期，存在着失业率和通货膨胀率之间的替换关系，表现在图形上，便有诸如 $PC_1$、$PC_2$……的各条短期菲利普斯曲线。随着工人预期通货膨胀率的上升，说明菲利普斯曲线不断上升。

从长期看，工人预期的通货膨胀与实际的通货膨胀是一致的，因此，企业不会增加生产和就业，失业率也就不会下降，从而形成了一条在自然失业率水平上的长期菲利普斯曲线 KPC。图 9-3 中，垂直的长期菲利普斯曲线表明，在长期中，失业率与通货膨胀率之间并不存在替换关系。

【讨论】长期菲利普斯曲线为什么是一条垂直于横轴的直线？

## 拓展阅读——经典阅读

### 工作搜寻原理：经济学家告诉你，你为什么找不到工作！

一边是民工荒，企业招不到工；一边是大学生就业难，找不到工作。这既是中国就业现状的写照，也是 2010 年度诺贝尔经济学奖工作的起点。那么为什么一边企业需要人一边毕业生会找不到工作呢？

传统经济学假设劳动力市场是一个自由竞争的市场，就是说市场上人很多，一个工作你不做，立马就有其他人填补上来。所以不可能出现一边有大量企业找不到人一边有大量人找不到工作这种自相矛盾的情况。然而真实世界远比想象的要复杂。找工作就跟找对象一样，怕入错行也怕嫁错郎，公司和工人之间要相互看对眼，正如恋人之间一样。然而要看对眼，并不是免费的，需要投入成本才能发现对方是不是合适的人。换句话说，双方之间的信息是不对称的。所以公司才需要工人提供简历、要面试、还要试用，反过来工人也在同期考察公司是不是适合自己。

信息不对称的问题有时候会导致公司和工人过高或过低评价对方。例如，有些公司喜欢招有党员身份的工人，可能认为党员工人能全心全意为人民服务，但这完全有可能是高估了"党员"这一信息的价格，这些工人全然不像党员，更像是个官老爷。出事领导先走，有利领导先来。这样就很不合算了。当然，如果公司找工人没什么成本的话，那么就可以一直找下去，最终找到适合岗位的人。但很不幸，跟物理世界存在摩擦一样，劳动力市场也存在这种摩擦，导致交易成本很高。这个问题其实就是在原来竞争导致均衡价格出现基础上提出的搜寻成本问题。

1937 年科斯在《企业的性质》中讨论了市场有交易成本，所以企业在边际管理成本等同市场边际交易费用时取代市场。1960 年，科斯又在《社会成本问题》中解释了解决外部性问题一开始的清晰产权界定很重要，因为有交易费用存在。

交易费用的思想也影响了其他经济学家。20 世纪 60 年代，经济学家们开始研究"搜寻—配对"（Searching-Matching）问题。不过直到 1971 年，戴蒙德（Peter Diamond）发表了一篇文章深入讨论了"卖方考虑到买方搜寻有成本的反应行为",指出"考虑搜寻成本在内的均衡价格不同于之前假设无搜寻成本的均衡价格"。这一文章引发了后续对搜寻问题的研究。20世纪80年代,戴蒙德(Peter Diamond)、莫腾生(Dale Mortensen)和皮沙瑞(Christopher Pissarides)进行了一系列后续研究,创立了DMP模型。

搜寻理论和DMP模型在中国某些领域有广泛的应用,最著名的是在住房市场上的应用。因为总是有房子空,也总有人想买房子,这就变成了一个经典的"搜寻—匹配"模型,信息不对称、外部性、交易费用等理念一样可以用来分析住房市场的问题。还有一个应用就是前面提到的"怕嫁错郎"的家庭领域。搜寻理论还被应用于广阔的宏观经济领域,如货币理论、公共经济学和区域经济学等。

戴蒙德等人还指出,为了避免阻碍劳动力流动,养老金应该随着工人在企业和地区间流动;中国领取养老金年龄应提高到65岁,领取的金额也应该提高;现行统收统支的模式必须进行改革,留下来的养老金缺口或通过国有资产划拨来补充,这也是后来"国企分红论"的来源。

中国经济市场依旧是一个转型的市场经济,除了在成熟市场经济中的"信息不对称"和"外部性"问题之外,更有法治缺失竞争扭曲的问题。而搜寻理论和DMP模型可以作为理论基准来对照中国的现实。如何完善市场机制,如何限定政府的有效监管,如何使"搜寻—匹配"的成本更小,都是中国未来要提高经济效率必须正视的问题。

资料来源:李芳华:《经济》杂志(有删减)。

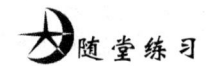

随堂练习

### 一、单项选择题

1. 菲利普斯曲线是一条描述(　　)。
   A. 失业与就业之间关系的曲线　　B. 工资与就业之间关系的曲线
   C. 工资与利润之间关系的曲线　　D. 失业与通货膨胀之间交替关系的曲线

2. 一般来说,菲利普斯曲线是一条(　　)。
   A. 向右上方倾斜的曲线　　B. 向右下方倾斜的曲线
   C. 水平线　　D. 垂线

3. 菲利普斯曲线的基本含义是(　　)。
   A. 失业率和通货膨胀率同时上升　　B. 失业率和通货膨胀率同时下降
   C. 失业率上升,通货膨胀率下降　　D. 失业率与通货膨胀率无关

4. 根据菲利普斯曲线,降低通货膨胀率的办法是(　　)。
   A. 减少货币供给量　　B. 降低失业率
   C. 提高失业率　　D. 增加工资

5. 根据短期菲利普斯曲线,失业率和通货膨胀率之间的关系是(　　)。
   A. 正相关　　B. 负相关
   C. 无关　　D. 不能确定

## 二、多项选择题

1. 菲利普斯曲线表明（　　）。
   A. 失业率低，通货膨胀率越低
   B. 失业率越高，通货膨胀率越高
   C. 失业率越高，通货膨胀率高
   D. 失业率越高，通货膨胀率越低
   E. 失业率与通货膨胀率存在负相关关系

2. 菲利普斯曲线的特征有（　　）。
   A. 菲利普斯曲线斜率为负
   B. 菲利普斯曲线是一条直线
   C. 菲利普斯曲线与横轴相交的失业率为正值
   D. 菲利普斯曲线不是一条直线
   E. 菲利普斯曲线与横轴相交的失业率为0

## 三、判断题

1. 凯恩斯主义、货币主义和理性预期学派，围绕菲利普斯曲线的争论，表明了他们对宏观经济政策的不同态度。（　　）
2. 失业率与通货膨胀率的交替关系在短期有效，而在长期无效。（　　）

## 本项目小结

失业与通货膨胀是现代经济发展的两大顽症，任何国家或地区的经济发展都无法避免这两大问题的冲击，由于这两大经济现象会对一国或地区的国民经济和居民生活造成巨大影响，因此，它们是宏观经济学的两大中心问题。

经济学中所说的失业指的是非自愿失业。失业可以分为摩擦性失业、结构性失业、周期性失业、季节性失业和自愿失业等种类，此外，还有一种失业被称为隐蔽性失业。失业会对国民经济造成巨大损失，奥肯定律即提示了这一规律，宏观经济学的一大目标是实现充分就业，充分就业并不等于100%就业，而是一个社会中消灭了周期性失业时的状态，此时只剩下摩擦性失业和结构性失业，此时失业率即为自然失业率。

造成通货膨胀的原因主要有总需求拉动、成本推动和经济结构变化等。菲利普斯曲线是一条用来描述失业率与通货膨胀率之间关系的曲线，现代经济学认为，在短期中，失业率与通货膨胀率之间存在着替代关系；在长期中，失业率与通货膨胀率之间并不存在替代关系，因而在长期中政府的宏观经济政策是无效的。

## 项目思考题

1. 通货膨胀是怎样形成的？
2. 通货膨胀对经济活动有什么影响？

## 观察与分析

1. 将班级同学每 8~10 人分为一组，走访调研 2~3 所高职院校近两年毕业生的就业情况，撰写大学生就业情况调研报告。（1000 字左右）

2. 根据前期调研情况，在班级内组织辩论赛。

正方观点：大学生应该先就业再择业。

反方观点：大学生应该先择业再就业。

# 项目十 Project 10 宏观经济政策

**知识点**

**知识目标：**
◇ 熟悉宏观经济政策的含义，理解宏观经济政策的目标；
◇ 理解相关财政政策工具；
◇ 理解相关货币政策工具。

**能力目标：**
◇ 能够分析经济政策的实际效果；
◇ 能够综合运用财政政策和货币政策解决实际问题。

**重点难点：**
◇ 货币政策和财政政策工具；
◇ 财政政策和货币政策的不同配合形式。

**思维导图**

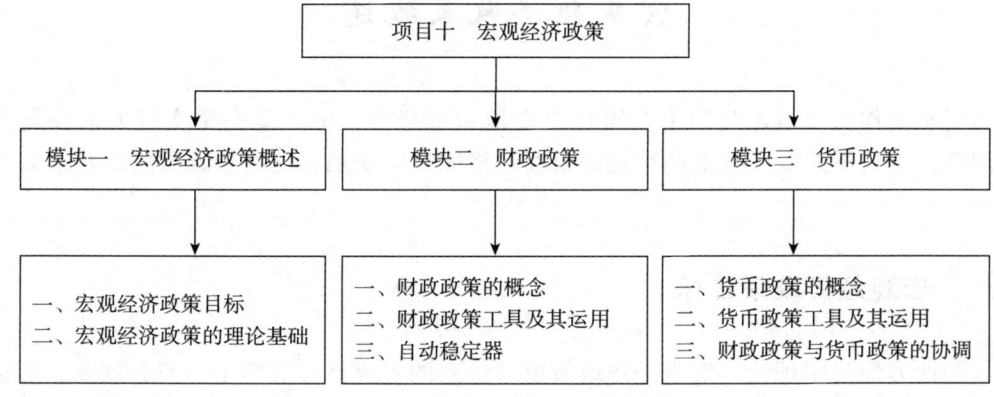

> 经济现象引入

### 2019 宏观经济政策展望

影响经济的要素有很多,某种意义上看似乎是不可预测的,但是政策是可以预测的,是有规律可循的,政策是少数人制定出来的。抓住政策的意义,对我们判断经济走向以及投资十分必要。从 2016 年开始,供给侧结构性改革之后,政府和市场的关系发生了新的巨大变化,政府和市场看待问题的视角完全不一样,这个时候判断清楚政策就非常重要。

中美贸易摩擦左右了 2018 年全球经济的走势,我国 2018 年四季度 GDP 增速是 6.4%,跟 2009 年一季度金融危机时水平相同。

预计我国 2019 年经济降中趋稳,而经济政策将稳健偏宽松。预计 2019 年积极财政政策力度将集中于减税降费约 2 万亿元左右,其中增值税减税 8000 亿~9000 亿元,个税调整减税 4000 亿元左右,城镇职工基本养老单位缴费比例调减降费 5000 亿元左右。

基建方面,项目偏公益性质。大量的融资平台承担了公益性以及准公益性的项目,占比较高的建筑与工程中多数涉及市政设施建设项目,项目特质决定了平台整体盈利能力较为有限,制约偿债能力。金融监管略有松动,央行"双支柱"淡化,非标、影子银行的监管可能有所放松,但不会反转,降息仍有可能。

三大攻坚战并非放缓,只是调节奏,换方式。防控金融风险由去杠杆转变为稳杠杆,更加重视控制地方债务风险和房地产风险。防控污染到 2020 年必须有成效,国庆 70 周年阅兵,可能会对京津冀产能造成影响,临时性措施和长期性措施共同推进。

资料来源:《期货日报网》(http://www.qhrb.com.cn/2019/0325/246159.shtml)。

什么是宏观经济政策?宏观经济政策有哪些工具?能达到什么样的目标?本项目将和你一起探讨相关问题。

# 模块一
## 宏观经济政策概述

市场机制作为"看不见的手"可以自发地调节经济,但不能完全实现人们预期的目标。因此,不得不采取干预措施来克服市场经济固有的缺陷,这些干预措施就是宏观经济政策。

### 一、宏观经济政策目标

按照西方经济学理论,宏观经济政策要求达到的主要目标有四个:充分就业、物价稳定、经济增长、国际收支平衡。

## （一）充分就业

充分就业是指包含劳动在内的一切生产要素都以愿意接受的价格参与生产活动的状态。充分就业包含两种含义：一是指除了摩擦失业和自愿失业之外，所有愿意接受各种现行工资的人都能找到工作的一种经济状态，即消除了非自愿失业就是充分就业。二是指包括劳动在内的各种生产要素都按其愿意接受的价格，全部用于生产的一种经济状态，即所有资源都得到充分利用。失业意味着稀缺资源的浪费或闲置，从而使经济总产出下降，社会总福利受损。因此，失业的成本是巨大的，降低失业率，实现充分就业就常常成为西方宏观经济政策的首要目标。

## （二）物价稳定

物价稳定是指物价总水平的稳定。一般用价格指数来衡量一般价格水平的变化。价格稳定不是指每种商品价格的固定不变，也不是指价格总水平的固定不变，而是指价格指数的相对稳定。价格指数又分为消费物价指数（CPI）、批发物价指数（PPI）和国民生产总值折算指数（GNPdeflator）三种。物价稳定并不是通货膨胀率为零，而是允许保持一个低而稳定的通货膨胀率，所谓低，就是通货膨胀率在1%~3%之间，所谓稳定，就是指在相当时期内能使通货膨胀率维持在大致相等的水平上。这种通货膨胀率能为社会所接受，对经济也不会产生不利的影响。

## （三）经济增长

经济增长是指一个国家或地区在一定时期内的总产出与前期相比所实现的增长。它包括：一是维持一个高经济增长率；二是培育一个经济持续增长的能力。一般认为，经济增长与就业目标是一致的。经济增长通常用一定时期内实际国民生产总值年均增长率来衡量。经济增长会增加社会福利，但并不是增长率越高越好。这是因为经济增长一方面要受到各种资源条件的限制，不可能无限地增长，尤其是对于经济已相当发达的国家来说更是如此。另一方面经济增长也要付出代价，如造成环境污染、引起各种社会问题等。因此，经济增长就是实现与本国具体情况相符的适度增长率。

## （四）国际收支平衡

国际收支平衡也称外部平衡，其基本含义是国际收入等于国际支出。如国际支出大于收入，即为逆差；收入大于支出，即为顺差。一国的国际收支状况不论是从一个时期看还是从某一时刻看，总是处于不平衡状态，不平衡是经常的、绝对的，平衡则是偶然的、相对的。

国际收支平衡的目标要求做到汇率稳定，外汇储备有所增加，进出口平衡。国际收支平衡不是消极地使一国在国际收支账户上经常收支和资本收支相抵，也不是消极地防止汇率变动、外汇储备变动，而是使一国外汇储备有所增加。适度增加外汇储备看作是改善国际收支的基本标志。同时由于一国国际收支状况不仅反映了这个国家的对外经济交往情况，还反映出该国经济的稳定程度。

充分就业、物价稳定、经济增长、国际收支平衡这四大目标相互之间既存在互补关系，也有交替关系。互补关系是指一个目标的实现对另一个目标的实现有促进作用。如为了实现充分就业水平，就要维护必要的经济增长。交替关系是指一个目标的实现对另一目标有排斥作用。如物价稳定与充分就业之间就存在两难选择。为了实现充分就业，必须刺激总需求，扩大就业量，这一般要实施扩张性的财政政策和货币政策，由此就会引起物价水平的上升。而为了抑制通货膨胀，就必须实行紧缩性的财政政策和货币政策，由此又会引起失业率的上升。又如，经济增长与物价稳定之间也存在着相互排斥的关系。因为在经济增长过程中，通货膨胀已难以避免。再如，国内均衡与国际均衡之间存在着交替关系。这里的国内均衡是指充分就业和物价稳定，而国际均衡是指国际收支平衡。为实现国内均衡，就可能降低本国产品在国际市场上的竞争力，从而不利于国际收支平衡。实现了国际收支平衡，可能不利于实现充分就业和稳定物价的目标。

由此，在制定经济政策时，必须对经济政策目标进行价值判断，权衡轻重缓急和利弊得失，确定目标的实现顺序和目标指数高低，同时使各个目标能有最佳的匹配组合，使所选择和确定的目标体系成为一个和谐的有机整体。

## 二、宏观经济政策的理论基础

宏观经济政策的理论基础是凯恩斯主义的经济学总需求决定国民收入的理论，即IS—LM模型。该模型说明了商品市场和货币市场同时达到均衡时利率和国民收入是如何决定的，并指出了模型中的IS曲线和LM曲线的位置变动，会对均衡的利率水平和国民收入水平产生何种影响。IS—LM模型是分析财政政策和货币政策效应的工具。

在LM曲线的不同区域，财政政策和货币政策的有效性有着很大的不同。LM曲线可以呈现水平、递增和垂直三种形式。据此，可以把LM曲线划分为凯恩斯区域（萧条区域）、中间区域和古典主义区域。如图10-1所示。

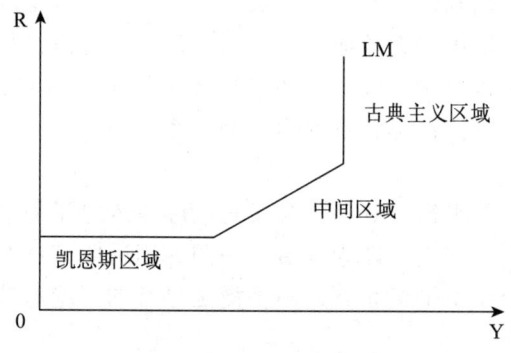

**图10-1　LM曲线的三个区域**

图10-1中，在凯恩斯区域，IS变动对国民收入影响最大，而LM变动对国民收入没有影响，因而财政政策有效，货币政策无效；在中间区域，财政政策和货币政策都影响均衡国民收入和利率，财政政策和货币政策均有效；在古典主义区域，IS变动只影响利率，不影响均衡国民收入，而LM变动则对国民收入产生最大影响，因而货币政策有效，财政政策无效。

拓展阅读——知识拓展

### 助力供给侧结构性改革，如何正确把握宏观经济政策的总体思路

当前和今后一个时期，要在适度扩大总需求的同时，着力加强供给侧结构性改革，实施"五大政策支柱"，即宏观政策要稳、产业政策要准、微观政策要活、改革政策要实、社会政策要托底。"五大政策支柱"整体融合、有机结合、相互配合，旨在为推进供给侧结构性改革营造更好的环境和条件。

（1）宏观政策要稳，就是要为供给侧结构性改革营造稳定的宏观经济环境。要坚持积极的财政政策和稳健的货币政策，但重点和力度有所调整。积极的财政政策要加大力度，对企业实行减税，并用阶段性提高财政赤字率的办法弥补收支缺口。稳健的货币政策要灵活适度，主要体现在为供给侧结构性改革营造适宜的货币金融环境，降低融资成本，既要防止顺周期紧缩，也绝不要随便放水，而是针对金融市场的变化进行预调微调，保持流动性合理充裕和社会融资总量适度增长。

（2）产业政策要准，就是要按照供给侧结构性改革的方向和要求，通过功能性的产业政策加以引导，而不是政府去确定具体项目，或选择把钱投向哪一家企业，具体的投资机会要由企业家来摸索和把握。实践证明，市场的选择是最有效益的。现在成功的民营企业有哪一家是政府扶持的？都是在市场经济大潮中闯出来的。正所谓"有心栽花花不开，无意插柳柳成荫"。

（3）微观政策要活，就是要把企业真正当作经济发展的主体，"放水养鱼"，让企业去创造有效供给和开拓消费市场。

（4）改革政策要实，政策要一项一项出台、一项一项督导，让各项具体改革举措落地，促进供给侧结构性改革重大决策的落实。

（5）社会政策要托底，就是要从思想、资金、物资等方面有充分准备，切实守住民生底线，为供给侧结构性改革提供更和谐稳定的社会环境。

资料来源：新浪网博客文章（http://blog.sina.com.cn/s/blog_13d4b41240102w00b.html）。

随堂练习

### 一、单项选择题

1. 以下不属于宏观经济政策主要目标的是（　　）。
   A. 充分就业　　　　　　　　　　B. 物价稳定
   C. 国际收支逆差　　　　　　　　D. 经济增长
2. 某人正在等待某项工作，这种情况可归类于（　　）。
   A. 就业　　　　　　　　　　　　B. 失业
   C. 非劳动力　　　　　　　　　　D. 就业不足
3. 宏观经济政策的理论基础是基于（　　）的经济学理论。

A. 曼昆 B. 史密斯
C. 凯恩斯 D. 费雪

4. 经济增长一般用（　　）来衡量。
A. 实际 GDP 年均增长率 B. GDP
C. GNP D. 失业率

## 二、多项选择题

1. 宏观经济政策包括（　　）。
A. 财政政策 B. 货币政策
C. 充分就业 D. 经济增长

2. 下列人员中，属于失业人员的有（　　）。
A. 调动工作的时间歇在家休养者 B. 半日工
C. 对薪水不满意而待业在家的大学毕业生 D. 季节工

3. 以下存在相互排斥关系的有（　　）。
A. 物价稳定与充分就业 B. 通货膨胀与失业率
C. 通货膨胀与经济增长 D. 经济增长与充分就业

## 三、判断题

1. 充分就业和物价稳定是一致的，只要达到其中一项，也就实现了另一项。（　　）
2. 国际收支能实现绝对的平衡。（　　）
3. 充分就业并不等于全部就业，而是仍然存在一定的自然失业。（　　）

# 模块二 财政政策

## 一、财政政策的概念

财政政策是一国政府为实现预期的经济社会发展目标，对财政收支关系进行调整的指导原则和措施。它由预算政策、税收政策、支出政策、国债政策等组成。在现代市场经济条件下，财政政策又是国家干预经济、实现国家宏观经济目标的工具。根据财政政策在调节经济总量中的不同功能，可把财政政策划分为扩张性财政政策、紧缩性财政政策和中性财政政策财政政策。其中中性财政政策是指财政的分配活动对社会总需求和总供给保持中性，不对其进行政策性干预。其余两种政策都是通过财政分配活动来影响社会总需求以达到总供给与总需求的平衡。一般来说，增加支出、减少税收进而扩大赤字，将刺激社会总需求，因此称之为扩张性财政政策；增加税收、减少支出以压缩赤字，则会抑制社会总需求，所以称之为紧缩性财政政策。财政政策是国家干预经济的主要政策之一。

国家财政主要由政府收入和政府支出两个方面构成。政府支出是指整个国家中各级政府支出的总和，政府收入包括税收和公债两个部分。

财政政策是指政府变动税收和变动政府支出以便影响总需求进而影响就业和国民收入的政策。变动税收是指改变税率和税率结构。变动政府支出是指改变政府对商品与劳务的购买支出以及转移支付，它利用政府预算（包括税收和政府支出）来影响总需求，从而达到以稳定经济为目的的宏观经济政策。其特点是政府用行政预算来直接控制消费总量和投资总量，调节国家的需求水平，使总需求和总供给达到理想的均衡状态，从而促进充分就业和控制通货膨胀。

## 二、财政政策工具及其运用

财政政策工具也称财政政策手段，是指国家为实现一定财政政策目标而采取的各种财政手段和措施，它主要包括财政收入、财政支出、国债和政府投资。财政政策工具主要包括收入政策工具和支出政策工具。其中收入政策工具主要是指税收；支出政策工具主要是指购买性支出政策和转移性支出政策。

（一）收入政策

收入政策主要是通过税收对经济进行调控。税收政策调节经济的原理是：当社会总需求小于总供给的情况下，即在经济衰退时期，工人失业增加，企业开工不足，一部分经济资源未被利用，经济运行和发展主要受需求不足的制约，这时政府可以用调整税收和税率的办法，或者使需求者感到增加购买对自己有利，或者使供给者感到减少产量对自己有利。一般来说，减税或免税可以达到这样的效果：对消费者减税或免税，消费者将会由此而拥有较多的可支配收入，使消费增加，并进而刺激投资增加，促进总需求上升，有助于实现总供给与总需求平衡。

如果需求小于供给只发生在个别商品而不是总量上，引起的后果不是供给和需求之间的总量失衡，而是结构性失衡，这时在运用税收政策进行调节时，可用调整税种和税率的办法使个别产品的需求者和供给者分别受到影响，使之或增加购买，或减少产量，进而实现平衡。反过来，当社会总需求大于社会总供给时，选择的税收政策则应该是相反的。

（二）支出政策

支出政策工具主要分为购买性支出政策和转移性支出政策。购买性支出（消耗性支出）是指政府购买商品和劳务，包括购买进行日常政务活动所需要的或者进行政府投资所需要的各种物品和劳务的支出，即由社会消费性支出和财政投资支出组成。转移性支出是指政府按照一定方式，将一部分财政资金无偿、单方面转移给居民和其他受益者，主要由社会保障支出和财政补贴组成。

财政支出政策的内容包括：根据财政收入的实际可能和国民经济总量平衡的需要，确定财政支出的总量；根据国民经济问题平衡和结构合理的需要，确定财政支出的方向和积累性支出与消费性支出的比例；根据国民经济发展需要以及调整国家、企业、劳动者个人三方面利益关系的需要，确定财政支出的重点、财政支出的程序和制度。

一般来说，在经济衰退期，政府宜增加财政支出，包括增加政府购买、增加公共工程的开支、增加转移支付。这些支出不仅直接增加了社会需求，而且带来了工资和利润的增加，刺激了消费与投资，间接增加了社会需求。而且由此造成的总需求的扩张往往数倍于财政支出的扩张。在经济高涨时期，财政支出则相反。

运用财政政策进行宏观调控，在多数情况下采取"逆经济风向行事"的调节方式，即在经济衰退时期采取扩张性财政政策对经济进行刺激，使经济不会严重萧条而增加失业，这样做有利于实现经济的稳定增长。实际上，大多数情况下，财政收入政策和支出政策是同时并用的。

（三）公债

公债是政府的举债行为，一般与财政赤字相联系，也是实现财政政策目标的工具之一。发行公债是财政部门的重要事项，发行公债可以筹集财政资金，弥补财政赤字，又可以通过公债的流通来影响货币的供求，从而调节社会的总需求水平。

发行公债会对金融状况造成一定的影响甚至是重大的影响，因此在公债如何发行、何时发行、发行条件等问题上，需要注意如下因素：

（1）社会资金供求状况。特别是社会闲置资金对公债的需求。

（2）金融状况。如信贷规模、利率、金融市场的完善程度等。

（3）政府的应债能力。特别是在社会对国债需求空间较大的情况下，更要避免出现政府债务负担过重的局面。

公债本身是一种直接信用，可以避免间接信用过度所导致的金融风险。但是，有些情况下，它也会变成一种间接的融资渠道，如商业银行选择公债为资金的主要"贷放"对象时，间接融资所固有的问题便可能由此产生。

**知识小链接**

### 赤字财政政策的重要性

公债一般与财政赤字相联系。在经济萧条时期，赤字财政政策是增加政府支出，减少政府税收，这样就必然出现财政赤字。凯恩斯认为，财政政策应该为实现充分就业服务，因此，赤字财政政策不仅是必要的，而且也是可能的。因为：

第一，债务人是国家，债权人是公众。国家与公众的根本利益是一致的。政府的财政赤字是国家欠公众的债务，也就是自己欠自己的债务。

第二，政府的政权是稳定的，这就保证了债务的偿还是有保证的，不会引起信用危机。

第三，债务用于发展经济，使政府有能力偿还债务，弥补财政赤字。这就是一般所说的"公债哲学"。

政府实行赤字财政政策是通过发行公债来进行的。公债并不是直接卖给公众或厂商，因为这样可能会减少公众与厂商的消费和投资，使赤字财政政策起不到应有的刺激经济的作用。当经济恢复发展起来后，就可以向政府缴纳更多的税收，从而偿还政府债务。

资料来源：根据百度百科整理。

## 三、自动稳定器

自动稳定器，又称内在稳定器，是指财政制度本身所具有的能够调节经济波动，维持经济稳定发展的作用。也就是说，它是经济系统本身存在的一种会减少各种干扰对国民收入冲击的机制，能够在经济繁荣时期自动抑制膨胀，在经济衰退时期自动减轻萧条，无须政府采取任何行动。自动稳定器主要包括三个方面的内容。

### （一）累进税制度

当经济繁荣时，随着生产扩大、就业增加，人们收入随之增加，而通过累进的所得税所征收的税额也自动地以更快的速度增加，税收以更快的速度增加，意味着人们的可支配收入的增幅相对较小，从而使消费和总需求增幅也相对较小，最终遏制总需求扩张和经济过热。

当经济衰退时，国民产出水平下降，个人收入和公司利润普遍下降，在税率不变的条件下，政府税收会自动减少，留给人们的可支配收入也会自动地减少一些，从而使消费和总需求也自动地少下降一些，从而起到缓解经济衰退的作用。

因此，在税率既定不变的条件下，税收随经济周期自动地呈同方向变化，税收的这种自动变化与政府在经济繁荣时期应当增税、在经济衰退时期应当减税的意图正相吻合，因而它是经济体系内有助于稳定经济的自动稳定因素。

### （二）政府转移支付制度

同税收的作用一样，政府转移支付有助于稳定可支配收入，从而有助于稳定在总支出中占有很大比重的消费支出。政府转移支付包括政府的失业救济和其他社会福利支出。按照失业救济制度，工人被解雇后，在没有找到工作前可领取一定期限的救济金，另外，政府也对穷人进行救济。这些福利支出对经济具有稳定作用。当经济出现衰退与萧条时，由于失业人数增加，穷人增多，符合救济条件的人数增多，失业救济和其他社会福利就会相应增加，从而间接地抑制可支配收入的下降，进而抑制消费需求的下降。当经济繁荣时，由于失业人数减少和穷人减少，福利支出额也自行减少，从而使可支配收入和消费增长。

### （三）农产品价格维持制度

经济萧条时，国民收入下降，农产品价格下降，政府按照保护价格收购农产品，可使农民的收入和消费维持在一定水平上；经济繁荣时，国民收入上升，农产品价格上升，政府减少对农产品的支持，并抛售农产品，限制农产品价格的上升，抑制农民收入的增长，减少了总需求。农产品价格维持制度有助于减轻经济波动，故被认为是自动稳定器之一。

总之，政府税收和转移支付的自动变化、农产品价格维持制度都是财政制度的自动稳定器，是政府稳定经济的第一道防线。它们在轻微的经济萧条和通货膨胀中往往起着良好的稳定作用。但是，当经济发生严重的萧条和通货膨胀时，它们不但不能使经济恢复到没有通货膨胀的充分就业状态，而且还会起到阻碍作用。例如，当经济陷入严重萧条时，政府采取措施促使经济回升，但是当国民收入增加时，税收趋于增加，转移支付却减少，使经济回升的速度减缓，这时自动稳定器的变化就与政府的需要背道而驰。所以，在关键时期还是要靠财政政策和货币政策的干预，自动稳定器只能起到配套作用。

## 随堂练习

### 一、单项选择题

1. 当经济中存在失业时，应该采取的财政政策工具的是（　　）。
   A. 增加政府支出　　　　　　　　　　B. 提高个人所得税
   C. 提高公司所得税　　　　　　　　　D. 减少政府支出

2. 属于紧缩性财政政策工具的是（　　）。
   A. 减少政府支出和增加税收　　　　　B. 减少政府支出和减少税收
   C. 增加政府支出和减少税收　　　　　D. 增加政府支出和增加税收

3. 属于自动稳定器的财政政策工具是（　　）。
   A. 社会福利支出　　　　　　　　　　B. 政府公共工程支出
   C. 政府购买　　　　　　　　　　　　D. 货币供给

4. 政府实行赤字财政政策是通过（　　）来进行的。
   A. 政府支出　　　　　　　　　　　　B. 政府税收
   C. 发行公债　　　　　　　　　　　　D. 发行股票

### 二、多项选择题

1. 财政政策手段主要包括（　　）。
   A. 财政收入　　　　　　　　　　　　B. 财政支出
   C. 国债　　　　　　　　　　　　　　D. 政府投资

2. 当经济繁荣、失业减少时，政府不可以通过（　　）来减缓需求过量势头。
   A. 扩大财政赤字规模　　　　　　　　B. 增加国债发行规模
   C. 减少社会保障支出　　　　　　　　D. 增加购买性支出

3. 下列属于扩张性财政政策的有（　　）。
   A. 减少税收　　　　　　　　　　　　B. 制定物价管制政策
   C. 增加政府支出　　　　　　　　　　D. 增加公共事业投资

### 三、判断题

1. 扩张性财政政策包括增加政府支出和增税。　　　　　　　　　　　　　（　　）
2. 财政收入主要包括税收和公债两个部分。　　　　　　　　　　　　　　（　　）
3. 自动稳定器有自发地稳定经济的作用，但其作用是十分有限的，并不能代替财政政策的运用。　　　　　　　　　　　　　　　　　　　　　　　　　　　　（　　）

## 模块三 货币政策

### 一、货币政策的概念

货币政策是指一国货币当局运用各种工具,通过货币供应量和利率等中介目标影响宏观经济运行,以实现宏观经济目标的方针和措施的总称。

货币政策通常由一国的中央银行制定和贯彻执行。一般来说,货币政策有两个显著的特性:一是货币政策是一种宏观经济政策。它通过调节和控制全社会的货币供给来影响宏观经济的运行,进而达到某一特定的宏观经济目标。二是货币政策是一种调节社会总需求的政策。通过对社会总需求的调控影响社会总供给及其构成,从而实现社会总需求和总供给的均衡。

货币政策一般包括货币政策目标、货币政策工具、货币政策传导机制和货币政策效果等基本内容。同财政政策一样,货币政策也是国家调节和干预经济的主要政策之一。

### 二、货币政策工具及其运用

在凯恩斯主义的货币政策中,中央银行一般通过公开市场业务、调整再贴现率和改变法定存款准备金率这三种主要的货币政策工具来改变货币供给量,以达到宏观经济调控的目的。

#### (一) 公开市场业务

由于公开市场业务在调节基础货币时具有主动性、微调性和前瞻性等特点,因此,它是目前各国中央银行控制货币供给量最重要也是最常用的工具。公开市场操作是指中央银行在金融市场上买卖国债或中央银行票据等有价证券,影响货币供应量和市场利率的行为。中央银行在金融市场上公开买进或卖出政府债券,通过扩大或缩减商业银行存款准备金,从而导致货币供给量的增减和利率的变化,最终决定物价和就业水平。

公开市场业务过程大致如下:当经济过热时,即中央银行认为市场上货币供给量过多,出现通货膨胀,便在公开市场上出售政府债券,承购政府债券的既可能是各商业银行,也可能是个人或公司。当商业银行购买政府债券后,准备金会减少,可以贷款的数量也减少。通过货币乘数的作用,整个社会的货币供给量将会按比例减少。

反之,当经济萧条时,市场上出现银根紧缩,这时中央银行可在公开市场上买进政府债券,此时商业银行准备金增加,个人或公司出售债券所得现金也会存入银行。这样,各商业银行的准备金即可增加,银行的贷款能力也可以扩大,再通过货币乘数的作用,整个市场的货币供给量成倍数增加。

中央银行买卖政府债券行为也会引起债券市场上需求和供给的变化，进而会影响到债券价格和市场利率。有价证券市场是一个竞争性市场。其证券价格由供求双方决定。当中央银行购买证券时，证券的需求就增加，证券的价格也随之上升，从而刺激经济，增加国民收入。反之亦然。因此，中央银行可以通过公开市场业务增加或减少货币供给量，以实现宏观经济调控的目的。

### （二）再贴现率

贴现率是指商业银行向中央银行办理再贴现时使用的利率。中央银行通过调高或调低贴现率的办法，可以影响商业银行的贷款数量，也经常被用作平衡国际收支的手段。其特点是灵活，可以根据经济需要随时调整。

商业银行再将贴现后的票据保持到票据规定的时间，然后向票据原发行单位自然兑现。但商业银行若因储备金临时不足等原因急需资金时，则商业银行可以将这些已贴现的但仍未到期的票据售给中央银行，请求再贴现。中央银行作为银行的银行，有义务帮助解决商业银行的流动性问题。这样，中央银行从商业银行手中买进已贴现的但仍未到期的银行票据的行为就称为再贴现。再贴现率是指商业银行在再贴现过程中向中央银行支付一定利息的利率。这就是再贴现率的本意。但在当前的美国，商业银行不再像原来那样主要用商业票据，而是用政府债券作为担保向中央银行借款。所以，现在都把中央银行给商业银行及其他金融机构的借款称为"贴现"，相应的放款利率称为"贴现率"。

中央银行通过变动再贴现率可以调节货币供给量。若中央银行感到市场上银根紧缩，货币供给量不足时，便可以降低再贴现率，商业银行向中央银行的"贴现"，就会增加，从而使商业银行的准备金增加，可贷出去的现金增加，通过货币乘数的作用，使整个社会货币供给量成倍数增加。反之，若市场上银根松弛，货币供给量过多，中央银行提高再贴现率，商业银行就会减少向中央银行的"贴现"，于是商业银行的准备金减少，可贷出去的现金也减少，通过货币乘数的作用，社会上的货币供给量将成比例减少。

中央银行调整贴现率对货币供给量的影响不是很大，实际上中央银行调整贴现率更多的是表达自己的意图，而不是发挥调整贴现率对货币供给的直接影响。

### （三）法定存款准备金率

法定存款准备金是按照《中华人民共和国中国人民银行法》、《中华人民共和国商业银行法》以及相关法律、法规等规定，其他存款性公司将其吸收的存款按照规定比率存入中国人民银行的存款。法定存款准备金率是中央银行在法律所赋予的权力范围内，通过规定或调整商业银行缴存中央银行的存款准备金比率，控制商业银行的信用创造能力，间接地控制货币供应量的措施。中央银行有权在一定范围内调整法定存款准备金率，从而影响货币供给量。在经济萧条时，为刺激经济的复苏，中央银行可以降低法定存款准备金率。在商业银行不保留超额储备的条件下，法定存款准备金率的下降将给商业银行带来多余的储备，使它们得以增加贷款。这样，商业银行的存款和贷款将发生一轮一轮的增加，从而导致货币供给量的增加。

货币供给量的增加又会降低利率，从而刺激投资的增加，最终引起国民收入水平的倍数增加。反之，在经济过热时，中央银行可用提高法定存款准备金率的方法减少货币供给，以抑制投资的增长，减轻通货膨胀的压力。

在以上三大主要货币政策工具中，从理论上说，调整法定存款准备金率是中央银行调整货币供给最简单的办法。但由于法定存款准备金率的变动在短期内会导致较大幅度的货币扩张或收缩，引起宏观经济活动的震动，因其作用十分猛烈，所以这一政策手段在实践中很少使用。

调整再贴现率政策除了上述所讲的期限短等限制外，还有它在实施过程中具有比较被动的缺点。这是因为中央银行可以通过降低贴现率促使商业银行来借款，但它不能强迫商业银行来借款。若商业银行不向中央银行借款，或贷款数量很小，则贴现率政策执行效果就不明显。尽管再贴现率政策对银行的影响较小，但实施再贴现率政策的意义却很重大。这是因为实施再贴现率政策是利率变化和信贷松紧的信号。一般来说，再贴现率变化以后，银行的利率也随之改变。

除了上述三种调节货币供给量的主要工具外，中央银行还有其他一些次要的货币政策工具。例如，道义上的劝告、控制利率的上限以及"垫头规定"的局部控制等。

西方国家实行货币政策，常常是为了稳定经济，减少经济波动，但其在广泛使用的时候，不可避免地存在局限性，如同财政政策一样，也存在着时滞性。且在现实中，货币政策实施的效果往往难以达到预期目标。

## 三、财政政策与货币政策的协调

财政政策与货币政策所采取的措施、政策遇到的阻力、政策产生效应的时滞、政策所起的作用均不同，因此，财政政策和货币政策应当互相协调，以起到调控宏观经济的作用，实现宏观经济政策的既定目标。

（1）当经济萧条时，可以把扩张性财政政策与扩张性货币政策混合使用，这样能更有力地刺激经济。扩张性财政政策使总需求增加但提高了利率水平，采用扩张性货币政策就可以抑制利率的上升，以消除或减少扩张性财政政策的挤出效应，使总需求增加。

（2）当经济出现严重通货膨胀时，可实行"双紧"组合，即采用紧缩性财政政策与紧缩性货币政策来降低需求，控制通货膨胀。一方面采用紧缩性财政政策，从需求方面抑制通货膨胀；另一方面采用紧缩性货币政策，从货币供给量方面控制通货膨胀。由于紧缩性财政政策在抑制总需求的同时会使利率下降，而紧缩性货币政策使利率上升，从而避免利率下降刺激总需求。

（3）当经济萧条但又不太严重时，可采用扩张性财政政策与扩张性货币政策相配合。这样在刺激总需求的同时又能抑制通货膨胀。这种混合的结果往往是对增加总需求的作用不确定，但却使利率上升。

（4）当经济中出现通货膨胀但又不太严重时，可采用紧缩性财政政策与扩张性货币政策相配合。一方面用紧缩性财政政策压缩总需求；另一方面用扩张性货币政策降低利率，刺激投资，以免财政过度紧缩而引起经济衰退。

总之，财政政策与货币政策是相互影响又是相互渗透的，因此，在实施过程中应当相互配合、相互协调，以实现两种政策的目标：既无失业，又无通货膨胀的经济运行状态。

## 随堂练习

### 一、单项选择题

1. 法定准备金率越高（　　）。
   A. 银行越愿意贷款　　　　　　　　B. 货币供给量越大
   C. 越可能引发通货膨胀　　　　　　D. 商业银行存款创造越困难
2. 中央银行提高贴现率会导致（　　）。
   A. 货币供给量的增加和利息率提高　　B. 货币供给量的减少和利息率提高
   C. 货币供给量的增加和利息率降低　　D. 货币供给量的减少和利息率降低
3. 当经济过热时，中央银行可以在金融市场上（　　）。
   A. 卖出政府债券，降低再贴现率　　B. 卖出政府债券，提高再贴现率
   C. 买进政府债券，降低再贴现率　　D. 买进政府债券，提高再贴现率
4. 中央银行在公开市场上买进政府债券的结果是（　　）。
   A. 银行存款减少　　　　　　　　　B. 市场利率上升
   C. 公众手里的货币增加　　　　　　D. 以上都不是

### 二、多项选择题

1. 以下选项中属于货币政策工具的有（　　）。
   A. 法定准备金率　　　　　　　　　B. 再贴现率
   C. 公开市场业务操作　　　　　　　D. 税收
2. 中央银行增加货币供给可通过（　　）。
   A. 提高贴现率　　　　　　　　　　B. 降低贴现率
   C. 降低法定存款准备金率　　　　　D. 买进政府债券
3. 以下选项中属于扩张性货币政策的有（　　）。
   A. 降低贴现率　　　　　　　　　　B. 提高法定存款准备金率
   C. 买进政府债券　　　　　　　　　D. 卖出政府债券

### 三、判断题

1. 提高贴现率和准备金率都可以减少货币供给量。　　　　　　　　　　　　（　　）
2. 货币供应量不是中央银行货币政策的重要调控对象。　　　　　　　　　　（　　）
3. 公开市场业务是各类货币政策工具中操作最频繁的。　　　　　　　　　　（　　）

## 本项目小结

宏观经济政策要求达到的主要目标有四个：充分就业、物价稳定、经济增长、国际收支平衡。

财政政策是指国家为促进就业水平提高，减轻经济波动，防止通货膨胀，实现稳定增长而对政府支出、税收和借债水平所做出的决定。一般国家财政由政府收入和政府支出两个方面构成。政府支出是指整个国家中各级政府支出的总和，政府收入包括税收和公债两个部分。

财政政策工具也称财政政策手段，是指国家为实现一定财政政策目标而采取的各种财政手段和措施，它主要包括财政收入、财政支出、国债和政府投资。

货币政策是指国家根据既定的经济发展目标，通过中央银行运用其政策工具，控制货币供给量和利率，以影响宏观经济活动水平的政策。货币政策工具主要包括公开市场业务、调整再贴现率和改变法定存款准备金率。

## 项目思考题

1. 简述宏观经济政策目标及其关系。
2. 货币政策工具主要有哪三种？试举例说明如何运用？
3. 理解自动稳定器。

## 观察与分析

### 分析宏观经济政策的实现效果

为保证1998年经济增长目标的实现，中国人民银行陆续出台了一系列货币政策措施。作为1998年重要的货币政策措施之一，中国人民银行于1998年5月16日恢复公开市场业务，加大操作力度，灵活有效地管理基础货币，保证商业银行增加贷款的资金需要，支持经济发展。

中国人民银行于1998年5月26日恢复公开市场业务债券交易。截至1998年底，当年中国人民银行共进行了36次操作，累计融出资金1761.3亿元，净投放基础货币701.5亿元。占中国人民银行总资产的比例从年初的0上升到2.22%，成为1998年中国人民银行投放基础货币的重要渠道。

试分析国家采用了什么宏观经济政策？其实际效果如何？

# 项目十一 *Project 11*
# 国际经济

**知识点**

**知识目标：**
◇ 了解外汇、汇率、国际收支、经济增长的基本概念；
◇ 理解汇率的直接标价法、间接标价法和美元标价法；
◇ 理解经济总量的影响因素。

**能力目标：**
◇ 能够看懂汇率牌价；
◇ 能够理解贸易术语；
◇ 能够理解全球经济一体化的含义。

**重点难点：**
◇ 汇率标价方法；
◇ 国际收支；
◇ 经济增长；
◇ "一带一路"倡议。

**思维导图**

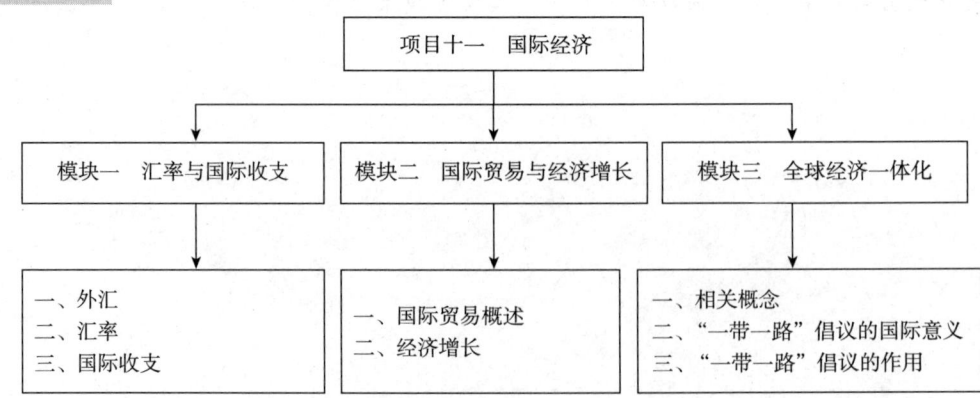

> 经济现象引入

### 人民币兑美元汇率 2018 年贬值超 5%

2017 年全年人民币对美元升值约 5.8% 的涨势未能在今年延续,随着 2018 年最后一个交易日数据的公布,2018 年全年人民币对美元汇率的表现定格在贬值超 5%。

2018 年 12 月 28 日上午,中国外汇交易中心公布人民币对美元汇率中间价为 6.8632,创下 12 月 6 日以来最高值,较前一交易日上调了 262 个基点。尽管在收官之日以上涨结尾,但人民币对美元汇率中间价全年仍走贬近 5.1%。

当天下午的外汇市场上,在岸人民币对美元汇率官方收盘价报 6.8658,续创 12 月 4 日以来新高,但 2018 年全年累计跌约 3600 个基点,跌幅近 5.2%。

资料来源:夏宾:中国新闻网,2018 年 12 月 28 日。

## 模块一 汇率与国际收支

### 一、外汇

在经济生活中,外汇这个词语我们经常听到,如出国旅游之前要兑换一点外币。那么外汇是什么?如何进行汇兑?

(一) 外汇的含义

外汇是指下列以外币表示的可以用作国际清偿的支付手段和资产:

(1) 外币现钞,包括纸币、铸币;
(2) 外币支付凭证或者支付工具,包括票据、银行存款凭证、银行卡等;
(3) 外币有价证券,包括债券、股票等;
(4) 特别提款权;
(5) 其他外汇资产。

(二) 外汇的特征

一种外币资产要成为外币须具备一定的条件:

(1) 资产具有自由兑换性。即:该资产必须能自由兑换为其他外币资产。
(2) 资产可偿付性。即:该资产在国外必须能保证得到偿付。诸如空头支票不是外汇。
(3) 资产具有国际性。即:该资产在国际经济往来中能被其他国家普遍接受和使用。

由于外汇是用于国际结算,清偿不同国家间的债权债务,以利于国际间资金的转移和实现各国货币购买力国际间的转移,因此外汇具有以下特征:

（1）外汇必须以本国货币以外的外国货币表示。如果以本国货币表示信用工具、有价证券、支付手段等对于本国人来说均不是外汇。

（2）外汇具有普遍接受性。外汇必须在国际上可得到偿付，为其他各国所普遍接受，才能承担国际支付的责任。

（3）外汇必须是可以自由兑换的货币。如果某资产在国际间兑换时受到限制，不能自由兑换，则不是外汇。

（三）外汇的种类

从不同角度、不同标准看，外汇可有不同的分类。

1. 贸易外汇和非贸易外汇

依据外汇的来源与用途的不同，外汇分为贸易外汇和非贸易外汇。

（1）贸易外汇（Foreign Exchange of Trade）是指商品进出口，即有形贸易收支所使用的外汇。

（2）非贸易外汇（Foreign Exchange of Invisible Trade）是指劳务进出口，即无形贸易收支及单方面转移收支等所使用的外汇。

2. 即期外汇和远期外汇

按照外汇交易的交割期限，分为即期外汇和远期外汇。

（1）即期外汇是指在外汇买卖成交后两个营业日内交割完毕的外汇。

（2）远期外汇是指在外汇买卖合约签订时，预约将来的某一日期办理交割。

3. 自由外汇和记账外汇

根据可兑换程度的不同，外汇可分为自由外汇和记账外汇两类。

（1）自由外汇（Free Foreign Exchange）又称现汇，是指以外币表示的各种支付凭证能够在国际市场上流通、转让，并能自由兑换成其他国家货币的外汇。如美元、英镑、瑞士法郎、德国马克等主要西方国家的货币。持有这种外汇可以互相自由兑换，也可以向第三国进行支付，且被世界各国普遍接受。

（2）记账外汇（Foreign Exchange Account）也称"协定外汇"或"双边外汇"，是"自由外汇"的对称，是指用于贸易协定或支付协定项下双边清算所使用的外汇。这种外汇是双边贸易的产物，即两国之间的贸易结算按双方协议规定只在双方的指定银行账户上记载，之后集中结算。记账外汇所使用的货币既可以是协定国任何一方的货币，也可以是第三国货币。但它不能自由兑换成其他国家货币，也不能对第三国进行支付，只能在协定国之间使用。

**拓展阅读——知识链接**

### 唐代广州成为全国外贸中心，有多种外国货币流通

唐代，广州成为全国的外贸中心，设立了专门管理海外贸易的机构"市舶司"，外国商人云集。宋代，广州与50多个国家有通商及政治关系。元代，广州更是与140多个国家有贸易往来。清代，梁启超感叹当时的广州："交通之盛，不让今香港，而外人居留之多，今日举国无能与京矣。"并非虚语。

广州外贸繁荣时达到了怎样的程度呢？有历史资料这样记载："粤中所用之银不一种，曰连，曰双鹰，曰十字，曰双柱，曰北流锭，曰镪，皆乾隆初年以前所用。其后外洋钱有花边之名，来自墨西哥。又有鬼头之名，盖外人往往以其国王之像印于钱面也，今民间呼为番面钱，以画像如佛，故又号佛番。南、韶、连、肇多用番面，潮、雷、嘉、琼多用花边。"学者指出，这种在一个地区使用多种外国货币的现象，在以前是绝无仅有的事。它从一个侧面反映出岭南商贸的国际性。

资料来源：卜松竹：广州日报，2017年11月22日。

## 二、汇率

汇率是进行外汇买卖、实现货币相互转换的基础和依据。国际债权债务、国际贸易、资本国际转移等活动，都需要将一国货币转换成另一国货币，但是由于各国货币名称和定值标准不同，一国货币究竟可以折合为多少他国货币，需要通过兑换率（汇率）来实现。

### （一）汇率的概念

汇率又称汇价，指一种货币与另一种货币之间兑换或折算的比率，也称一种货币用另一种货币所表示的价格。

汇率变动对一国进出口贸易有着直接的调节作用。在一定条件下，通过使本国货币对外贬值，即让汇率下降，会起到促进出口、限制进口的作用；反之，本国货币对外升值，即汇率上升，则起到限制出口、增加进口的作用。

### （二）汇率的标价方法

折算两个国家的货币，先要确定用哪个国家的货币作为基准。由于确定的基准不同，国际上普遍存在三种外汇汇率标价方法：直接标价法、间接标价法和美元标价法。

1. 直接标价法

直接标价法（Direct Quotation）也叫价格标价法或应付标价法，是指以一定单位（1个单位或100个单位）的外国货币作为标准，折算成若干数量的本国货币。目前世界上除英国、美国外，绝大多数国家都采用直接标价法，我国也采用直接标价法，用人民币表示外币的价格。例如，2018年8月15日中国人民银行人民币汇率中间价如下：

1美元对人民币6.8856元；1欧元对人民币7.8136元；100日元对人民币6.1940元；1港元对人民币0.87716元；1英镑对人民币8.7628元。

以1美元对人民币6.8856元为例，6.8856人民币就是1美元的价格，表示要获得1美元，需要付出6.8856人民币。在直接标价法下，外币数额固定不变，而本币的数额则随着外币币值与本币币值对比的变化而变化。若一定单位的外币折合本币数额增加，即外币升值，本币贬值；反之，若一定单位的外币折合本币数额减少，即外币贬值，本币升值。

2. 间接标价法

间接标价法（Indirect Quotation）也叫数量标价法或应收标价法，是指以一定单位（1个单位或100个单位）的本国货币作为标准，折算成若干数量的外国货币。目前英国、美国、澳大利亚和欧元区等国家和地区采用这种标价方法。在间接标价法下，以外币表示本币的价格。例如，伦敦外汇市场公布 1 英镑 = 2.2010 美元，就是间接标价法，即本币数额固定不变，而外币的数额随本币与外币币值对比的变化而变化。若一定单位的本币折合外币数额增加，即本币升值，外币贬值；反之，若一定单位的本币折合外币数额减少，即本币贬值，外币升值。

3. 美元标价法

美元标价法（U.S. Dollar Quotation）又称纽约标价法，是指以一定单位（1 个单位或 100 个单位）的美元为标准，计算应兑换多少其他货币的汇率表示方法。目前除英镑、美国、澳元、纽币和欧元外，美元标价法基本已经在国际外汇市场上通行。美元标价法是为了简化报价并广泛比较各种货币的汇价。例如，瑞士某外汇银行挂出自己的外汇牌价为 1 美元 = 117.57 日元，对瑞士银行来说，上述标价既不是直接标价也不是间接标价，而是美元标价。

综上所述，谈到外汇汇率上涨或下跌时，应明确其标价方法才能正确理解其含义。

（三）汇率的种类

汇率可按照不同标准、不同角度、不同需要划分为各种不同种类。

1. 官方汇率和市场汇率

按照对外管理的宽严程度划分，汇率可分为官方汇率和市场汇率。

（1）官方汇率（Official Rate）是在外汇管制比较严格的国家，由官方的外汇管理机构制定并公布的汇率。如中国、朝鲜等国家的汇率曾经是由官方制定和公布。

（2）市场汇率（Market Rate）是在外汇管制比较松的国家，官方汇率往往有行无市，在自由市场上买卖外汇，币值取决于供求关系的实际汇率。市场汇率随市场外汇供求的波动而波动，受市场机制调节。

2. 基本汇率和套算汇率

按照确定汇率的方法划分，汇率可分为基本汇率和套算汇率。

（1）基本汇率（Basic Rate）是"套算汇率"的对称。通常选择一种国际经济交易中最常使用、在外汇储备中所占的比重最大的可自由兑换的关键货币作为主要对象，制定与本国货币之间的比率，即基本汇率。

（2）套算汇率（Cross rate）也称交叉汇率，指基本汇率和国际外汇市场行市套算出来的一国货币对其他货币的汇率。例如，某日我国人民币对美元基本汇率确定为 1 美元 = 3.3 元人民币，同时伦敦外汇市场 1 英镑 = 1.5030 美元，则人民币对英镑的汇率可根据基本汇率和外汇行市套算为 1 英镑 = 3.3 × 1.5030 = 4.9599 元人民币，该汇率即为套算汇率。

3. 固定汇率和浮动汇率

按照汇率制度划分，汇率可分为固定汇率和浮动汇率。

（1）固定汇率（Fixed Rate）是"浮动汇率"的对称，是指外汇汇率基本固定，两国货币比价基本固定，其波动范围被限制在一定幅度内。当汇率波动超过规定的界限时，货币当局有义务对外汇市场进行干预以维持汇率稳定。

（2）浮动汇率（Floating Rate）是汇率可变动，也没有任何汇率波动幅度的上下限，而是汇率随着外汇市场的供求变化而自由波动。

### 4. 即期汇率和远期汇率

按照交割期限划分，外汇汇率分为即期汇率和远期汇率。

（1）即期汇率（Spot Exchange Rate）也称现汇率，是指某货币目前在现货市场上进行交易的价格。即交易双方达成外汇买卖协议后，在两个工作日以内办理交割的汇率。

（2）远期汇率（Forward Rate）也称期汇汇率，是外汇买卖成交后，按照约定在某一到期日进行交割时使用的汇率。远期合约到期时，无论即期汇率变化如何，买卖双方都要按合约规定的远期汇率执行交割。远期汇率与即期汇率的差额称为远期差价（或远期汇水），这种差额用升水、贴水或平价来表示。升水是指货币的远期汇率高于即期汇率，贴水是指远期汇率低于即期汇率，平价是指远期汇率等于即期汇率。

### 5. 单一汇率和多种汇率

按照外汇收付的来源与用途的不同划分，外汇汇率分为单一汇率和多种汇率。

（1）单一汇率（Single Rate）也称现汇率，是指一种货币（或一个国家）只有一种汇率，各种不同来源与用途的收付均按此计算。在实行外汇管制的国家，汇率由外汇管制机构制定和公布；在不实行外汇管制的国家，汇率受外汇市场供求关系的影响而变动。中国在1994年外汇体制改革后，实现了汇率并轨，从此人民币实行单一汇率。中国实行以市场供求为基础、参考一篮子货币进行调节、有管理的浮动汇率制度。

（2）多种汇率（Multiple Rates of Exchange）也称"复汇率"，是指一国货币对外国货币根据不同用途而制定两种或两种以上的汇率。

## 三、国际收支

### （一）国际收支概念

国际收支是指一定时期内一经济体（通常指一国或者地区）与世界其他经济体之间的各项经济交易。其中经济交易是在居民与非居民之间进行的。经济交易作为流量，反映经济价值的创造、转移、交换、转让或削减，包括经常项目交易、资本与金融项目交易和国际储备资产变动等。

#### 1. 狭义概念

17世纪初，国际收支概念出现，其产生与当时生产方式、经济发展水平密不可分。为促进资本的积累，在资本主义原始积累时期，各国都非常重视对外贸易，国际收支在这一期间被简单解释为一国的贸易收支。随着经济的发展，各国之间经济交易的内容、范围不断扩大，国际收支的范围得到扩大和延伸。两次世界大战之间，黄金已退出流域，外汇成为国际结算、国际贸易和国际投资的主要手段。各国之间的国际经济交易只要涉及外汇收支，就属于国际收支的范畴，即狭义的国际收支。

#### 2. 广义概念

世界经济在第二次世界大战后得到进一步发展，国际关系更加密切，国际间经济、政治、文化往来更加频繁。国际经济交易的范围与方式也有了较大变化，出现了新的贸易方式：政府无偿援助、企业间的易货贸易、私人捐赠、补偿贸易等均不涉及外汇收支，国际收支的概念有了新的改变，将衡量内容扩展到所有的国际经济交易。于是世界各国便广泛采用广义的国际收支概念，即国际货币基金组织在《国际收支手册》（第五版）中规定：国际收支是指一国在一定时期内（通常为1年）全部对外经济往来的系统的货币记录。它包括：①一个经济体和其他经济体之间的商品、劳务和收益交易；②一个经济体的货币黄金、特别提款权的所有权变动和其他变动，以及这个经济体和其他经济体的债权债务的变化；③无偿转移需要对上述不能相互抵消的交易和变化加以平衡的对应记录。

（二）国际收支特征

1. 国际收支是流量概念和事后的概念

在统计学中，流量是一定时期内发生的，是变动的数值。国际收支是个流量概念，而非存量概念。即：国际收支记录的是在一段时间（通常指1年）内，一国与他国所发生的各项经济往来情况。一般有一个季度、半年内发生的国际收支。同时，国际收支是过去一段时间内对外经济贸易货币价值的汇总，所以国际收支是一个事后概念。

与国际收支相对应的概念是国际借贷，国际借贷是指一个国家在一定日期对外债权、债务的综合情况，是一个存量概念。国际收支与国际借贷既有区别又有联系，有国际借贷才会产生国际收支，国际借贷是国际收支的原因，国际收支是国际借贷的结果。

2. 国际收支所反映的内容是以经济交易为基础，而不是以外汇支付为基础

国际收支中的经济交易涉及所有从一个经济实体向另一个经济实体转移的经济价值，既包括有外汇收支的经济交易，也包括没有外汇收支的经济交易，如易货贸易、清算协定下的记账贸易等。具体包括以下内容：

（1）物物交换：商品和劳务与商品和劳务之间的交换，如双边贸易是以货易货、以商品为报酬的劳务输入。

（2）金融资产之间的交换：如国际证券筹资。

（3）物币交换：金融资产与商品和劳务间交换，如国际贸易中为获得外国商品和劳务所支付的外汇。

（4）对外投资收益的再投资。

（5）无偿商品转移：如国际间实物捐赠、义务援助。

（6）无偿金融资产转移：如国际捐款、赠款等。

3. 国际收支记录的交易必须是在一个国家居民与非居民之间进行的

判定一项经济交易是否应包括在国际收支范围内，所依据的是交易双方是否分属居民与非居民的范畴。居民与居民之间的经济交易属于国内交易，不属于国际收支范畴，只有居民与非居民之间的经济交易才属于国际收支。居民是指在一个国家的经济领土内居住1年或1年以上的个人、政府、企业和机构（外国公司的分支机构），具有一个经济利益中心的机构单位。否则称为非居民。理解这个概念需要注意：

（1）逗留时间在1年以上的留学生、旅游者属于所在国居民，移民也属于其工作所在国的居民。

（2）法人组织是其注册国的居民。

（3）一个企业国外子公司是其所在国居民，是其母公司所在国的非居民。

（4）官方外交使节、驻外军事人员是派出国的居民，所在国的非居民。

（5）国际性机构，如国际货币基金组织、世界银行是任何国家的非居民。

## 随堂练习

### 一、单项选择题

1. 依据外币形态的不同，外汇可以分为外币现钞和（　　）两类。
   A. 外币现汇　　　　　　　　B. 贸易外汇
   C. 非贸易外汇　　　　　　　D. 自由外汇

2. 间接标价法（Indirect Quotation）也叫（　　），是指以一定单位（1个单位或100个单位）的本国货币作为标准，折算成若干数量的外国货币。
   A. 第三方标价法　　　　　　B. 价格标价法
   C. 数量标价法　　　　　　　D. 应付标价法

3. 居民是指在一个国家的经济领土内居住（　　）年或以上的个人、政府、企业和机构（外国公司的分支机构），具有一个经济利益中心的机构单位。
   A. 2　　　　　　　　　　　B. 1
   C. 1.5　　　　　　　　　　D. 5

4. 汇率变动对一国进出口贸易有着直接的调节作用。在一定条件下，通过使本国货币对外贬值，即让汇率下降，会起到的作用是（　　）。
   A. 促进出口、限制进口　　　B. 促进进口、限制出口
   C. 杠杆作用　　　　　　　　D. 没有影响

### 二、多项选择题

1. 按照交割期限划分，外汇汇率分为（　　）。
   A. 单一汇率　　　　　　　　B. 即期汇率
   C. 远期汇率　　　　　　　　D. 官方汇率

2. 国际收支所反映的内容是以经济交易为基础，具体内容包括（　　）。
   A. 物物交换　　　　　　　　B. 物币交换
   C. 金融资产交换　　　　　　D. 无偿商品转移

3. 国际上普遍存在的外汇汇率标价方法有（　　）。
   A. 直接标价法　　　　　　　B. 间接标价法
   C. 美元标价法　　　　　　　D. 日元标价法

### 三、判断题

1. 判定一项经济交易是否应包括在国际收支范围内，所依据的是交易双方是否分属居民与非居民的范畴。（　　）

2. 国际收支是存量概念和事后概念。（　　）

3. 各国间的国际经济交易，只要涉及外汇收支，就属于国际收支的范畴，即广义的国际收支。（　　）

# 模块二
# 国际贸易与经济增长

## 一、国际贸易概述

### (一) 国际贸易基本概念

**1. 国际贸易**

国际贸易(International Trade)又叫世界贸易(World Trade),是指世界各国(或者地区)之间进行的有形商品(实物商品)和无形商品(服务、技术、咨询等)的交换活动。

**2. 对外贸易**

对外贸易(Foreign Trade)是特指一个国家(或者地区)同其他国家(或者地区)进行的商品、服务和技术等有关贸易要素的交换活动。

**3. 区别联系**

国际贸易与对外贸易两个概念既有区别,也有联系。共同点:国际贸易与对外贸易均是指越过国界进行的商品交换活动;不同点:国际贸易与对外贸易的范围不同,国际贸易包含了对外贸易,是总体与部分的关系。国际贸易是全世界范围内国家(或地区)间的商品交换活动,对外贸易只是一个国家(地区)同其他国家(地区)之间的商品交换活动。

### (二) 统计分析指标

**1. 贸易额(值)和贸易量**

贸易额(值)(Value of International Trade)是以货币或金额表示的一定时期内各国的对外贸易总值,是反映贸易规模大小的重要指标。贸易额包括出口额和进口额。出口额一般以 FOB 统计。

贸易量(Quantum of International Trade)是以某一年份为基期,计算出报告期进出口价格指数后,将贸易额除以进出口价格指数即得到贸易量。其计算公式如下:

贸易量 = 贸易额/进出口价格指数

价格指数 = (报告期价格/基期价格) × 100%

**2. 贸易差额**

贸易差额是衡量一国对外贸易收支状况的重要指标。贸易差额(Balance of Trade)是指一定时期内,一个国家的出口总值(货币表示)与进口总值之间的差额。贸易顺差(也叫贸易盈余或出超)是指出口总值大于进口总值;贸易逆差(也叫贸易赤字或入超)是指进口总值大于出口总值;贸易平衡是指出口总值等于进口总值。

表 11-1　　　　　　　　　　　基本概念比较

| 概　念 | 关　系 | | |
|---|---|---|---|
| 贸易顺差 | 出口总值 | > | 进口总值 |
| 贸易逆差 | 出口总值 | < | 进口总值 |
| 贸易平衡 | 出口总值 | = | 进口总值 |

(三) 国际贸易术语

1. 贸易术语的含义

贸易术语（Trade Terms）又称贸易条件、价格术语，是进出口商品价格的一个重要组成部分，它通常是三个大写英文字母的组合，例如，"CIF"用来说明价格的构成及买卖双方有关费用、风险和责任的划分，以确定买卖双方在交货和接货过程中应尽的义务。国际贸易的买卖双方在规定价格时使用贸易术语，既可节省交易磋商的时间和费用，又可简化交易磋商买卖合同的内容，有利于交易的达成和贸易的发展。

2. 有关贸易术语的国际惯例

国际贸易买卖涉及运输、保险、清关等多个环节，办理这些手续的责任和费用由谁来承担，是一个需要明确解决的问题。因此，贸易术语应运而生。在相当长的时间内，国际上没有形成对各种贸易术语的统一解释。不同国家和地区在使用贸易术语和规定交货条件时，有着各种不同的解释和做法。这样一来，一个合同的当事人对于对方国家的习惯解释往往不甚了解，这就会引起当事人之间的误解、争议和诉讼，既浪费了各自的时间和金钱，也影响了国际贸易的发展。为了解决这一问题，国际商会、国际法协会等国际组织以及美国一些著名商业团体经过长期的努力，分别制定了解释国际贸易术语的规则，这些规则在国际上被广泛采用，因而形成为一般的国际贸易惯例。现在主要使用的是《2010年国际贸易术语解释通则》）（以下简称《2010通则》）。

(1)《2010通则》简介。国际商会自20世纪20年代初开始对贸易术语进行统一解释的研究，于1936年提出了一套解释贸易术语的具有国际性的统一规则，定名为Incoterms1936，其副标题为International Rules for the Interpretation of Trade Terms，即《1936年国际贸易术语解释通则》。其目的就在于为国际贸易合同中所使用的贸易术语提供一套具有国际性的通则的解释，使从事外贸业务的人员能使用确定而统一的贸易术语解释。

20世纪末，国际贸易出现了前所未有的发展态势，自由贸易区的增加和电子信息技术在国际贸易中的应用等因素又促使国际商会对Incoterms 1936进行修订。1999年9月13日，国际商会发布了Incoterms2000（简称《2000通则》），并于2000年1月1日正式生效。2010年9月27日，国际商会正式推出《2010年国际贸易术语解释通则》（Incoterms 2010），与Incoterms2000并用，新版本于2011年1月1日正式生效。

国际贸易术语解释通则将贸易术语分为11种，每一术语订明买卖双方应尽的义务，以供商人自由采用。《2010通则》用两个可以不顾及运输模式的新术语DAT［运输终端交货（……指定目的地）］和DAP［目的地交货（……指定目的地）］代替了《2000通则》中的DAF、DES、DEQ和DDU术语。表11-2所示为《2010通则》中的11种贸易术语。

表 11－2　《2010 通则》中的 11 种贸易术语

| 贸易术语 | 全称 | 中文名称 |
| --- | --- | --- |
| EXW | Ex works | 工厂交货（……指定地点） |
| FCA | Free carrier | 货交承运人（……指定地点） |
| FAS | Free alongside ship | 船边交货（……指定装运港） |
| FOB | Free on board | 船上交货（……指定装运港） |
| CFR | Cost and freight | 成本加运费（……指定目的港） |
| CIF | Cost insurance and freight | 成本、保险加运费付至（……指定目的港） |
| CPT | Carriage paid to | 运费付至（……指定目的港） |
| CIP | Carriage and insurance paid to | 运费、保险费付至（……指定目的港） |
| DAF | Delivered at frontier | 边境交货（……指定地点） |
| DES | Delivered Ex ship | 目的港船上交货（……指定目的港） |

（2）其他有关贸易术语的国际惯例。在有关贸易术语的国际惯例中，除了内容最多、使用最广和影响最大的《2010 通则》外，还有以下两种：

①《1932 年华沙—牛津规则》（Warsaw-Oxford Rules1932）。该规则是由国际法协会（International Law Association）所制定。该协会于 1928 年在华沙举行会议，制定了关于 CIF 买卖合同的统一规则，共 22 条，称为《1928 年华沙规则》。后又经过 1930 年纽约会议、1931 年巴黎会议和 1932 年牛津会议修订为 21 条，定名为《1932 年华沙—牛津规则》（Warsaw-Oxford Rules1932，简称 W. O. Rules1932），该规则对 CIF 买卖合同的性质作了说明，并具体规定了在 CIF 合同中买卖双方所承担的费用、风险和责任。虽然该规则现在仍得到国际上的承认，但实际上已很少采用。

②《1941 年美国对外贸易定义修订本》（Revised American Foreign Trade Definitions 1941）。1919 年美国九大商业团体制定了《美国出口报价及其缩写》（The U. S. Export Quotations and Abbreviations）。其后，因贸易习惯发生了很多变化，在 1940 年举行的美国第 27 届全国对外贸易会议上对其作了修订，并于 1941 年 7 月 31 日经美国商会、美国进口商协会和美国全国对外贸易协会所组成的联合委员会通过，因此称为《1941 年美国对外贸易定义修订本》（Revised American Foreign Trade Definitions 1941）。该修订本对六种贸易术语作了解释：

Ex（point of origin）（产地交货）；FOB（Free On Board）（在运输工具上交货）；FAS（Free Along Ship）（在运输工具旁边交货）；CFR（Cost and Freight）（成本加运费）；CIF（Cost, Insurance and Freight）（成本加保险费、运费）；Ex Dock（named port of importation）（目的港码头交货）。

该惯例主要在美洲国家使用，它的很多解释与其他惯例不同，所以使用时要慎重。

应当明确的是惯例本身不是法律，它对贸易双方不具有强制性约束，故买卖双方有权在合同中做出与某项惯例不符的规定。但是，国际贸易惯例对贸易实践仍具有重要的指导作用。在我国的对外贸易中,在平等互利的前提下,适当采用这些惯例,有利于外贸业务的开展,而且通过学习和掌握有关国际贸易惯例的知识,可以帮助我们避免或减少贸易争端,即使在发生争执时,也可以引用某项惯例,争取有利地位,减少不必要的损失。

3. 六种常用的贸易术语

(1) FOB。Free on Board (…named port of shipment),船上交货(……指定装运港),如 FOB Tianjin。它是指卖方必须在合同规定的日期或期间内在指定装运港将货物交至买方指定的船上,并负担货物越过船舷为止的一切费用和货物灭失或损坏的风险。FOB 术语要求卖方办理货物出口清关手续。这一术语仅适用于海运或内河运输。

FOB 是最早出现的国际贸易术语,也是国际上应用最广泛的贸易术语之一。近年来,随着集装箱运输和多式联运的发展,在 FOB 基础上形成的 FCA 术语使用日益广泛,从而 FOB 的使用逐渐减少。

(2) CFR。Cost and Freight (…named port of destination),成本加运费(……指定目的港),如 CFR New York。它是指装运货物越过船舷,卖方即完成交货。卖方必须支付将货物运至指定目的港所需的运费和其他费用,但交货后货物灭失或损坏的风险,以及由于各种事件造成的任何额外费用即由卖方转移到买方。CFR 术语要求卖方办理出口清关手续。该术语适用于海运或内河运输。

(3) CIF。Cost、Insurance and Freight (…named port of destination),成本、保险费加运费至(……指定目的港),如 CIF London。它是指在装运港当货物越过船舷时卖方即完成交货。卖方必须支付货物运至指定目的港所需的运费和保险费用,但交货后货物灭失或损坏的风险及由于各种事件造成的额外费用即由卖方转移到买方。在 CIF 条件下,卖方还必须就买方货物在运输途中灭失或损坏的风险办理保险,因此要由卖方订立保险合同并支付保险费。这一术语要求卖方办理出口清关手续。CIF 术语仅适用于海运和内河运输。

(4) FCA。Free Carrier (…named place),货交承运人(……指定地点)。它是指卖方只要将货物在指定的地点交给买方指定的承运人,并办理了出口清关手续,即完成交货。需要说明的是,交货地点的选择对于在该地点装货和卸货的义务会产生影响。若卖方在其所在地交货,则卖方应负责装货,若卖方在任何其他地点交货,卖方不负责卸货。FCA 术语可用于各种运输方式,包括多式联运。

(5) CPT。Carriage Paid to (…named place of destination),运费付至(……指定目的地)。它是指卖方向其指定的承运人交货,且卖方还必须支付将货物运至目的地的运费,亦即买方承担交货之后的一切风险和其他费用。CPT 术语要求卖方办理出口清关手续。该术语适用于各种运输方式,包括多式联运。

(6) CIP。Carriage and Insurance Paid to (…named place of destination),运费、保险费付至(……指定目的地)。它是指卖方向其指定的承运人交货,且卖方还必须支付将货物运至目的地的运费,亦即买方承担卖方交货后的一切风险和额外费用。该术语适用于各种运输方式,包括多式联运。

表 11 - 3 所示为六种贸易术语的比较。

表 11-3　FOB、CFR、CIF 和 FCA、CPT、CIP 的比较

| 比较项目 | FOB、CFR、CIF | FCA、CPT、CIP |
| --- | --- | --- |
| 运输方式 | 海运和内河运输 | 各种运输方式 |
| 承运人 | 船公司 | 船公司、铁路局、航空公司或多式联运的经营人 |
| 交货地点 | 装运港船上 | 视不同运输方式而定 |
| 风险转移界限 | 装运港船舷 | 货交承运人后 |
| 装卸费用的负担 | FOB 的各种变形是以明确装船费用由谁负担<br>CFR、CIF 的各种变形是以明确卸船费用由谁负担 | FCA 由卖方负担装船费；<br>CPT、CIP 由卖方负担卸货费 |
| 运输单据 | 已装船清洁提单 | 提单、海运单、内河运单、铁路运单、公路运单、航空运单或多式联运单据 |
| 后注地点 | FOB 后加注装运港名称<br>CFR、CIF 后加注目的港名称 | FCA 后加注装运地名称<br>CPT、CIP 后加注目的地名称 |

4. 其他贸易术语

（1）EXW。Ex Works（…named place），工厂交货（……指定地点）。它是指卖方在商品的产地或所在地交货的条件。在 EXW 术语后面要注明产地名称，如工厂或所在地名称、仓库。该术语适用于任何运输方式。

按该贸易术语达成的交易在性质上类同于国内贸易，卖方承担的风险、责任和费用是最小的，不必过问货物出境、入境及运输、保险等事项，在交单方面只须提供商业发票或电子数据。

（2）FAS。Free Alongside Ship（…named port of shipment），船边交货（……指定装运港）。它是指卖方要在约定的时间内将合同规定的货物交到指定的装运港买方所指派的船只的船边，在船边完成交货义务。买卖双方承担的风险和费用均以船边为界。买方要提供商业发票或电子单证，并自负费用和风险，提供通常的证明其完成交货义务的单据。该术语适用于水上运输方式。

（3）DAF。Delivered At Frontier（…named place），边境交货（……指定地点）。在 DAF 交货条件下，卖方的基本义务是在规定时间将货物运到指定的交货地点，完成出口清关手续，并将货物置于买方的处置之下，即完成交货。买方负责在边境交货地点受领货物，办理进口手续，并承担接收货物之后的一切风险以及后程运输的责任和费用。DAF 主要使用于出口国之间有共同边界，而且采用公路或铁路运输货物的交易。当边境上有几个可供交货的地点时，双方当事人应明确规定其中某一地点作为交货地点，并且在 DAF 之后列明，以免在履约时引起争议。该术语适用于陆地交货的各种运输方式，如铁路、公路等。

（4）DES。Delivered Ex Ship（…named port of destination），目的港船上交货（……指定目的港）。按 DES 术语成交时，卖方要负责将合同规定的货物按照通常的路线和惯常的

方式运到指定的目的港,并在规定的期限内,卸货前在目的港的船上将货物置于买方的处置之下,即完成交货,风险在目的港船上交货时由卖方转移给买方。在此之前,卖方要将船名和船舶预计到港时间及时通知买方,以便买方做好接收货物的准备工作。卖方不仅要负担正常的运费、保险费,还要负担诸如转船、绕航等产生的额外费用,以及根据需要加保各种特殊附加险而支付的保险费。该术语适用于水上运输方式及在目的港交货的多式联运方式。

(5) DEQ。Delivered Ex Quay (…named port of destination),码头交货(……指定目的港)。按 DEQ 术语成交时,卖方要负责将合同规定的货物卸到岸上,承担到此为止有关的风险和费用。卖方于交货期限内,在指定目的港的码头将货物置于买方的控制之下即完成交货。在此之前,卖方要将船名和船舶预计到港时间及时通知买方。买方则要承担在目的港码头接收货物后的一切风险、责任和费用,包括办理货物的进口手续的风险、责任和费用。该术语适用于水上运输方式及在目的港码头交货的多式运输方式。

11 种贸易术语的比较如表 11-4 所示。

表 11-4　　　　　　　　　11 种贸易术语比较

| 贸易术语 | 中文全称 | 交货地点 | 风险划分 | 出口报关 | 进口报关 | 适用的运输方式 | 标价时的后注 |
|---|---|---|---|---|---|---|---|
| EXW | 工厂交货 | 卖方处所 | 买方接管货物后 | 买方 | 买方 | 各种运输方式 | 指定地点 |
| FAS | 船边交货 | 装运港口 | 货交船边后 | 卖方 | 买方 | 海运、内河运输 | 装运港名称 |
| FOB | 装运港船上 | 交货装运港船上 | 货物越过装运港船舷 | 卖方 | 买方 | 海运、内河运输 | 装运港名称 |
| FCA | 货交承运人 | 合同规定的出口国内地、港口 | 承运人接管货物后 | 卖方 | 买方 | 各种运输方式 | 指定地点 |
| CFR | 成本加运费 | 装运港船上 | 货物越过装运港船舷 | 卖方 | 买方 | 海运、内河运输 | 目的港名称 |
| CIF | 成本、保险费加运费 | 装运港船上 | 货物越过装运港船舷 | 卖方 | 买方 | 海运、内河运输 | 目的港名称 |
| CPT | 运费付至 | 合同规定的出口国内地、港口 | 承运人接管货物后 | 卖方 | 买方 | 各种运输方式 | 目的地名称 |
| CIP | 运费、保险费付至 | 合同规定的出口国内地、港口 | 承运人接管货物后 | 卖方 | 买方 | 各种运输方式 | 目的地名称 |
| DAF | 边境交货 | 两国边界指定地点 | 买方接管货物后 | 卖方 | 买方 | 各种运输方式 | 边境指定地点 |
| DES | 目的港船上交货 | 目的港船上 | 买方在船上收货后 | 卖方 | 买方 | 海运、内河运输及目的港船上交货的多种运输 | 目的港名称 |
| DEQ | 目的港码头交货 | 目的港码头 | 买方在目的港收货后 | 卖方 | 买方 | 海运、内河运输及目的港船上交货的多种运输 | 目的港名称 |

## 二、经济增长

### (一) 经济增长的含义

经济增长是指一个国家或地区在一定时期内的总产出与前期相比所实现的增长。概括地讲,经济增长就是指产量的增加,这里的产量既可以指经济的总产量,也可以指人均产量。

对经济增长的理解,应注意以下几点:

(1) 经济增长是经济产量在一定时期内的持续增长。社会经济发展是周期性波动的,在经济周期扩张阶段产量增加,收缩阶段产量减少。经济增长中的时间至少是一个完整的经济周期。如果经济产量从一个经济周期的高峰到另一个经济周期的高峰保持不变,则这一经济周期内的经济增长为零。

(2) 衡量经济产量的尺度是实际 GDP,即以不变价格计算 GDP。因为经济增长的基本含义是经济产量的增加,所以必须排除物价变动对 GDP 的影响。

(3) 经济增长必须考虑人口的影响,即以人口增加情况来校正实际国内收入。按人口数量平均计算的 GDP 的增长是最重要的经济增长,即在衡量经济增长时,必须剔除人口增加的因素,以人均实际 GDP 来衡量经济增长。

### (二) 经济总量影响因素

经济增长强调经济总量的增加,例如,生产中更高生产效率、经济规模的扩大、物质财富的增加和人们经济水平的提高。一个国家经济总量的变化受以下因素的影响:

(1) 资本总量。资本总量与经济总量成正比。

(2) 劳动力数量。劳动力数量和经济总量成正比。劳动力数量得到合理运用,不存在多余的劳动力。

(3) 生产效率。生产效率是指经济资源被利用的程度。生产效率提高有利于经济总量提高。

### (三) 经济增长的影响因素

经济增长是人类社会所面临的共同问题,无论是发达国家还是发展中国家都同等重视经济增长问题。那么是什么因素导致了经济增长呢?简单来说,经济增长的源泉包括四个方面的因素:人力资源、资本、自然资源和技术。通常经济学家用总生产函数来表明这些因素之间的关系。其数学表达式为:

$$M = Tf(L, K, R) \tag{11-1}$$

其中:$M$ 为产出;$T$ 为技术水平;$L$ 为劳动力的投入;$K$ 为资本存量;$R$ 为自然资源投入。

下面简要分析这四个因素对经济增长所做出的贡献。

1. 人力资源

劳动力的投入主要包括劳动力的技术水平与数量。劳动力的质量(劳动力技术、知识等)是一国经济增长的最重要的因素。只有受过训练、具有技术的劳动力才能灵活运用最先进的设备、机器,同时提高劳动力的知识水平、纪律意识、计算机操作水平等都将大大提高劳动生产率。

2. 资本

从经济学角度看,资本的积累是需要牺牲许多当前消费的。经济快速增长的国家,常常在新资本品上进行大量的投资,对于大多数经济高速发展的国家来讲,产出的10%~20%用于净资本。资本除了指对计算机、工厂的投资外,还包括许多为新兴的私人投资部门提供基础设施的投资。即社会基础资本,如大型公路项目、引水工程、医疗保健等。

3. 自然资源

自然资源主要是指耕地、石油或天然气、森林、水力和矿产等。自然资源影响产出,如加拿大和挪威在农业、渔业和林业等方面因高产而发展起来;而美国因拥有广阔的良田,成为当今世界最大的谷物生产和出口国。当然自然资源的拥有量并不是经济发展取得成功的必要条件,如日本是通过大力发展劳动密集型和资本密集型产业而使经济得到快速发展。

4. 技术

科学技术推动经济的发展,它可以降低成本,扩大规模。每次科学技术的发展都会引发一场产业革命。从历史上世界经济中心的转移看,都是科技的巨大创新带动了这一地区的经济。世界经济中心从英国、法国向德国再向美国的转移,正是科技发展推动经济发展的体现。

一个国家的经济发展不是一种简单重复的过程,往往需要通过技术变革和技术进步推动着经济高速发展。技术变革是指生产过程中所引进的技术发明或者新产品、新服务。如蒸汽机、内燃机、复印机、计算机等发明大大提高了劳动生产率。而技术进步则常常以一种不易为人觉察的方式,通过微小改进提高产品质量。技术进步对提高人们生活水平具有重要作用。

### 拓展阅读

**2018年GDP增速6.6%,中国经济增长从何而来?**

2019年1月21日,国家统计局公布数据显示,中国2018年GDP同比增长6.6%,而2018年3月,政府工作报告提出的2018年GDP增长目标为6.5%左右。国家统计局发文称,"国民经济运行保持在合理区间,总体平稳、稳中有进态势持续显现。"

国家信息中心经济预测部副主任牛犁对经济观察网表示:"在当前异常严峻复杂的国内外环境下,中国经济经过比较艰苦地努力实现了6.6%的GDP增速,应该说是相当不错的,略好于预期发展目标。"分季度看,2018年四个季度的GDP增速分别为6.8%、6.7%、6.5%、6.4%,其中四季度GDP增速降至6.4%,创2009年初以来的新低。

牛犁表示,这反映了中国经济还存在一定的下行压力。一方面是因为外部经济的放缓;另一方面则是内部的短期、长期积累的矛盾还处在调整过程中,实体经济仍面临一系列经营困难。

资料来源:田进:经济观察网,2019年1月21日。

## 随堂练习

### 一、单项选择题

1. 经济增长的主要资源不包括（　　）。
   A. 资本形成　　　　　　　　　　B. 劳动供给
   C. 技术进步　　　　　　　　　　D. 经济体制
2. 在国际贸易中，国际术语（　　）是指在装运港当货物越过船舷时卖方即完成交货。在此术语下，卖方必须支付货物运至指定目的港所需的运费和保险费用，但交货后货物灭失或损坏的风险及由于各种事件造成的额外费用即由卖方转移到买方。
   A. CFR　　　　　　　　　　　　B. CIF
   C. FCA　　　　　　　　　　　　D. FOB
3. 交货地点在装运港船上的贸易术语有FOB、CFR和（　　）。
   A. FCA　　　　　　　　　　　　B. CPT
   C. CIP　　　　　　　　　　　　D. CIF
4. 衡量一国对外贸易收支状况的重要指标是（　　）。
   A. 贸易值　　　　　　　　　　　B. 贸易量
   C. 贸易差额　　　　　　　　　　D. 贸易术语

### 二、多项选择题

1. 影响经济总量的因素有（　　）。
   A. 资本总量　　　　　　　　　　B. 劳动力数量
   C. 生产的效率　　　　　　　　　D. 新技术设备
2. 经济增长的源泉包括（　　）因素。
   A. 人力资源　　　　　　　　　　B. 资本
   C. 技术　　　　　　　　　　　　D. 自然资源
3. 国际上的贸易术语主要有（　　）。
   A. FOB　　　　　　　　　　　　B. CIF
   C. EWX　　　　　　　　　　　　D. CIP

### 三、判断题

1. 衡量经济产量的尺度是实际GDP，即以不变价格计算GDP。　　（　　）
2. 贸易顺差（也叫贸易盈余或出超）是指出口总值小于进口总值。　　（　　）
3. 对外贸易包含了国际贸易，它们之间是总体与部分的关系。　　（　　）

## 模块三
## 全球经济一体化

**知识链接**

### 习近平主席提出"人类命运共同体":中国智慧启示全世界

党的十八大以来,习近平主席在众多国际国内场合阐述、倡导"人类命运共同体"理念,持续为全球经济发展注入动力,不断为世界形势向好发展增加砝码。2017年伊始,习近平主席到访全球最活跃的多边外交中心——瑞士。1月17日、18日,习近平主席先后在达沃斯和日内瓦发表的两场主旨演讲更是谱写出"人类命运共同体"理念的精彩华章。

国际社会普遍认为,两场演讲为人类社会发展进步描绘了蓝图,是习近平主席在国际舞台上对中国智慧精妙绝伦的演绎,并给予全世界启示:"人类命运共同体"理念是应对"逆经济全球化"浪潮、解决世界难题的一剂"良药"。

如何看待经济全球化、如何发展世界经济,不能从大海退回到湖泊。

"善治病者,必医其受病之处;善救弊者,必塞其起弊之源。"在达沃斯,习近平主席发表题为《共担时代责任 共促全球发展》的演讲。这是继G20杭州峰会后他再一次在世界舞台通过阐释中国道路、运用中国智慧为全球经济发展把脉开方。

习近平主席在达沃斯演讲中指出当前世界的种种乱象:地区冲突频繁发生,恐怖主义、难民潮等全球性挑战此起彼伏……有人将这些乱象的病根归咎于经济全球化,习近平主席则在演讲中运用一个绝妙譬喻否定了这一观点:"让世界经济的大海退回到一个个孤立的小湖泊、小河流,是不可能的,也是不符合历史潮流的。"

病根到底在哪里?"困扰世界的很多问题并不是经济全球化造成的",习近平主席精准地提出经济领域三大突出矛盾"全球增长动能不足"、"全球经济治理滞后"、"全球发展失衡"是世界经济长期低迷,贫富差距、南北差距问题更加突出的根源。

资料来源:王政淇:人民网,2018年1月26日。

### 一、相关概念

#### (一)人类命运共同体

当今世界面临着重大变局,政治的多极化、文化的多样化、经济的全球化以及社会的信息化促使全球各国间相互联系及相互依存更加明显,同时也面临许多挑战。例如,各种资源的短缺、全球气候变化、粮食安全问题、网络黑客攻击、环境污染严重、传染疾病流行甚至跨国犯罪等全球问题层出不穷,对人类生存以及国际秩序都构成了严峻挑战。人们无论身处哪个国家、无论你的信仰怎样、无论你愿意或不愿意，实际我们每个人都已经处于一个命运共同体中。

人类命运共同体是一种全球价值观，是指在追求本国利益时需要兼顾对其他国家的合理关切，在谋求本国发展的同时促进各国共同发展。

### （二）"一带一路"

"一带一路"（The Belt and Road，缩写 B&R）是国家级顶层合作倡议，也是"丝绸之路经济带"和"21世纪海上丝绸之路"的简称。"一带一路"倡议是中国在新的历史条件下实行全方位对外开放的重大举措，是推动构建人类命运共同体的重要实践平台，为世界提供了一项充满东方智慧的共同繁荣发展的方案。"一带一路"倡议顺应时代潮流，适应发展规律，符合各国人民利益，具有广阔前景。"一带一路"是一条和平之路、繁荣之路、开放之路、创新之路和文明之路。

"一带一路"倡议秉持和遵循共商共建共享原则，努力实现政策沟通、设施联通、贸易畅通、资金融通、民心相通，是发展的倡议、合作的倡议、开放的倡议。这一倡议的核心内涵是促进基础设施建设和互联互通，加强经济政策协调和发展战略对接，促进协同联动发展，实现共同繁荣。倡议要实现的最高目标就是在"一带一路"国际合作框架内，各方携手应对世界经济面临的挑战，开创发展新机遇，谋求发展新动力，拓展发展新空间，实现优势互补、互利共赢，不断朝着人类命运共同体方向迈进。

## 二、"一带一路"倡议的国际意义

"一带一路"倡议的国际意义主要体现在三个方面。

### （一）为全球治理提供了新的路径与方向

如今，世界面临诸多挑战、风险也越来越多，显然全球治理体系出现了结构性问题：经济增长缓慢、动力不足、各国经济发展不均衡、金融危机的影响仍然存在，地区动荡持续、贸易保护主义倾向也在"抬头"、"逆全球化"思潮开始涌动，恐怖主义蔓延肆虐。全人类面临着严峻的三大赤字：发展赤字、和平赤字、治理赤字。这一切无不警示着人类急需找出破解难题与应对困难的对策。中国作为一个新兴大国，有能力、有意愿、有责任为完善全球治理体系贡献智慧与力量。

面对新的挑战、新的状况、新的问题、新的矛盾，中国提出了全球治理方案：构建人类命运共同体，实现共赢共享。而"一带一路"倡议的基本思想正是强调各国的平等参与、包容普惠，主张携手应对世界经济面临的挑战，努力寻找发展的新机遇，积极谋求发展新动力，不断拓展发展新空间，朝着人类命运共同体方向迈进。

在这样的思路、理念与目标之下，创立了亚投行、新开发银行、丝路基金等新型国际机制，构建了多渠道、多形式的国际交流合作互助平台，以解决各国发展的现实问题以及治理体系问题，从而缓解公共产品供应不足的困境，也为全球治理提供了新的路径与方向。

### （二）为新时期世界走向共赢带来了中国方案

无论是何种性质、何种发展阶段的国家；无论其有何战略诉求，发展与繁荣都是各个国家的发展目标，正因为有着共同的目标，就有着共同发展的动力与合作共赢、优势互补的基础。各个国家国情不同，如何将一国的发展规划与他国的战略设计相对接，以实现共赢成为现实问题。"一带一路"倡议成为解决这一关键难题的"钥匙"。"一带一路"倡议立足于平等互利、相互尊重的基本国际关系准则，聚焦于各国发展实际与现实需要，坚持共商共建共享，遵循市场原则和国际通行规则，发挥企业主体作用，推动基础设施互联互通，加强国际产能合作，拓展第三方市场合作，推动对外投资合作健康有序发展。在各国寻求发展机遇的需求之下，在尊重各自发展道路选择基础之上形成了一个开放、合作、互利的平台，获得了世界认可与赞誉，也取得了丰硕的成果。中国在非洲大陆承建两项极具影响力的世纪工程：2016年10月开通的非洲第一条电气化铁路——亚吉铁路（亚的斯亚贝巴至吉布提）；2017年5月开通蒙内铁路（蒙巴萨至内罗毕），受到许多非洲国家好评，被誉为"友谊合作之路"和"繁荣发展之路"。"一带一路"倡议为参与国家带来切实的利益，为新时期世界走向共赢带来了中国方案。

（三）为全球均衡可持续发展提供新平台

"一带一路"倡议以基础设施建设为核心，通过促进经济要素自由流动，从而推动中国与其他国家的宏观政策协调。其建设涵盖了发展中国家与发达国家，实现了"南南合作"与"南北合作"的统一。（南：指的是广大的发展中国家，"南南合作"即发展中国家间的经济技术合作。北：指的是发达国家。"南北合作"指发展中国家同发达国家之间在经济、技术等领域内的广泛合作）。对于参与"一带一路"倡议的发展中国家来说，这是一次很好的机遇，既实现了自身的工业现代化发展，又有力推动"南南合作"，还有助于推动全球均衡可持续发展。同时，"一带一路"倡议的理念和方向同联合国《2030年可持续发展议程》高度一致。联合国秘书长古特雷斯表示，"一带一路"倡议与《2030年可持续发展议程》都以可持续发展为目标，都试图提供机会、全球公共产品和双赢合作，都致力于深化国家和区域间的联系。他强调，为了让相关国家能够充分从增加联系产生的潜力中获益，加强"一带一路"倡议与《2030年可持续发展议程》的联系至关重要。

## 三、"一带一路"倡议的作用

### （一）使欧亚各国联系更加紧密

自2013年提出"一带一路"倡议以来，欧亚之间的交通互联就备受关注。构筑更好的国际交通运输通道对增强贸易至关重要。贸易互通既能够促使国内企业对海外市场的出口变得更加容易，也能够使企业有更广泛获取原材料及其他投入的选择面，从而提升生产效率，增强连通性，有助于实现共同利益。然而，国际层面的连通性需要精心规划、多方协调和专业管理。还有诸多方面未实现全球整体互联互通，如国与国之间不同经济政治制度、法律传统以及技术标准等。

"一带一路"倡议使欧亚各国联系更加紧密，同时欧洲在很多方面也能为发展欧亚互联做出贡献。例如，某些国家在资金筹集方面也许不如中国充分，但通过欧洲战略投资基金或连接欧洲基金等仍可以获得较为可观的资金，推动符合双方利益的战略项目。

## (二) 为亚投行铺路,使人民币成为国际货币

"一带一路"倡议为人民币国际化带来新机遇,亚洲基础设施投资银行则在其中扮演重要角色。亚洲基础设施投资银行(Asian Infrastructure Investment Bank,简称亚投行,AIIB)是一个政府间性质的亚洲区域多边开发机构。重点支持基础设施建设,成立宗旨是为了促进亚洲区域的建设互联互通化和经济一体化的进程,加强中国及其他亚洲国家和地区合作。

2013年10月2日,习近平主席提出筹建倡议,2014年10月24日,包括中国、印度、新加坡等在内的21个首批意向创始成员国的财长和授权代表在北京签约,共同决定成立亚投行。2015年12月25日,亚洲基础设施投资银行正式成立。

"一带一路"倡议的关键是需要解决基础建设投资问题,即需要相关实体机构提供相应资金,亚投行应运而生。其重要作用体现在两个层面:就中国本身而言,亚投行促使"一带一路"倡议尽快开花结果,同时有助于人民币国际化,另外,亚投行的设立也有利于提升中国在国际金融机构中的话语权,当国内企业走出去时,能够尽可能地避免汇率风险;就亚洲和整个世界而言,亚投行服务于整个亚洲的经济发展,并直接有助于南南合作和南北合作。此外,亚投行引领多边金融机构创新趋势,促进全球治理创新。

## (三) 形成我国全方位开放的新格局

自20世纪70年代末开始,我国实施了对外开放政策,由此启动了改革开放的征程。40多年的对外开放,扩大了国际合作交流,同时也为经济社会发展和小康社会建设创造了良好的外部环境。随着经济全球化和区域一体化的深入发展,我国从资本输入大国成为了资本输出大国,对外开放进入了一个新的阶段。面对纷繁复杂、竞争日趋激烈的国际环境和国内经济发展方式转变、产业升级调整、产能过剩和就业压力加大的形势,迫切需要全面深化改革,全面深化对外开放,开拓国际合作的新空间和新领域。

"一带一路"倡议横跨欧亚非,涉及沿线60多个国家、44亿人口,是我国对外开放的大战略、大格局。"一带一路"倡议是在双边合作、多边合作、次区域合作和区域合作等多种合作机制基础上的整合优化升级,通过与"一带一路"沿线国家在经济发展战略和经贸政策相互协调对接,最终实现优势互补、资源共享、互利合作、共赢发展。"一带一路"倡议能进一步加强我国与沿线国家的合作与交流,在带动沿线国家发展的同时,既辐射到其他国家和地区,也能加深我国沿海地区开放程度,促进中西部地区开放发展。通过有效开发利用国内外资源、人才与要素,实现国内市场与国外市场平稳对接,全面提升我国对外开放水平,形成多元开放格局。

"一带一路"倡议促使中国与世界各国人民共筑维护和平、促进发展的命运共同体,在和平、发展、合作、共赢的基础上,努力把中国梦与沿线各国人民对生活的美好梦想对接起来,形成推进"一带一路"倡议的强大动力与合力,把"一带一路"建成开放包容的互信之路、和谐共处的和平之路、文明互鉴的友谊之路、互利合作的共赢之路,最终形成梦想对接的圆梦之路。

### 知识链接——经典阅读

**粤港澳大湾区发展规划纲要：打造港澳共同参与"一带一路"建设的重要平台**

粤港澳大湾区（Guangdong-Hong Kong-Macao Greater Bay Area，缩写 GBA）由中国香港、澳门两个特别行政区和广东省广州、深圳、珠海、佛山、惠州、东莞、中山、江门、肇庆（珠三角）九个地市组成，总面积 5.6 万平方公里，2018 年末总人口已达 7000 万人，是中国开放程度最高、经济活力最强的区域之一，在国家发展大局中具有重要战略地位。

推进粤港澳大湾区建设，是新时代推动形成全面开放新格局的新举措，也是推动"一国两制"事业发展的新实践。推进建设粤港澳大湾区，有利于深化内地和港澳交流合作，对港澳参与国家发展战略，提升竞争力，保持长期繁荣稳定具有重要意义。

2017 年 7 月 1 日，习近平主席出席《深化粤港澳合作 推进大湾区建设框架协议》签署仪式。2019 年 2 月 18 日，中共中央、国务院印发《粤港澳大湾区发展规划纲要》。纲要指出，支持粤港澳加强合作，共同参与"一带一路"建设，深化与相关国家和地区基础设施互联互通、经贸合作及人文交流；支持香港成为解决"一带一路"建设项目投资和商业争议的服务中心；支持香港、澳门举办与"一带一路"建设主题相关的各类论坛或博览会，打造港澳共同参与"一带一路"建设的重要平台。以香港、澳门、广州、深圳作为区域发展的核心引擎，不仅要把粤港澳大湾区建成充满活力的世界级城市群、国际科技创新中心、"一带一路"建设的重要支撑、内地与港澳深度合作示范区，还要打造成宜居宜业宜游的优质生活圈，成为高质量发展的典范。

资料来源：证券时报（摘选），2019 年 2 月 18 日。

### 随堂练习

1. 阐述我国实施"一带一路"倡议的意义是什么？
2. 请你就各国如何更好地利用"一带一路"倡议发展友好合作提出两点建议。
3. 你如何理解"一带一路"倡议？你认为"一带一路"倡议给相关国家带来哪些变化？

### 本项目小结

从广义上说，外汇是指以不同形式表示的、能够进行偿付的国际债权。它不仅包括广义的外币债权，也包括具有外币职能的本币债权。外汇可分为：贸易外汇和非贸易外汇、即期外汇和远期外汇、自由外汇和记账外汇等。

汇率是一国货币折算成另一国货币的比率。按照不同标准，汇率可分为：官方汇率和市场汇率、基本汇率和套算汇率、固定汇率和浮动汇率、即期汇率和远期汇率、单一汇率和多种汇率等，国际上普遍存在三种外汇汇率标价方法：直接标价法、间接标价法和美元标价法。

贸易术语是进出口商品价格的一个重要组成部分，它通常是由三个大写英文字母的组合，如 EXW、FCA、FAS、FOB、CFR、CIF、CPT、CIP、DAF、DES 等。经济增长是指一个国家或地区生产商品和服务能力的增长，通常以实际 GDP 或实际人均 GDP 的持续增加来表示。

人类命运共同体是一种全球价值观，在追求本国利益时需要兼顾对其他国家的合理关切。"一带一路"倡议是全球经济共同体建设的一种形式，其建设情况影响着"一带一路"链上的所有国家和人民。

## 项目思考题

1. 2019 年 3 月 5 日，某出口企业收到外汇 100 万英镑，该企业到中国银行办理结汇。当日中国银行外汇牌价表中英镑现汇买入价为 865.87，请问该出口企业结汇的人民币为多少？

2. 有一份 CIF 合同，货物完全按照合同规定的时间和地点装船，但受载船只离港四小时后即触礁沉没。第二天，当卖方凭手中持有的提单、保单、发票等装运单据要求买方付款时，买方以货物全部损失为由，拒绝付款赎单。请问卖方有无权利凭规定的单据要求买方付款？

3. 作为当代大学生，我们能为推进"一带一路"倡议做些什么？

## 观察与分析

### 对比分析外汇牌价

3~5 人为一组，运用所学知识，登录中国银行、中国建设银行、中国工商银行、中国邮政储蓄银行官网，对这四家银行的外汇牌价进行收集，在分析外汇牌价表构成的基础上对比其结汇、结钞情况，并详细阐述如何使用外汇牌价表。（800 字左右）

# 参考文献 References

1. 安刚．管理学项目化教程［M］．北京：中国财政经济出版社，2019．
2. 吕鹰飞，高建侠．国际金融实务［M］．北京：中国财政经济出版社，2015．
3. 侯迎春，石月华．国际结算实务［M］．北京：中国财政经济出版社，2016．
4. 李春，梁桂云．商业银行经营管理［M］．北京：中国财政经济出版社，2016．
5. 中华会计网校．中级经济基础知识［M］．北京：人民出版社，2019．
6. 张晓晖，吕鹰飞．金融学基础（第2版）［M］．北京：中国财政经济出版社，2018．
7. 贾青，陈伟钢，蔡录昌．金融应用文写作［M］．北京：中国财政经济出版社，2014．
8. 施晓春，周江银．商业银行会计［M］．北京：中国财政经济出版社，2014．
9. ［美］罗伯特·弗兰克．牛奶可乐经济学［M］．北京：北京联合出版公司，2017．
10. ［英］亚当·斯密著，文竹译．国富论［M］．北京：中国华侨出版社，2019．
11. 高鸿业，《经济学基础》编写组．经济学基础［M］．北京：中国人民大学出版社，2013．
12. 唐树伶．经济学基础（第三版）［M］．北京：高等教育出版社，2018．
13. 方旭．经济学基础［M］．北京：中国财政经济出版社，2018．
14. 邓先娥，汪芳．经济学基础（第3版）［M］．北京：人民邮电出版社，2019．
15. 薛兆丰．经济学讲义［M］．北京：中信出版集团，2018．